高校活动课程化实践育人模式研究
辽宁职业学院全国高校思想政治工作精品项目成果

冶金工业出版社
高职高专"十四五"规划教材

高职院校第二课堂活动课程化教学技能与方法指导

主　编　王丽桥　潘国才　范功利

北　京
冶　金　工　业　出　版　社
2021

内 容 提 要

本书内容主要包括高职院校第二课堂活动课程化实践与创新研究的理论概论，第二课堂活动课程化的教学内涵、教学原则与教学特点，思想政治教育第二课堂建设，入学教育，军训教育，思想教育，立德修身，社会实践，劳动教育和双创教育等。

本书可作为高职院校思政课教材，也可供广大思想政治工作者阅读和参考。

图书在版编目(CIP)数据

高职院校第二课堂活动课程化教学技能与方法指导/王丽桥，潘国才，范功利主编. —北京：冶金工业出版社，2021.8

高职高专“十四五”规划教材

ISBN 978-7-5024-8888-8

Ⅰ.①高… Ⅱ.①王… ②潘… ③范… Ⅲ.①高等职业教育—第二课堂—教育研究 Ⅳ.①G718.5

中国版本图书馆CIP数据核字(2021)第166670号

出 版 人 苏长永

地　　址 北京市东城区嵩祝院北巷39号 邮编 100009 电话 (010)64027926

网　　址 www.cnmip.com.cn 电子信箱 yjcbs@cnmip.com.cn

责任编辑 杜婷婷 美术编辑 彭子赫 版式设计 禹 蕊

责任校对 葛新霞 责任印制 李玉山

ISBN 978-7-5024-8888-8

冶金工业出版社出版发行；各地新华书店经销；三河市双峰印刷装订有限公司印刷

2021年8月第1版，2021年8月第1次印刷

787mm×1092mm 1/16；9.75印张；236千字；146页

39.00元

冶金工业出版社 投稿电话 (010)64027932 投稿信箱 tougao@cnmip.com.cn

冶金工业出版社营销中心 电话 (010)64044283 传真 (010)64027893

冶金工业出版社天猫旗舰店 yjgycbs.tmall.com

本书编委会

主　编　王丽桥　潘国才　范功利

副主编　孙　智　周科良　郑立元　吴艳秋

聂远鹤　姜春田　黄文峰

参　编　（按姓名笔画排序）

马晓军　马爱民　王义刚　王晓俊

刘佳莹　刘诗宇　关力鑫　杨伟红

李晓佳　张文财　赵学玮　常肖晶

前　言

高职院校的核心任务是为社会和企业培养高素质、高技能专业人才，学生素质和技能水平是衡量人才培养质量的重要指标。为此，辽宁职业学院提出了以思想品德素质培养、技术技能培养和创新创业能力培养为主线构建课程体系，健全德技并修、工学结合育人机制，培养“创新型德技双馨”高素质复合型技能人才，将“素质教育与创新创业活动模块（第二课堂成绩单）”纳入2019级专业人才培养方案。同时，为了进一步推动全国全省教育大会和高校思想政治工作会议精神落地生根，大力提升学院思想政治工作质量，结合辽宁职业学院2019年申报的全国高校思想政治工作精品项目建设，编写了本书。本书从第二课堂活动课程化的实践育人机制、活动导向、育人方法等方面进行了论述，以期发挥第二课堂人才培养灵活性和组织性的优势，将实践育人项目课程化、系统化、常态化，旨在引导高职学生积极转变观念，树立主体意识，调动学生参与社会服务的积极性，达到思想政治工作的实效性。通过积极融入第一课堂、制订学生实践能力培育标准、制订教学计划、编写教学案例，本书构建了基于第二课堂的学生综合素质培养活动性课程体系，设置了入学教育、军训实训、思想教育、双创教育等内容。

本书共十章，由辽宁职业学院王丽桥、潘国才、范功利担任主编，辽宁职业学院孙智、周科良、郑立元、吴艳秋、聂远鹤、姜春田、黄文峰担任副主编，王义刚、王晓俊、马晓军、马爱民、刘佳莹、刘诗宇、李晓佳、杨伟红、张文财、常肖晶、关力鑫、赵学玮参编。具体编写分工如下：王丽桥负责全书框架的设计，潘国才负责全书框架审核，范功利负责全书审核、设计框架审核、参考文献查询、校对及组织工作；第一章由王丽桥、孙智编写；第二章由周科良、郑立元编写；第三章由范功利、王晓俊、王义刚、姜春田编写；第四章由范功利、马晓军、吴艳秋、聂远鹤编写；第五章由刘诗宇、范功利编写；第六章由周科良、郑立元编写；第七章由刘佳莹、周科良编写；第八章由张文财、关力鑫编写；第九章由常肖晶、马爱民编写；第十章由李晓佳、杨伟红编写；

参考文献由范功利、赵学玮整理。

本书是辽宁职业学院加强和改进大学生思想政治教育，特别是全国高校思想政治工作精品项目建设的创新性成果。本书借鉴了辽宁工程技术大学、辽宁省交通高等专科学校等高校活动课程化模式下的实践育人的成功经验，以国家关于思想政治工作建设的政策为依据，写作风格力求新颖，语言简练，文笔生动，富有感染力，突出科学性、创新性。但是活动课程化模式研究，无论是理论研究，还是实践操作，都是一个系统性工程、发展性工程、创新性工程，需要不断探索相关学科的理论支撑及长期不懈地进行多项技能和多种方法的探索。虽然编者对本书的操作性、实用性充满信心，但同时也意识到还有需要修正和改进之处，敬请业内同行和专家学者不吝指正。

编　者

2021 年 3 月

目　录

第一章　高职院校第二课堂活动课程化实践与创新研究的理论概论

第一节　第二课堂活动课程化的理论依据与现实基础

2005 年 1 月 7 日，教育部印发《关于进一步加强高等学校本科教学工作的若干意见》指出："加强高等学校本科教学工作的主要任务和要求是：着眼于国家现代化建设和人的全面发展需要，加大教学投入，强化教学管理，深化教学改革，坚持传授知识、培养能力、提高素质协调发展，更加注重能力培养，着力提高大学生的学习能力、实践能力和创新能力，全面推进素质教育。"这表明培养大学生的创新意识、实践能力和创业精神是高校教育改革的重要内容。为此，各高校在抓好智育教育的同时，有必要积极开展德育、美育和社会实践等教育，开辟第二课堂，使学生在学好专业知识的前提下，培养广泛的兴趣爱好，培养创新精神和实践能力，全面提高综合素质。但是从第二课堂的发展现状看，其存在不少问题，例如：高校管理者对第二课堂建设思想不统一，内容缺乏针对性，与第一课堂联系不紧密，硬件条件比较薄弱，教师指导不够等，都不同程度地影响着学生的全面发展。如何根据学校的专业特色、学生特点开展有特色的第二课堂活动，将第一课堂和第二课堂作为人才培养系统中两个重要组成部分，统一规划，统一部署，共同实现学校人才的培养目标，已成为我们不能回避的现实。

一、国家政策要求

2016 年，中共中央、国务院印发了《关于加强和改进新形势下高校思想政治工作的意见》(以下简称《意见》)。《意见》强调指出，高校肩负着人才培养、科学研究、社会服务、文化传承创新、国际交流合作的重要使命。加强和改进高校思想政治工作，事关办什么样的大学、怎样办大学的根本问题，事关党对高校的领导，事关中国特色社会主义事业后继有人，是一项重大的政治任务和战略工程。

《意见》指出，中国共产党历来高度重视高校思想政治工作，探索形成了一系列基本方针原则和工作遵循。党的十八大以来，以习近平同志为核心的党中央把高校思想政治工作摆在突出位置，作出一系列重大决策部署，各地区各有关部门各高校采取有力有效措施，积极主动开展工作，创造了许多成功做法，积累了许多宝贵经验。大学生思想政治教育成效显著，教师思想政治素质明显提高，各类思想文化阵地建设和管理不断加强，中国特色社会主义理论体系进教材、进课堂、进头脑工作扎实有效，社会主义核心价值观建设持续推进，高校意识形态领域主流积极健康向上，广大师生对以习近平同志为核心的党中央拥护信任，对党中央治国理政新理念新思想新战略高度认同，对中国特色社会主义和中华民族伟大复兴中国梦充满信心。总体上看，高校思想政治工作持续加强和改进，呈现出良好发展态势，为保证高等教育改革发展、服务党和国家工作大局作出了重要贡献。

《意见》指出，要强化思想理论教育和价值引领。把理想信念教育放在首位，切实抓好马克思列宁主义、毛泽东思想学习教育，广泛开展中国特色社会主义理论体系学习教育，深入学习习近平总书记系列重要讲话精神，引导师生深刻领会党中央治国理政新理念新思想新战略，坚定中国特色社会主义道路自信、理论自信、制度自信、文化自信。要培育和践行社会主义核心价值观，把社会主义核心价值观体现到教书育人全过程，引导师生树立正确的世界观、人生观、价值观，加强国家意识、法治意识、社会责任意识教育，加强民族团结进步教育、国家安全教育、科学精神教育，以诚信建设为重点，加强社会公德、职业道德、家庭美德、个人品德教育，提升师生道德素养。要弘扬中华优秀传统文化和革命文化、社会主义先进文化，实施中华文化传承工程，推动中华优秀传统文化融入教育教学，加强革命文化和社会主义先进文化教育，深化中国共产党史、中华人民共和国史、改革开放史和社会主义发展史学习教育，利用我国改革发展的伟大成就、重大历史事件纪念活动、爱国主义教育基地、国家公祭仪式等组织开展主题教育，弘扬以爱国主义为核心的民族精神和以改革创新为核心的时代精神。要进一步办好高校思想政治理论课，充分发挥思想政治理论课的主渠道作用，深入实施高校思想政治理论课建设体系创新计划，完善教材体系，提高教师素质，创新教学方法，增强教学的吸引力、说服力、感染力。要加强高校马克思主义学院建设，打造马克思主义理论教学、研究、宣传和人才培养的坚强阵地，支持有条件的高校设置马克思主义理论专业，深入实施马克思主义理论研究和建设工程。

《意见》指出，要发挥哲学社会科学育人功能。强调要加强哲学社会科学学科体系建设，积极构建中国特色、中国风格、中国气派的哲学社会科学学科体系，强化马克思主义理论学科的引领作用，支持有条件的高校在马克思主义理论一级学科下设置党的建设二级学科，实施高校马克思主义理论人才支持培养计划，积极推进学术话语体系创新，加快完善具有中国特色和国际视野的哲学、历史学、经济学、政治学、法学、社会学、民族学、新闻学、人口学、宗教学、心理学等学科，努力建设一批中国特色、世界一流的哲学社会科学学科。加快建设一批哲学社会科学专业核心课程教材。要规范哲学社会科学教材选用，建立国家优秀教材评选奖励制度，完善学术评价体系和评价标准，建立科学权威、公开透明的哲学社会科学成果评价体系，健全优秀成果评选推广机制，提高高校学术委员会建设水平。

《意见》指出，要推进高校思想政治工作改革创新。强调要贴近师生思想实际，以改革创新精神做好高校思想政治工作，建立健全校领导、院（系）领导联系师生、谈心谈话制度，在平等沟通、民主讨论、互动交流中进行思想引导，有的放矢、生动活泼地开展工作，发挥师德楷模、名师大家、学术带头人等的示范引领作用。要加强互联网思想政治工作载体建设，加强学生互动社区、主题教育网站、专业学术网站和“两微一端”建设，运用大学生喜欢的表达方式开展思想政治教育。要强化社会实践育人，提高实践教学比重，组织师生参加社会实践活动，完善科教融合、校企联合等协同育人模式，加强实践教学基地建设，建立健全国家机关、企事业单位、社会团体接收大学生实习实训制度，开设创新创业教育专门课程，增强军事训练实效，建立健全学雷锋志愿服务制度。要在服务引导中加强思想教育，把解决思想问题与解决实际问题结合起来，做到既讲道理又办实事，加强学生学业就业指导，帮助大学生顺利完成学业，加强人文关怀和心理疏导，促进大学生身心和人格健康发展，加强对家庭经济困难学生的资助工作，积极帮助解决教师的合理诉求。积极发挥共青团、学生会组织和学生社团作用。要健全高校思想政治工作评价体系，研究制定内容全面、指标合理、方法科学的评价体系，推动高校思想政治工作制度化。

二、学生的教育现实

我国教育的传统模式是教师主动地讲、学生被动地听，学生的积极性、主动性不强，学习模式处于同质化的状态，学习层次不深入，学生处于努力记忆应付考试的状态。传统的学习模式可能在小学和中学教育时期为学生带来很大的收益，但是一旦进入大学，传统学习模式的弊端就逐渐显现出来。随着科学技术不断发展，现代教育的目标也在逐渐发生变化，当前如果还使用传统的教育方式，就无法培育出社会需要的新型人才。当代新型人才不仅需要有渊博的知识，而且还需要具有较强的创新意识和创新能力。目前，虽然学生学习书本知识的能力比较强，但是其专业技能和创新意识还远远不够。因此，需要培养学生的创新意识，给他们创造锻炼专业技能的机会，而第二课堂很好地解决了这一问题。第二课堂不但鼓励学生完成自身学业，而且还积极引导学生接触创新创业、动手实践和科学研究等领域。与此同时，第二课堂还对学生的表现提出相应的要求，客观记录学生的课堂表现或参与活动的表现，再通过具体的量化标准给出评价。

三、辽宁职业学院关于对第二课堂活动课程化实践与创新研究的探索

（一）建设背景与基础

1. 建设背景

（1）全面实施素质教育的需要。《国家中长期改革和发展规划纲要（2010—2020年）》《教育部关于全面提高高等教育质量的若干意见》《中共辽宁省委辽宁省人民政府关于进一步加强和改进大学生思想政治教育的实施意见》《高等职业教育引领职业教育科学发展计划》《辽宁职业教育强省建设五年计划（2014—2018年）》等纲领性文件中，都特别强调完善人才培养质量标准体系，坚持育人为本，全面实施素质教育，把促进人的全面发展和适应社会需要作为衡量人才培养水平的根本标准，把社会主义核心价值体系融入人才培养全过程，把人文培养和职业素质教育纳入人才培养方案中，强化学生职业道德和职业精神养成，教育学生学会知识技能，学会动手动脑，学会生存生活，学会做人做事，培养学生诚实守信，崇尚科学，追求真理的思想观念。

（2）企业对人才的需求。通过对企业的实地调研，我们强烈感受到：现代企业最需要的人才不仅是个体上优秀，或者是在某方面拥有一技之长的人，而且是能够适应快速发展的企业需求，在个人素质、合作与交流、创新等方面都拥有足够潜力的人才。有知识、会表达、善沟通、能吃苦、爱岗敬业、责任心强的员工，备受企业关注和欢迎。

（3）毕业生可持续发展的需求。根据近三年毕业生跟踪调查的结果，我们明显感受

到：大多数发展好的学生，不仅拥有扎实的专业知识，而且具备较强的社会能力和非智力素质，他们能把知识变成智慧。相反，那些只有专业能力而人文素养和职业素质欠缺的学生，往往后劲不足，可持续发展能力不强。

高职院校加强学生的人文素养和职业素质教育，是贯彻党的教育方针、政策，培养合格人才的必然要求；是深化高职教育改革，提高育人质量的必然要求；是时代发展的必然要求。

2. 建设基础

多年来，辽宁职业学院（以下简称“学院”）遵循“育人为本，德育为先”的原则，把社会主义核心价值体系和现代企业优秀文化理念融入人才培养过程，全面加强学生人文素养和职业素质教育。学院设立了思想政治教学部、基础部、体育教学部、团委、学生处、心理健康教育中心、毕业生就业指导中心、大学生创业中心和拓展训练中心等一系列素质教育专门机构，现有校内外专兼职素质教育教师队伍 105 人（其中国家二级心理咨询师 4 人，国家二级就业指导师 2 人，国家二级拓展训练师 5 人）；建立了学院、各部门、辅导员三级素质教育管理模式，形成学院领导亲自抓，部门领导具体抓的全员参与、齐抓共管的工作局面；开展“六个”素质教育活动，即“和谐型”校园建设活动、“学习型”校园建设活动、“节约型”校园建设活动、“爱心助学”活动、“嘉言懿行”活动、“心灵之旅”活动，营造了健康和谐的素质教育氛围；启动了校园文化育人工程和校园环境“四化”工程，建成了 16 处校园文化景点（三味园、鸣春园、浣清池、碧鉴塘、天籁园、六艺园、怡心园、叠翠园、步云坡、天寿园、日泉、月池、星坛广场等）和 70 余处启智明慧碑刻，形成独具魅力的校园文化。学生置身于绿化、美化、净化、亮化的校园，思想境界、道德情操、自身修养在潜移默化中得到升华。

（二）建设思路与目标

1. 建设思路

全面总结近年来学院素质教育工作经验，分析存在的主要问题，创新德育工作方法，坚持“学习与实践合一，育人与用人合一，成长与成才合一”的办学理念，以培养“德技双馨”的高端技能型人才为目标，搭建课程、社团、活动、校园文化四个平台；夯实机制、队伍、基地三个基础；创建素质教育评价标准系统。实现知识育人、实践育人、文化育人的有机结合，拓展高职院校素质教育的形式，丰富高职院校教育教学内涵，全面提升高职学生的人文素养和职业素质。

2. 建设目标

（1）总体目标。创新素质教育课程体系，整合、开发一批素质教育课程，为提升学生整体素质服务，实现知识育人；充分发挥学生社团组织的作用，开展一系列特色主题活动，调动广大学生提升自身素质的主动性和积极性，实现活动育人；形成富有辽宁职业学院特色的校园文化，实现文化育人；建设校内外素质教育基地，确保学生在亲身体验中，拓展社会实践能力，促进素质养成和职业能力提升，实现实践育人；成立人文素养和职业素质指导委员会，打造一支专兼结合的育人团，为学生健康成长提供有力保障，实现全员育人；开发、运用一套合理完整的素质教育评价系统，为学生提供及时、科学的指导，实现全过程育人，全方位育人。素质教育体系如图 1-1 所示。

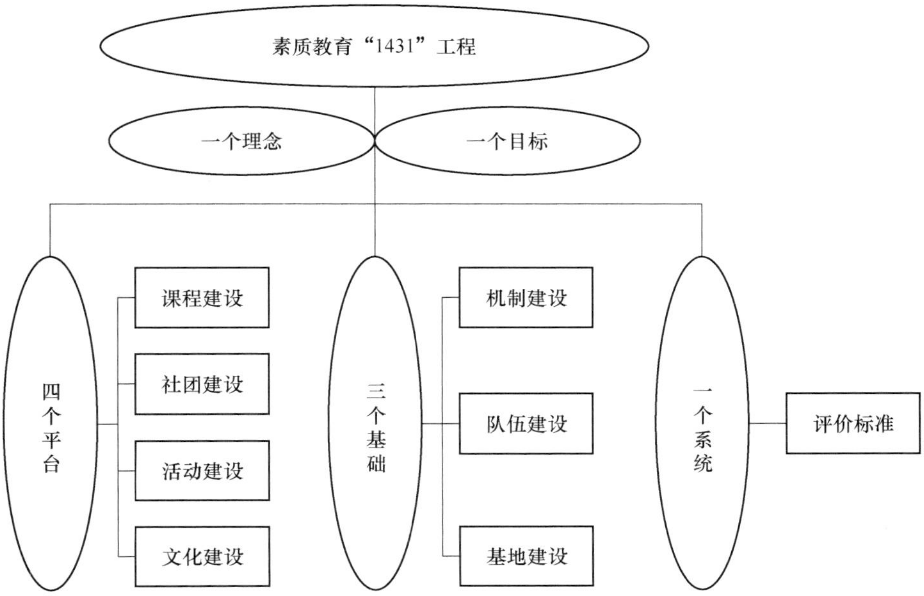

图 1-1　素质教育体系

（2）具体目标。

1）创新人文素养和职业素质教育课程体系，整合、开发"理想信念篇""修身养行篇""生活常识篇""身心健康篇""职业能力篇"5 大课群，20 类主题课程和活动课程，构建全过程、递进式人文素养和职业素质教育课程体系，在校园网络平台上设置学生素质教育课程与主题活动专栏。培养学生正确的核心价值观、优良的个人修为、良好的生活习惯、健康的身心素质和过硬的个人能力。

2）健全和发展学生社团组织，建设理论学习类、学术科技类、体育健康类、文化艺术类、社会服务类、职业发展类学生社团共 32 个，扶持打造 3 ~5 个星级社团。

3）开展"嘉言懿行树形象""健康快乐助成长""绿色环保强责任""提升技能促成才""辽职精神伴终生"主题系列活动，培养学生举止文明、诚信感恩、勇于担当的素养，实现活动育人。

4）开展"文化育人""环境育人""精神育人"的校园文化建设工程，重点打造荷文化、鼎文化、高尔夫文化，完成教风、学风、考风建设和校史馆建设，实现文化育人功能。

5）构建校企共育机制，成立素质教育指导委员会，为人文素养和职业素质提升提供组织保障。

6）建设一支由校内思想政治理论课教师和辅导员为骨干、任课教师为主力、校外学生成长导师为支柱、教辅及后勤人员为助力、学生党员和干部为延伸的全员参与的素质教育队伍，为素质教育工作的开展提供人才保障。

7）建设和完善心理健康中心、体育活动中心、拓展训练中心、大学生创业中心、校外教育 5 大基地，实现全方位育人。

8）实行素质教育学分制度，量化考核，根据量化考核结果进行总结反馈，并指导学生提升人文素养和职业素质。

（三）建设内容

1. “四个平台”建设

（1）课程平台。

1）创新课程体系。通过企业需求调查、毕业生跟踪调查和在校生问卷调查，整合、开发人文素养和职业素质教育课程资源，同时素质教育活动课程化，制定课程标准，经专家论证，构建理想信念篇、修身养行篇、生活常识篇、身心健康篇、职业能力篇五大课群。五大课群的构建坚持学习与实践合一、育人与用人合一、成人与成才合一的理念，以学生成长需求全程化、递进式知识供给为原则；每课群下 4～5 类主题课程和活动课程的整合以课程结构联系性、系统性为原则；每类主题课程下 2～5 门课程的设置以人文素养和职业素质教育知识的结构、学生的阶段需求为原则；以与时俱进、满足社会、专业的发展不断更新为原则，新开发《生活与法》《幸福家居 DIY》等公共选修课程 25 门。人文素养和职业素质教育课程体系的创新，以知识传授和熏陶内化学生人格、气质、修养，使学生和谐发展、德技双馨，适应多元社会需要，促进整个社会更美好，学生人生更幸福。将学生素质教育学分化。学院各专业教学计划总学分 160 学分，学生素质教育课程学分 32 学分，占总学分的 20%，其中必修 18.5 学分，选修 13.5 学分，选修的 13.5 学分由课程学分和活动学分构成。学生素质教育课程具体学分设置见表 1-1。

表 1-1 素质教育课程学分设置

课群	目标	主题课程及活动课程	学分	必修课与选修课	学期安排
理想信念篇	社会主义核心价值观牢固、政治素质过硬、道德品质高尚、知法、学法、守法	思想政治理论课	7.0	必修	第一、二学期
		成功学	0.5	选修	第四学期
		生活与法	0.5	选修	第一学期
修身养行篇	衣着得体、举止文明、有修养、有文化、有内涵	嘉言懿行	1.5	选修	第一、二、三、四学期
		礼仪	1.0	选修	第一、四学期
		女生修身课	1.0	选修	第二学期
		低碳生活	1.0	选修	第三学期
		象山瑰秀大讲堂	2.0	选修	第一、三学期
生活常识篇	珍视生命、学会自立、爱生活、懂营养、会保健	生命与安全	1.0	选修	第一学期
		幸福家居 DIY	1.5	选修	第三学期
		营养与保健	1.0	选修	第三、四学期
		公益劳动	1.0	必修	第一学期
身心健康篇	身体强壮、心态阳光、有恒心、有毅力、肯拼搏	军训	1.0	必修	第一学期
		快乐体育	3.0	必修	第一、二、三、四学期
		拓展训练	0.5	选修	第一、三、六学期
		阳光心态	2.0	必修	第一学期

续表 1-1

课群	目 标	主题课程及活动课程	学分	必修课与选修课	学期安排
职业能力篇	规划人生、完善自我、有知识、有能力、有素质	通用课程	3.0	必修	第一学期
		职业生涯规划与就业指导	1.5	必修	第一、二、三、四、五学期
		创业团队训练	0.5	选修	第三、四学期
		风采展示	1.5	选修	第三、四学期
合计		32.0			

2）改革教学方法、手段。以学生为主体，改革人文素养和职业素质教育课程教学方法和手段。用现代教育理念和信息技术改革传统教学方法，其中生活常识篇课群中的课程实践性强，通过任务驱动、项目引领设计课程；理想信念篇课群中的课程以案例教学为主；修身养行篇课群中的课程以情境教学设计课程为主。在教学过程中，运用启发式、讨论式、探究式、参与式等多种教学方式，激发学生学习热情，引发思考，拓宽思路，树立自信。同时，对于思想政治理论等课程采用先进的多媒体教学手段，借助于计算机技术制成文字、图像、声音、动画等传递教学信息；“日常交往礼仪”“职场礼仪”“名篇欣赏”“音乐欣赏”等课程利用多媒体课件、动画、光碟等手段来增加课程的生动性、直观性，提高人文素质课程的教学实效性。“生活与法”“阳光心态”等课程要利用网络有效地和学生保持联系，帮助学生解答在课堂上没有理解的问题，与学生一起探讨问题，形成交互式学习。

3）拓宽课程考核形式。为提高学生的综合能力，人文素养和职业素质教育课程考核由单一的理论考核变为实践与理论考核并重，重视平时成绩和实践成绩，提高学生学习的积极性和实效性。

① 考核形式：人文素养和职业素质教育课程实践考核采用作品、演练、过程考核等形式；理论考核主要采取开卷考试、撰写题目自拟的课程论文等形式。

② 成绩构成：坚持平时成绩与期末考核成绩并重，以调动学生持续学习的积极性。其中平时成绩主要以视频观后感、调查报告、读书笔记、读后感、演讲、汇报等形式考核。根据各课程的内容、形式不同，也可调整平时成绩、期末考核成绩的比例，变原来的固定为固定加灵活，以学生学习的总体效果衡量比例构成的合理性。

4）开发校本教材。结合学生实际情况和企业岗位能力需求，组织一批有经验的素质教育教师，按照主题课程创新编写与学生成长过程需求相适应的《职场礼仪 100 例》《就业创业典型案例集》《幸福家居 DIY》校本教材。

5）建立课程资源库。思想政治理论课既是人文素养和职业素质教育课程的核心课程，也是人文素养和职业素质教学改革重点推进的课程，为进一步增加思想政治理论课教学的实效性，建设“中国特色社会主义理论体系与毛泽东思想概论”“思想道德修养与法律基础”等课程资源库，实现资源共享，为教师、学生提供教学参考和自主学习的平台。建设内容如下：

① 教学文件库包括电子教案、课程标准、课堂教学设计、课程考核评价办法等。

② 教学素材库包括课件库、图形（图像）库、视频库和案例库等。

（2）学生社团平台。学生社团是提升高职院校学生素质的重要载体，健全和发展学生社团组织，建设理论学习类、学术科技类、体育健康类、文化艺术类、社会服务类、职业发展类学生社团共32个，打造3~5个品牌社团。通过学生社团活动，调动广大学生提高自身素质的主动性和积极性，实现学生个性化的发展。

1）社团类型。

① 专业型社团。各分院根据专业特点成立八大社团：高尔夫协会、农心社、计算机与网络安全协会、信息安全与电子商务、车之友协会、机械产品设计室、花艺协会、宠物协会。

② 综合型社团。理论学习类：青年马克思研究会、传统文化社、“嘉言懿行”理论协会。

体育健康类：阳光运动协会、轮滑协会、健美操协会、街舞协会、毽球协会、跆拳道协会。

文化艺术类：象山文学社、演讲与辩论协会、“荷”合唱团、礼仪社、三味文化社团、书画摄影协会。

社会服务类：美食协会、“我爱我家”协会、“绿野”生态协会。

职业发展类：创业设计协会、辽职院金牌名片协会。

2）重点建设社团。在现有社团基础上，重点建设创业设计协会、“荷”合唱团、礼仪社、三味文化社团、演讲与辩论协会、“嘉言懿行”理论协会、跆拳道协会、书画摄影协会、青年马克思主义研究会、花艺协会十个社团。社团指导教师负责对本社团成员进行评定、考核，并记入学生社团档案。

3）社团的管理。建立社团管理制度，实行社团星级管理化。按照社团建设的规模、参与的人数、日常管理的规范性和校园影响力，社团设为一星至五星五个级别。五星级社团85分以上，四星级社团75~85分，三星级社团60~74分，二星级社团50~59分，一星级社团49分以下。五星级社团为品牌社团。

（3）学生活动平台。

1）建设目的。以学生社团为主体，建设“嘉言懿行树形象”“快乐健康助成长”“绿色环保强责任”“提升技能促成才”“辽职精神伴终生”五大工程。“嘉言懿行树形象”工程使学生养成说文明话、办文明事、做文明人的良好行为习惯；“快乐健康助成长”工程发挥快乐体育和心理健康活动对学生身心健康的作用，使学生在快乐中健康成长；“绿色环保强责任”工程倡导低碳、节能、减排的生活方式，培养学生的环保意识，强化学生对社会的责任感；“提升技能促成才”工程激发学生专业学习的浓厚兴趣、培育职业道德和职业精神，提升学生的职业素质和能力；“辽职精神伴终生”工程培养众木成林的团结精神、不计得失的奉献精神、一丝不苟的求实精神、不拘一格的创新精神、只争朝夕的拼搏精神、精益求精的进取精神，让辽职精神伴随学生的终生，为学生持续发展提供不竭动力。

2）平台的运行方式。结合各分院的专业特点，紧密配合素质教育的课程设置开展各类活动，按照气候、场地、时间的不同，将活动落到实处，实行素质教育活动课程化。

3）平台的突出特色。“嘉言懿行”工程作为一项长期开展的持续性特色品牌活动，旨在从身边点滴小事做起，以小见大，让学生从入学之日起养成良好的言行习惯，加强内涵，提升整体素质，为专业的学习和就业打下基础。

围绕“辽职精神”开展“我爱母校”演讲比赛、“奏响辽职强音”合唱比赛、“象山杯”大学生创业计划大赛三项主题活动，培养学生团结、求实、奉献、创新、拼搏、进取的精神。

4）平台的拓展延伸。为激发学生的活动热情，在常规活动的基础上，根据学生的年龄、性格、心理、专业特点，充分利用高尔夫球场和铁岭新区的地域优势，通过亲近自然，“强心健体”高尔夫球场健步走、环保从我做起、游览铁岭新区等五个活动项目，普及阳光健身运动，开阔学生视野，锻炼学生体能，增进环保意识，使学生素质得到全面提升。学生素质教育活动项目方案见表1-2。

表1-2　素质教育活动项目方案

系列活动		活动主题	活动主旨	活动时间	活动方式	参与部门
嘉言懿行树形象	项目一	“嘉言懿行”启动仪式	倡导学生养成良好的行为习惯，杜绝不文明行为	9月	组织新生进行“嘉言懿行”签字仪式，倡导“日说一句文明话，日做一件文明事”，连续坚持三周	团委、学生处、各分院及相关部门
	项目二	“知荣明耻，文明出行”主题团日活动		10月	分两组进行活动：(1)走进社区，通过漫画图片及学生的生动讲解，宣传文明要从自身做起；(2)走上交通岗，宣传文明出行，协助杜绝穿越护栏、向车窗外丢弃杂物等不文明行为	团委、学生处、各分院及相关部门
	项目三	“孝悌感恩，真情回馈”主题活动	倡导学生在“重阳节”“教师节”“感恩节”、父母亲和自己的生日以自己的独特方式感恩	9～11月	（1）致父亲、母亲的一封信；（2）发一条感恩短信、打一个感恩电话；（3）召开感恩主题班会；（4）学唱“感恩的心”手语歌等	团委、学生处、各分院团总支
	项目四	“学习雷锋”活动	弘扬雷锋精神，让学习雷锋成为一种常态	3月	评选雷锋五种精神（助人为乐、勤俭节约、敬业爱岗、集体主义、钉子精神）先进代表人物，对一年中的学雷锋活动于三月进行总结表彰，受表彰的先进典型做先进事迹报告	团委、各分院及相关部门
快乐健康助成长	项目一	“快乐体育”展演周	加强学生强心健体意识，提升学生人文素养和职业素质	4月	以社团为依托举办轮滑大赛、健身街舞大赛等健身竞技赛事	社团
	项目二	“亲近自然，强心健体”高尔夫球场健步走		5～10月	组织学生于业余时间沿高尔夫球场行车线路徒步走	社团
	项目三	心理健康活动月		5月	心理讲座；心理健康展板；阳光体育运动	心理健康中心及相关部门

续表 1-2

<table>
<tr><th colspan="2">系列活动</th><th>活动主题</th><th>活动主旨</th><th>活动时间</th><th>活动方式</th><th>参与部门</th></tr>
<tr><td rowspan="3">绿色环保强责任</td><td>项目一</td><td>“绿色环保”辽职形象代言人大赛</td><td rowspan="3">培养学生环保意识,人人成为环保践行者</td><td>5 月</td><td>各分院评选“环保大使”,学院统一进行表彰</td><td>社团及相关部门</td></tr>
<tr><td>项目二</td><td>创建“绿色家园”</td><td>6 月</td><td>组织学生在校园、家属区捡拾白色垃圾等</td><td>社团及相关部门</td></tr>
<tr><td>项目三</td><td>环保从我做起——游览铁岭新区</td><td>8 月</td><td>通过参观铁岭新区,撰写暑期社会调查活动报告</td><td>社团及相关部门</td></tr>
<tr><td rowspan="4">提升技能促成才</td><td>项目一</td><td>素养大赛</td><td>培养学生内在、外在的优良素质</td><td>5 月</td><td>比赛分为两个部分:(1)场外成绩:体能测试成绩(由体育教学部提供日常体能测试成绩);(2)现场成绩:服饰搭配、书法、茶道、国学知识、职场应变,设置模拟情境,评委当场亮分;两部分成绩相加为选手最终得分</td><td>社团及相关部门</td></tr>
<tr><td>项目二</td><td>各专业技能大赛</td><td>将课程体系内容在活动中得以深化,培养学生过硬的专业技能,适应时代发展</td><td>4 月</td><td>各分院结合专业特色举行各类专业技能大赛</td><td>各分院专业社团及相关部门</td></tr>
<tr><td>项目三</td><td>“金点子”大赛</td><td>提高学生创业能力</td><td>3 月</td><td rowspan="2">各分院组织本院比赛,选拔优秀选手参加学院比赛</td><td rowspan="2">就业指导处及相关部门</td></tr>
<tr><td>项目四</td><td>大学生职业生涯大赛</td><td>提高就业能力</td><td>11 月</td></tr>
<tr><td rowspan="3">辽职精神伴终生</td><td>项目一</td><td>“我爱母校”校园文化演讲比赛</td><td rowspan="3">培养学生爱校如家、团结奉献的辽职精神</td><td>3 月</td><td>由社团主办,组织全院学生开展以“爱我母校”为主题,以弘扬校园文化为主要内容,以弘扬辽职精神为主要目的的演讲比赛</td><td>社团及学院各部门</td></tr>
<tr><td>项目二</td><td>“奏响辽职强音”合唱比赛</td><td>4 月</td><td>由社团主办,掀起全院学生学唱校歌、团歌的热潮,以分院为单位参加比赛</td><td>社团及学院各部门</td></tr>
<tr><td>项目三</td><td>“象山杯”高尔夫竞技比赛</td><td>6 月</td><td>以校园文化为依托,各分院组织学生开展竞技比赛,养成学生拼搏、进取精神</td><td>社团及学院各部门</td></tr>
<tr><td colspan="2" rowspan="2">成果评价</td><td>大学生社团文化节</td><td>评出 3 ~ 5 个星级社团</td><td>6 月</td><td>社团各协会活动成果展示</td><td>社团及相关部门</td></tr>
<tr><td>辽职风采展示</td><td>对以上五项系列活动中涌现出的先进集体及个人进行表彰,形成素养与专业并重的校园氛围</td><td>12 月</td><td>总结表彰大会</td><td>学院各部门</td></tr>
</table>

（4）校园文化平台。弘扬“厚德博学、尚志克勤”的校训精神，以打造“活力辽职、实力辽职、魅力辽职、幸福辽职”为目标，重点开展“文化育人”“环境育人””精神育人”的校园文化建设工程，通过文化传承与创新，教育学生先学做人、再学做事，实现文化育人功能，促进学生健康快乐成长。

1）“文化育人”工程。

① 传统文化育人。依托书林、三味园、鸣春园、碧鉴塘、浣清池、六艺园、怡心园等十六处校园人文景观以及“上善若水，为学日益”“宁以修身、静以养性”“书山有路勤为径”“温、良、恭、俭、让、悟、勤”等启智明慧碑刻所展现的文化内涵，弘扬传统文化精神，成立书林文学社、三味文化社团、六艺记者站，通过“象山瑰秀”传统文化大讲堂、“方正品字格”征文大赛、古诗文诵读进公寓、“传统文化与幸福人生”校园行等活动，让学生在“入园品三味，鉴塘悟倒影，浣清喻君子，六艺成古砺”中感受优秀传统文化的博大精深，培养学生的良好品行和高尚情操。

② 浸润式文化育人。营造“石头会说话、小草能唱歌、寸土育桃李、滴水映真情”的育人环境氛围，进一步完善“四区”“四化”建设，即教学区、办公区、生活区、实训区的净化、绿化、美化、惠化建设，赋顽石以灵性，植瘠土以芳华。通过共建民族林、毛泽东诗词朗诵比赛、“知荣明耻，文明出行”主题团日等活动，让教育和文化充满校园，使学生随时随地都接受志存高远、报效祖国、知耻明德等先进文化思想的熏陶和洗礼，在润物无声中逐渐树立社会主义核心价值观。

2）“环境育人”工程。“环境育人”工程倡导人与自然和谐共融，人置身于自然环境中，感受自然蕴含的深厚文化。环境育人主要内容包括荷文化板块、高尔夫文化板块。

① 荷文化板块。利用校园内的“五大莲池”资源，开展以“荷”为主题的赏荷、咏荷、读荷、写荷、画荷系列活动，赋予荷花清正高雅、坚忍不拔、和谐包容、积极向上的高尚品质，通过书香辽职报告会、“一方荷塘、一份分享“摄影大赛”“师生话爱莲”书画作品展等活动，展现辽职荷香的独特魅力，培养学生的荷文化情结、爱校、爱国情结。

② 高尔夫文化板块。发挥校园中高尔夫球场的优势，打造具有辽职特色的高尔夫文化品牌。通过高尔夫“阳光健步走”、高尔夫礼仪讲堂、高尔夫论坛、高尔夫学院“天宇杯”校友精英赛、高尔夫文化宣传月等系列活动，吸引师生主动走进高尔夫文化、参与高尔夫运动，感受人与自然的完美融合，培养学生的文明举止、高雅志趣。

3）“精神育人”工程。以校史馆、星坛之鼎为载体，传播延安抗大精神、时代创新精神、辽职精神，重点开展“校风”建设。

① 校史馆板块。充分利用学院的特色资源，把象征延安抗大精神的窑洞，建成校史馆。校史馆建设分为馆舍设备设施的改造、馆舍风格的设计、展览内容的收集整理、展室的布置展览四阶段。展室分为校史沿革、历届领导、领导关怀、校友风采、文化墙等篇章，每个篇章配有不同的灯光和背景音乐，展现辽职人艰苦奋斗、自力更生、实事求是、全心全意为人民服务的精神风貌。校史馆将成为辽职校园的又一张文化名片。

②“星坛之鼎”板块。以校园的人文景观“星坛之鼎”为载体，重点提炼鼎的厚德载物、自强不息、革故鼎新的文化内涵，以鼎文化与创新精神为主题，通过鼎文化专题讲座、成人礼、创新创业明星评选等活动，不断解放思想、与时俱进，铸就“求真、务实、开拓、创新”的校园文化精神。

③“校风”建设板块。在全院开展“教风、学风、考风”为重点的校风建设工程，形成严谨的教风、优良的学风、诚信的考风。将每学年开学的第一月作为“教风”和“学风”建设推进月，开展“我爱我的教师岗位”“我上大学为什么”等主题演讲活动；将学期的最后一个月作为“考风”建设推进月，营造积极学习、诚信做人的复习考试氛围。

2. “三个基础”建设

（1）机制建设。

1）成立学生素质教育指导委员会。制订章程，明确职责，建立校企共育共享长效保障机制。

2）制定《学生素质评价标准》《学生素质课程标准》《学生素质教育基地评价标准》等规章制度，从制度上保障项目的正常实施和运行。按照国家骨干高职院校项目建设计划运行信息监控体系具体监控信息要求，明确项目各阶段建设目标和监测指标，责任到人，确保项目按期实施。

（2）队伍建设。通过“送出培训”“引入传经”、参加社会实践等方式，开发并提升素质教育教师的教育理念、专业水平和创新思维能力。精心选聘兼职教师，充分吸收高技能人才、成功人士和企业精英加盟。

1）辅导员队伍。坚持选拔、使用、培养、培训相结合原则，按照师生比不低于 1：200 的比例选聘与配备辅导员。实施辅导员培训计划，完善辅导员学习、培训、考核制度；成立辅导员文化沙龙，每年定期开展沙龙文化主题活动，研讨大学生思想工作的新方法、新思路，提高辅导员队伍的服务能力。

2）任课教师队伍。逐步建立并完善任课教师队伍，建立更加符合职业特点的教师考核评价机制；完善优秀任课教师奖励表彰制度，创素质教育教学品牌；大力推进任课教师的教学科研团队建设，进行素质教育的科研立项；完善任课教师教学技能培训制度；完善任课教师的教学评估与监控体系，成立教学指导室，对教学进行评估指导。加强公共课教师与专业课教师之间的交流与研讨，提高其业务水平。

建设期内培养各级别的教学名师 3～5 名、教学骨干 5～8 名、教学能手 8～10 名，助推素质教育各项工作。

3）学生成长导师队伍。由杰出校友、劳动模范、技术能手、专家学者等组成学生成长导师队伍，承担素质教育任务，通过专题报告等形式，对学生在职业素质、创新意识、生涯规划、就业能力等方面进行指导和帮助。

4）学生党团组织队伍。以学生党团组织为依托，创新学生党团组织队伍建设模式，以学生党团组织进公寓为切入点，成立党员工作站，寝室成立团小组，建立党员示范寝室和党员对点寝室，以老带新，新老同寝，发挥其思想政治教育作用。

（3）基地建设。新建拓展训练中心，扩建心理健康中心、体育活动中心、大学生创业中心，完善与继续开辟校外教育基地，为学生素质教育的课程建设、社团建设、活动建设和特色辽职文化建设的实施提供完备的基地保障。

1）拓展训练中心。拓展训练是一种“体验式”学习，它可充分发掘人的潜力，挑战自我，有效提高体能、毅力、智慧、沟通等方面的素质和能力。建立象山拓展训练中心，结合学生不同成长阶段的需求，开发其在学生人文素养和职业素质形成及能力提升方面的功能。

① 针对新生入学时存在陌生感、交流与沟通差、自信心不足、自我意识强等问题，在新生入学初进行拓展训练，使学生迅速融入新环境、新集体，确立新目标，增强学生自信、互信和团队合作意识，建立团队意识，形成集体观念。

② 针对学生存在的有效沟通与合作能力弱、竞争意识不强、缺乏危机感、解决问题能力差等问题，结合专业特点，设置有针对性的拓展项目，挖掘自身潜能，改善自身形象，磨炼意志，提高解决问题的能力。

③ 针对学生存在的责任意识不强、缺乏挑战与创新能力、缺乏奉献精神和感恩意识等问题，通过毕业前的拓展训练，使学生提升挑战与创新能力，增强责任感和使命感，学会与人相处，学会感恩，以良好的心态步入社会，迎接挑战。素质拓展训练计划见表1-3。

表1-3　素质拓展训练计划

参训对象	训练时间	训 练 项 目	训 练 目 的
大一新生	9～10月	高空攀岩、信任背摔、信任同行、击鼓颠球、探索雷震	消除陌生感，学会交流与沟通；建立自信心、形成互助与互信；建立团队意识，形成集体观念
大二学生	3～4月	超级时装秀、穿越电网、七巧板、欢乐英雄会	形象气质培养；提高有效沟通与合作能力；提高竞争意识，树立危机感；提高解决问题的能力
大三毕业生	6～7月	孤岛求生、空中单杠、野战CS、流程管理、毕业墙	强化责任意识，增强责任感和使命感；提升挑战自我、突破自我、战胜自我的能力；甘当人梯，主动奉献，学会感恩

2）心理健康教育中心。健康教育中心现有专职教师3人、副教授2人、讲师1人、国家二级心理咨询师2人、兼职教师10人。从学院培养“德技双馨”高端技能型人才目标出发，继续完善、扩建心理健康教育中心，使之很好地完成建档、咨询服务、团体训练、实践活动四个模块的心理健康教育活动，实现对有需要的学生进行个体或团体辅导。并借助这四个模块，宣传心理健康知识，了解学生心理状况，有效实施心理危机干预，及时排除学生心理困扰，提高学生心理承受能力和抗挫折能力。

① 心理测评与建档模块。引进心海软件管理系统，下挂于校园网“心灵驿站”版块，心理健康教育中心教师在新生入学开始组织学生进行测评，对学生测试结果进行分析、筛选、统计、整理、建档，并跟踪随访，做到及时排解问题学生的心理困扰。

② 团体训练模块。面向新生、在校生和毕业生组建团体训练营、特殊群体训练营（如单亲、失恋等），目的在于引导学生在团体咨询过程中探索自我、发展完善自我、优化心理品质、增强自我心理调适能力和社会适应能力。

③ 个体咨询模块。面向全校学生，有针对性地提供常规化、及时、有效的个体咨询服务。凡有咨询意向的访客，均可根据个人实际情况，向咨询中心提出约谈。具体方式可借助电话或面谈预约，心理中心免费提供服务，针对个体咨询对象进行一对一心理访谈，通过疏导帮助学生排除焦虑与心理障碍。

④ 心理（实践）活动模块。主要以“5·25”大学生心理日活动为平台，紧紧围绕活动月宣传主题，通过展板宣传、专家讲座、大型征文等系列活动，有效宣传心理知识，提高学生心理品质。

3）体育活动中心。计划投资 640 万元建设塑胶运动场和球类运动场。建设 400m 塑胶标准跑道运动场、人工草坪足球场、塑胶篮球场、排球场、羽毛球场，满足学生各类体育活动和举办体育赛事活动的需要。

发挥“学生体质健康标准”测试中心的作用。每学年的第一学期初，对一年级和二年级进行测试，鼓励、督促学生自觉参加体育锻炼；“学生体质健康标准”测试中心定期向学生开放，让他们了解和检验自己阶段性的身体素质情况和锻炼效果。

在进行传统体育教学的基础上，设置兼娱乐、健身、健心功能于一体的“辽宁职业学院大学生快乐体育自选超市”，并设有高尔夫、轮滑、瑜伽、毽球、健美操、滑冰等自选课程，学生可根据兴趣爱好进行自主选课，感受快乐体育的魅力，养成终身锻炼的习惯。

4）大学生创业中心。大学生创业中心现有创业孵化基地（1000 多平方米）1 个、专兼职创业指导教师 18 人（国家二级职业指导师 2 人）、专业创业团队 12 个。大学生创业中心负责创业团队的管理与创业项目的咨询、指导、跟踪服务工作，通过各项优惠政策的落实，各项规章制度的建立，为学生职业素质拓展、专业知识应用与实践、自主创业搭建平台。

① 创业教育模式。构建“三结合、全程化”的创业教育模式，即项目开发和特色内涵相结合，专业教学和素质活动相结合，鼓励校园创业和扶持社会创业相结合，形成创业带就业的良好局面。

② 创业项目带动。通过创业项目带动，倡导创业促就业，带领他人就业的理念。该环节主要是结合专业特色组建创业团队，开发创业项目，经论证后，成立虚拟创业公司，并入驻大学生创业孵化基地孵化，孵化成功后，学生开办实体公司，同时与学院建立联盟，每年接受 3 ~ 5 名师弟师妹为公司员工，学院对其进行跟踪扶持。建设期内，拟新增具有专业特色的校园创业公司 35 个，跟踪扶持实体创业公司 2 个，树立自主创业典型 20 人，建立创业典型信息库。

③ 榜样示范促动。以“就业创业指导活动月”为平台，通过优秀毕业生、知名企业家、创业成功人士校园报告会、学生自主创业成果展、实地参观校友创业公司等形式，让学生感受榜样的力量，激发学生的创业梦想，从而做好职业选择和就业规划。

④ 大赛激励推动。建立“学院 - 企业”两级创业团队实践指导队伍，指导和服务创业团队的实践活动，通过参加创业计划大赛等多形式的竞赛，凝练创业团队，锤炼创业项目，同时在学院“象山杯”创业计划大赛中获得肯定的创业团队将入驻大学生创业孵化基地，推进学生个体成长和团队项目成熟。

⑤ 政策机制拉动。主要以辽宁象山牧业有限公司、辽宁象育种业有限公司为典范，合作开发建立高徒带小徒、教师带学生、模拟股份机制，有效调动师生共同创业的积极性，实现教学的延长。

5）校外教育基地。完善并继续开辟爱国主义教育、安全教育等五大基地，使之更好开展社会主义核心价值观教育、职业道德教育、社会实践与志愿服务工作，培养学生爱国主义情感、诚信品质、敬业精神和责任意识。

① 爱国主义教育基地。利用辽宁地域资源，把“九一八”历史纪念馆、周恩来少年读书旧址、铁岭市烈士陵园、铁岭市博物馆确定为学院爱国主义教育基地，并聘请 3 位专

家为学院的兼职德育教师，通过走出去实地参观、请进来现场报告等活动，培养学生的爱国情操，增强学生民族自豪感，树立爱国之心、报国之志。

② 安全教育基地。把铁岭正业律师事务所、铁岭市交巡警一大队、铁岭市消防局确定为学院安全教育基地，通过法律知识大讲堂、警民共建活动对学生进行法治、交通、消防、地震、溺水、禁毒等系列安全教育，提高学生的安全意识和自我保护能力。

③ 国防教育基地。65376部队是我院的国防教育基地，负责承担每年新生军训、国防教育工作。通过学生进军营参观、教官来学院作报告、八一慰问联欢会、军训总结欢送会等合作，对学生进行国防教育，让学生了解国防、投身国防，为保卫祖国贡献力量。

④ 社会责任教育基地。铁岭市光荣院、铁岭市社会福利院、铁岭市红十字会基地、铁岭市慈善总会是我院的社会责任教育基地。通过义务劳动、奉献爱心、慰问演出等形式，让学生敬老爱老、学会感恩，增加学生社会责任感和使命感。

⑤ 企业育人基地。把大成牧业（铁岭）有限公司、大连湾山高尔夫俱乐部、铁岭依农科技有限公司等50多家校企合作企业确定为企业育人基地，通过学生到企业教学实习、生产实习、顶岗实习，企业来学院宣讲企业文化等形式，培养学生爱岗敬业、务实创新、团结协作、无私奉献的企业精神。

3. 评价系统建设

依据学院教学管理、团学管理等规章制度，运用“校园资源计划”（Campus Resource Planning，CRP）软件系统，对学生从思想政治素质、科学文化素质、身心健康素质、职业能力素质、创新创业素质等方面进行量化考核管理，实行素质教育学分制，完善师生全员、全过程、全方位参与监控的评价系统，使素质教育评价工作更加规范透明、科学合理。

（1）素质教育学分的内容

1）加分项目。

① 各类专业技能竞赛奖、论文、小发明、报纸杂志发表作品。

② 综合奖励，如三好学生、优秀学生干部、优秀团员、优秀团干部等。

③ 职业技能证书类，包括计算机等级证书、英语等级证书、导游证书、高尔夫裁判员证书、会计证书等证书。

④ 学生工作类。院学生会主席、院团委副书记、团总支副书记，院团委各部部长、院学生会各部部长、分院学生会主席，分院学生会各部部长、学生会成员、各社团负责人，班委会委员、团支部委员、《学习与生活报》记者及编辑、寝室长从学院到分院分不同级别赋不同分数。

⑤ 星级宿舍类。按照五星级宿舍、四星级宿舍、三星级宿舍不同等级赋不同分数。

⑥ 嘉言懿行类，如拾金不昧行为、见义勇为行为、助人为乐、积极献血、积极参加学院组织的各类活动等。

2）扣分项目。公共场合举止不文明，讲粗话、脏话；不能保持生活区安静，起哄滋事；在生活区及教学区内打闹、嬉戏、打球等严重影响他人的行为；就餐时拥挤、随意插队；男女交往不文明；随地吐痰、乱扔垃圾等不文明现象，按其程度不同分别扣分。

（2）信息维护。

1）统筹维护学生管理系统的建设、管理和维护，确保考核工作信息准确。

2）统筹辅导员满意度系统的建设、管理和维护，在考核周期内审核满意度。

3）审核学生信息档案中的获奖信息。

（3）指导反馈。

1）针对考评分数的“原始、即时、写实、独立、公开”性，分析学生个性、挖掘学生内涵，为学生拓展能力服务，实事求是地解决学生中存在的主要问题。

2）通过数据的结果引导学生养成持续学习、持续创新的习惯，形成激励改进、以人为本、以生为本的服务理念。

3）针对量化绩效考核结果，对大一学生进行识业指导、大二学生进行敬业指导、大三学生进行就业指导。对实习和毕业的学生，根据系统的评价分数及企业的用人情况召开学生实习指导、就业动员会，让学生清楚准确地了解行业、企业用人情况，有的放矢地指导每一名学生，为学生成功就业提供思想上、信息上、专业上的保障。

（四）开展的重点工作

在人才培养方案中，使学生经受职业素质的系统训练，既保证了学生接受厚基础宽口径的扎实的基础理论教育，又使学生受到良好的职业素质的训练，在培养创新型高技能型专业技术人才方面具有鲜明特色。基于项目引导的综合培养方式，有利于提高学生综合分析问题和解决问题的能力以及实践能力，拓宽学生的知识面，培养团队合作精神与创新能力的特色。

创新大学生思想政治工作教育教学方法，坚持“学习与实践合一、育人与用人合一、成长与成才合一”的办学理念，以培养“创新型德技双馨”的高端技能型人才为目标，搭建课程、社团、活动、校园文化四个平台；夯实机制、队伍、基地三个基础；创建素质教育评价标准系统，实现知识育人、实践育人、文化育人的有机结合，拓展高职院校素质教育的形式，丰富高职院校教育教学内涵，全面提升高职学生的人文素养和职业素质。

创新高职学生素质教育课程体系，整合、开发一批素质教育课程，为提升学生整体素质服务，实现知识育人；充分发挥学生社团组织的作用，开展一系列特色主题活动，调动广大学生提升自身素质的主动性和积极性，实现活动育人；形成富有辽职特色的校园文化，实现文化育人；建设校内外素质教育基地，确保学生在亲身体验中，拓展社会实践能力，促进素质养成和职业能力提升，实现实践育人；成立人文素养和职业素质指导委员会，打造一支专兼结合的育人团队，为学生健康成长提供有力保障，实现全员育人；开发、运用一套合理完整的素质教育评价系统，为学生提供及时、科学的指导，实现全过程育人、全方位育人。

（五）保障措施

1. 组织保障

成立辽宁职业学院素质教育工程建设项目领导小组和执行小组，负责素质教育的研究、咨询、指导、服务工作；提出建议、意见和发展规划；对有关制度、规章的制定提出咨询意见和建议；对教育质量进行宏观监控，做好专业教育质量评价工作。

2. 制度保障

制定《辽宁职业学院素质教育指导委员会章程》，制定和完善《素质评价标准》《素质教育课程实施方案》《素质教育课程标准》《辽宁职业学院就业创业评价标准》《辽宁职业学院学生社团管理办法》等各项规章制度，从制度上保障项目的正常实施和运行。按照国家骨干高职院校项目建设计划运行信息监控体系具体监控信息要求，明确项目各阶段建设目标和监测指标，责任到人，确保项目按期实施。

（六）预期效果

通过本项目的建设与实施，建立并完善“校企共育共享”的人文素养和职业素质教育机制，基本形成并实施人文素养和职业素质教育课程模式，使学院成为高职院校人文素养和职业素质教育新课程体系开发的一个重要基地。

通过本项目的建设与实施，有序开展系列特色专题教育活动，基本形成独具魅力的校园文化品牌，组建优秀的人文素养和职业素质教育团队，并充分发挥团队的作用，强化五大教育基地的教育功能，汇集教育经验成果，编撰《辽宁职业学院人文素养和职业素质教育制度汇编》《辽宁职业学院人文素养和职业素质教育文化手册》《辽宁职业学院人文素养和职业素质教育摄影图片集》《辽宁职业学院人文素养和职业素质教育系列活动侧记》等，使学院成为校园文化建设和为学生全面发展提供成功案例的一个示范基地。

通过本项目的建设与实施，建立一整套人文素养和职业素质评价标准系统并有效运行，使学生的人文素养和职业素质得到全面提升，职业能力、就业能力和可持续发展能力得到全面增强，使学院成为辽宁高职院校人文素养和职业素质教育的一个研究基地。

通过本项目建设与实施，总结学生素质教育的典型经验与做法，开展素质教育课题研究，立项省级科研课题，在持续改进的基础上，向外推介，使学院成为辐射辽宁高职院校人文素养和职业素质教育的一个基地，为其他高职院校在素质教育方面起到示范引领作用。

第二节　第二课堂活动课程化的教育理念及基本思路

第二课堂活动课程在设计上应着眼于学生的全面发展，坚持在活动中帮助学生学会知识、提高能力，要着力提高学生的社会责任感、创新能力和实践能力，使学生的知识、能力、素质得到全面和谐发展，充分发挥不同层次、不同个性学生在兴趣、能力、爱好等方面的心理优势和个性特长，增强学生发展个性的信心和动力。同时，第二课堂活动课程要把一些学生兴趣浓厚、自发组织的实践活动纳入课程的范畴，明确教学目标和教学要求，统筹教学安排，让学生自主选择、自愿参与，真正激发学生内在的主动性、积极性和创造性。学生在参加各类合乎自己个性的活动中，同步提升思想政治修养、文化体育艺术素养、审美情趣以及专业技能和创新能力。第二课堂活动课程化的基本思路是：引入素质学分制和课程的理念，对第二课堂活动进行统一规划和管理，将一切有目的、有计划地促进学生知识增长、能力提高、素质养成的第二课堂活动，都看作是“课程”。在总体设计上，将第二课堂和第一课堂作为高职院校人才培养系统中的两个子系统，互相补充，共同实现人才培养目标。

第三节 第二课堂活动课程化的总体设计

基于上述认识，辽宁职业学院在第二课堂活动中构建了组织管理、活动学分、综合评价三大模块，其中组织管理是保障，活动学分是核心，综合评价是关键，这三大模块互相补充和联系，构成一个整体保证第二课堂活动课程化的有效实施。

一、组织管理模块

（1）实行三级管理，建立纵向的领导体制。为了加强对第二课堂活动课程的管理，学校建立了学院领导小组、二级学院领导小组、班级考核小组的三级领导体制。学院领导小组主要负责第二课堂活动课程化总方案的制订和实施。各二级学院领导小组主要负责具体活动课程化组织实施。

（2）强化队伍建设，建立交错的组织机制。第二课堂活动课程的实施载体是班级，为了充分发挥二级团总支在第二课堂活动课程组织实施中的作用，学院建立健全了学院团委、院系团总支，加强对共青团团干部队伍建设，充分发挥二级学院团总支、学生社团的积极性和主动性，鼓励二级学院结合实际探索出具有本二级学院特色的活动课程化建设模式，培养一批思想素质硬、业务能力强、综合素质高的社团骨干，发挥他们的模范带头作用。

（3）实现制度管理，建立科学的规章制度。制定了科学的《第二课堂活动课程管理办法》，该办法对活动课程的规范管理具有至关重要的作用。该办法对活动课程的设置、形式内容、指导教师的要求和考核、活动的实施与管理等都作出明确的规定。与此同时，具有较强针对性的《第二课堂重点活动课程实施办法》对重点活动课程的建设目标、指导思想、建设程序、奖励办法等提出具体要求，逐步从单门活动课程建设扩大到系列活动课程建设，使活动课程的管理形成有章可循的规章制度。

二、活动学分模块

引入学分制对第二课堂活动进行科学管理，解决了学生参与活动的数量和质量的记载问题，实现了评价的科学化，同时也完成了第一课堂和第二课堂的有效对接。学院针对各门活动课程的特点，规定了明确的活动目的、活动计划、活动形式以及评价方式，学生按要求参与每门活动课程通过考核即可获得相应的学分。学院人才培养方案中明确规定：必须修读完成 5 个学分。

（1）公共选修课模块。公共选修课由教务处统筹管理，第 1 ~ 5 学期，公共选修课采取线上线下教学，学生在 AIC 智能校园系统上自主选课，并于毕业前至少修满 3 学分。为促进学生发展，打造工匠精神，学分可互换。学生参加教育主管部门组织的省级及以上大赛或参加市级、校级大赛获一等奖者可换 3 个选修学分；市级、校级大赛获二等奖可换 2 个选修学分；市级、校级大赛获三等奖可换 1 个选修学分。具体学分由个人申请，二级学院申报，教务处审定，主管教学院长审批。

（2）素质教育与创新创业活动（第二课堂成绩单）。根据《共青团中央 教育部关于印发〈关于在高校实施共青团“第二课堂成绩单”制度的意见〉的通知》要求，学院决定将“第二课堂成绩单”制度纳入人才培养体系，为学生设置5学分的素质教育活动与创新创业学分即第二课堂成绩单，见表1-4。

表1-4　素质教育与创新创业活动（第二课堂成绩单）

<table>
<tr><th>课程类别</th><th>课程项目</th><th>学分标准</th><th>学期安排</th></tr>
<tr><td>思想政治修养</td><td>思想引领类竞赛；先进事迹与评优评先；主题团日活动</td><td>1学分</td><td rowspan="6">1～6学期</td></tr>
<tr><td>社会责任担当</td><td>参加志愿公益服务；“三下乡”社会实践活动；社会实践与志愿服务相关荣誉</td><td>1学分</td></tr>
<tr><td>创新创业素养</td><td>专利发明、创新创业立项、学术研究成果；创新创业类大赛及参加创新创业活动等；自主创业实践</td><td>1学分</td></tr>
<tr><td>文体素质拓展</td><td>参加校内外各级各类文化活动；参加校内外各级各类体育活动；获得文体活动相关荣誉</td><td rowspan="3">2学分</td></tr>
<tr><td>精英成长履历</td><td>社团干部；学生干部；在校外担任社会团体职务</td></tr>
<tr><td>技术技能提升</td><td>职业技术培训获得相应证书；专业技能就业培训；参与校内外技能竞赛</td></tr>
</table>

三、综合评价模块

第二课堂活动课程建立了多元化的活动效果评价体系，既符合学生个性发展的需要，也符合现代高等教育发展的需要。第二课堂活动应采用多元化的评价方式。由团总支或班级对活动课程进行考核；每学期进行学分认定和记载，毕业时根据完成学分的情况按“合格”或“不合格”等级记入学籍档案，对学生活动课程成绩进行考核；学院将各院系开展第二课堂活动课程的情况纳入学生工作目标管理考核。这样学生、教师、校内外专家和学院都是第二课堂活动的评价者。不同主体、不同角度的评价将更有利于提供丰富的评价信息，更有利于被评价者的进步和课程的有效实施。在多元的评价体系中应特别重视学生自我评价，通过学生的自我反思评价，提高他们辨别是非的能力和自我教育的能力；通过学生对活动的评价，可以及时改善活动课程的内容和形式，提高活动课程效果；通过学生对教师的评价，可以达到教学相长的目的。这样，活动课程评价不仅关注结果，而且更重视过程，更能充分发挥活动课程评价的定向诊断、反馈激励、发展、管理等多种功能，实现了以人为本，促进了学生素质的全面提高。

第二章　高职院校第二课堂活动课程化的教学内涵、教学原则与教学特点

第一节　第二课堂活动课程化的教学内涵

第二课堂是不同于第一课堂的独立的教学活动，其侧重点与第一课堂不同。第一课堂是学生学习的主要阵地，已经有相当成熟的模式和标准，其更专注于理论知识的学习。第二课堂更专注于提升学生的综合素质，除了有更加生动活泼的学习方式外，还有各种形式的实践活动，比第一课堂更能吸引学生的目光。第二课堂不同于简单的社团活动，在具有趣味性的同时也具有专业性和知识性，能有效提高学生的思想素质、政治素质、文化素质和智能水平。在有关部门的大力推广和高职院校的积极实施下，第二课堂已经成为高职院校培养人才的重要一环。但是，第二课堂仍存在许多问题，比如：不同高职院校实施第二课堂的标准不同、学生第二课堂表现的记录方式不客观、第二课堂学生的评价标准不统一等。

第二节　第二课堂活动课程化的教学原则

第二课堂活动课程化的教学原则主要包括：

（1）自主性原则。充分发挥学生的自主性，就是要突出“以学生为中心”的理念，要求第二课堂建设把激发学生兴趣、促进学生全面发展作为根本出发点和归宿，深入开展素质教育。活动课程设计要充分尊重学生的兴趣和自由选择的权利，鼓励学生充分展示个性和特长，培养学生的创新精神，提高学生的综合素质。

（2）系统性原则。第二课堂是高职院校育人体系中的一个重要部分，但同时存在着多层次、多样化的灵活分散性，必须系统构建第二课堂活动课程体系。学校应健全组织，加强对第二课堂的管理，将第二课堂活动纳入学校教学计划，制订科学合理的活动计划，配备专业的师资力量，制定多元合理的评价方式，最终形成一个系统性的教学体系。

（3）实践性原则。第二课堂以培养学生的综合素质为目标，为将来成才就业做好准备，必然注重学生的主动参与、亲身体验，让学生在实践中培养职业道德，在实习中提高专业技能，在组织活动中培养团队协作能力，在技能竞赛中发展创新能力。

（4）第一课堂和第二课堂并举的原则。第一课堂和第二课堂是高职院校人才培养大系统的两个子系统，以教书授课为主的第一课堂子系统重在通过课程学习培养学生的专业能力，以学生活动为主的第二课堂子系统重在通过活动实践培养学生的社会能力。高职院

校要将第一课堂与第二课堂放在同等重要的位置，将二者纳入学校课程体系进行整体构建，二者互相促进，有机结合才能形成完整的育人体系。

第三节　第二课堂活动课程化的教学特点

第二课堂活动课程化的教学特点主要有：

（1）坚持社会主义核心价值观指导思想。第二课堂相较于第一课堂的书本理论教学而言，摆脱了教学大纲的束缚，形式内容更加灵活，课堂活动更多考虑学生的上课感受，因而设计时容易过分娱乐化，采用各种学生喜闻乐见的活动组织方式可能在迎合学生的心理时偏离了思想政治教育的主要目的。学校及教育工作者在组织开展第二课堂活动化课程时，应坚持用社会主义核心价值观作为课堂活动设计指导，以科学的理论武装人，以正确的理论引导人，以高尚的精神塑造人，以优秀的作品鼓舞人。

（2）结合时政热点举办特色专题活动。当下国家对大学生的思想政治教育十分重视，在这样的背景下，高职院校的思想政治教育的内容不断丰富，各种教材层出不穷，教育资源得到了极大丰富。但思想政治教育不能够只停留在书本理论层面，而是要在很大程度上进行教育外延和格局的开阔。倘若思想政治教育的教师给学生布置任务，收集社会热点问题相关背景知识，课堂以精心挑选的热点问题为中心设计专题进行充分互动讨论，则能使学生更主动地关注时政，培养出学生关心国家大事的行为习惯，建立起正确价值观念。

（3）打造精品课堂进行范例推广。对于思政第二课堂的打造，组织者要发挥创新精神，采用多样化的形式方法进行课堂设计。同时，要着力打造精品课堂范例，紧跟时事热点，联系相关专业优秀教学骨干，举办大型精品活动，邀请学校、学院相关教师、管理负责人进行观摩学习。在举办活动时，可以聘请摄影人员录制课堂活动开展过程，上传教育网络，供相关人士参考学习，还可在相关论坛上探讨，研究推进思政第二课堂教育发展的新策略。

（4）突出学生主体地位。第一课堂往往是任课教师作为课堂主导，将书本理论知识由上而下灌输给学生，在这样的情况下，学生仅仅停留在被动接受思想政治理论教育阶段，不能进行自主思考，面对现实问题也不会活学活用，以课堂所学的思想政治知识解决实际问题。第二课堂对第一课堂起到补充作用，学生作为课堂主体，发挥更高的能动性、自主性，在活动互动和具体实践中生动把握思想政治理论的内涵，正确感知社会矛盾问题，对社会时政形成合理见解，坚定政治立场逐步形成正确的价值观。

（5）建立合理运行机制长效发展。在第二课堂活动课程化建设之初，就应该制订长期计划，并按照教学计划安排教学人员，配备相关资源，组织各阶段课堂实践活动的开展，保证第二课堂的长效发展。在建设第二课堂之初，很多教育机构信心十足，热情高涨，调动各方资源，集齐各学科优秀教师参与课堂设计和活动开展，但进入后期阶段，却出现经费不足、人员参与度下降以及后劲不足等尴尬局面，与原先设想的结果大相径庭。所以，应将第二课堂作为系统工程建设，各部门加强协商沟通，群策群力，合理安排各阶段教学内容，设计课堂重点，使得课堂建设形成科学的体系，从而有利于长期的发展。

第三章　高职院校思想政治教育第二课堂建设

第一节　思想政治教育第二课堂的现有组织框架

第二课堂组织架构依据思想政治教育开展的层次不同，可以分成三个层次，最核心的是党组织，其次是团组，最后是学生自发的学生会社团等组织。

一、学生党组织

当代大学生成长在对外开放不断扩大、社会主义市场经济深入发展时期，市场机制引入了选择的活力，也带来了竞争的压力；国际化、开放型的社会发展使大学生的价值取向有了多元的选择；网络信息化对大学生的学习、生活方式产生了深远影响。在多种因素交互作用下，做好大学生思想政治教育尤为重要。高职院校应充分发挥党的政治优势和组织优势，通过党建工作和大学生思想政治工作的充分互动，加强和促进大学生思想政治教育，培养和造就适应时代需要的高素质人才。

（一）与时俱进，创新学生党建工作理念

随着时代的进步和社会的发展，作为高职院校育人对象的大学生群体，其意识领域不断发生改变。当代大学生是积极求知的一代，他们关心国家和社会，通过网络、电视、报纸、杂志等媒体接收大量信息；他们也是个性张扬的一代，注重个人能力的提升和自我价值的实现。高职院校党务工作者要根据当代学生特点和社会关注热点，不断加强和创新常规工作，最大限度地调动学生党员的积极性和主动性，增强党组织对大学生的吸引力。创新工作，理念先行。党的思想路线是一切从实际出发，理论联系实际，实事求是，在实践中检验真理和发展真理。要做到实事求是，解放思想是必要条件。思想解放与否，对高职院校学生党建和思想政治教育影响重大。多年来，各高职院校都在实践中建立了党建工作的常规模式，总结出了符合本校实际情况的、有效的经验。大学生群体的特点和时代要求在不断变化，我们应根据这个趋势创新工作理念，不仅在教育形式、途径方面创新，而且更要从制度层面着手，将社会实践、校园文化建设、课堂教育相结合，把党的基本理论、基本纲领、基本路线、方针和政策渗透在大学生日常思想政治教育活动中。

（二）善用网络，提高党建工作影响力

在信息时代，网络是当代大学生获取知识、交流思想的重要平台，互联网已经融入大学生的学习、生活。应根据党员年龄特点，积极探索现代化的教育手段和形式。在科技不断进步、信息化速度不断加快的今天，要善于利用信息网络的制高点，学习它、利用它并且发展它。首先，建立健全党员和积极分子信息管理系统，利用网络平台，实现党建工作

的资源共享。其次，完善党建工作网，通过党建工作网进行网上投票、网上公示等工作，提高学生党支部活动的灵活性与便捷性。最后，指导学生党支部充分利用网络的有利条件，加强党建活动宣传和理论教育，以建立网上学生党支部交流园地、网络党校、网络党支部论坛、党员QQ群等，引导学生党员在网络上进行讨论、学习和交流，吸引和教育更多的入党积极分子和普通学生。

（三）严把关口，完善党员发展质量保障体系

目前高职院校学生党员发展工作存在发展标准不统一、把关不严以及后期学生党员监督机制缺位等问题。所以，发展党员不仅要注重发展前选拔，而且更要注重发展后的培养教育。确定入党积极分子是发展党员工作的重要环节，尤其在学生党员逐年增多的趋势下，如果没有严格的考察和发展制度，党员质量就难以保证。目前在部分高职院校中，入党积极分子的产生程序不尽合理，甚至存在班主任或辅导员“一言堂”的情况，严重影响了党员发展的公信力和党组织在学生心目中的形象。要采取一系列措施在发展入党积极分子环节把好关、开好头。一方面，要利用好共青团推荐优秀团员入党制度，做好入党申请人的筛查工作；另一方面，规范入党积极分子的确定标准和程序。首先，在低年级大学生中开展有效的入党启蒙教育，让学生明确入党动机，了解发展条件及程序。其次，在发展过程中充分发挥党小组和党支部作用，严格规范入党积极分子选择标准和程序。在这个过程中，要求学生党支部根据规定在一年的考察时间里，对积极分子进行有效的培养和管理。一要做好监督工作，定期检查《入党积极分子培养考察登记表》中的考察情况；二要搭建入党积极分子考察锻炼平台，号召入党积极分子参与到志愿服务等组织活动中，为其提供锻炼平台的同时考察其政治觉悟、学业成绩等；三要加强思想引导，定期组织入党积极分子学习汇报，督促其在思想上向党组织靠拢。每一名党员的发展，都要严把质量关，既要广泛征求群众的意见和建议，也要重视入党积极分子的学习成绩、参加支部活动情况等客观表现，切实将大学生中的先进代表吸收到党组织中来。对有问题的学生要暂缓发展，坚决不以“名额分配”“全班级同学投票”等形式进行发展党员工作。只有这样才能让学生党员在大学生中起到先锋模范作用，才能使党建工作在大学生中起到思想引领的作用，才有利于建立立场坚定、方向明确、战斗力强的基层学生党组织。

（四）以人为本，推动建立学习型党组织

建立学习型党组织，就是要营造人人学习、时时学习的氛围，培养学生终身学习的意识，实现以学习带动组织建设。首先，要着眼于学生发展的需要，树立以人为本的思想。在教育方法和内容上，要贴近学生生活与学习实际，体现人性教育和人文关怀，了解他们的需求，促进他们的发展。其次，对学生党员进行量化考核，举行评优表彰活动，学习先进典型，交流经验，推动学生党支部的建设。最后，要重视实践教育。通过实践和理论学习，规范其行为方式，提高其思想境界，使大学生能正确处理个人与学校、人与社会、人与自然的关系，实现每个学生自由充分的成长和发展。以往“填鸭式”的思想政治教育正在失去吸引力，原因之一是缺乏实践的理论灌输不利于将教育内容转化为学生的思想观念。以学校与社区共建的政策为契机，按照科学发展观的要求，在指导思想、思维方式、实际行动上实现新的转变，真正以科学的理念、和谐的方法，从更高起点、更高层次、更

高水平上来谋划、改进学生党建工作。组织学生深入基层、深入社区，注重向社会学习、向群众学习，使他们真正了解社会现象，增进对群众的感情，学会与群众打交道、交朋友，提高实践学习和调研探索工作的实际本领。要通过策划、组织实践活动来实现知识教育向实践教育转变，让大学生在实践中不断反思自我、探索自我、完善自我、提升自我。要带领学生党员学习新理论、解决新问题，在解决问题的过程中培养人、教育人，引导青年学生健康成长。

高职院校基层学生党组织具有榜样模范作用和导向作用。要通过基层学生党组织建设和大学生思想政治工作的互动，使党的基层组织的作用和青年大学生的作用形成合力，使高职院校学生党组织和学生党员在党的建设中作出贡献、得到发展的同时，充分发挥战斗堡垒和先锋模范作用，在校园内营造积极向上的思想氛围，引领广大青年学生树立正确世界观、人生观、价值观，从而推动思想政治教育工作再上新台阶。

二、共青团组织

共青团组织在思想政治教育中发挥着更贴近普通学生的作用。共青团是党领导下的先进青年群众组织，是党的辅助和后备力量。共青团的建设是按照党的建设和领导的原则来开展的，比党组织更全面覆盖全体学生。

（一）团组织建设的重要性

共青团组织是党联系青年的桥梁和纽带，是我党的得力助手和后备军，因此必须将共青团工作纳入大学生基层党组织建设的整体工作中，进一步加强和改进学生团组织建设，充分发挥团组织在大学生思想政治教育中的积极作用。党的建设和发展需要团建的促进与服务，团的建设和发展也需要党建的引领与带动。因此，必须努力形成以党建带团建、以团建促党建的工作格局。大学生入党工作是高职院校党建工作的重要组成部分，是新时期党发展壮大、吸收新鲜血液的重要渠道。如今大学生在入党中存在着一些问题，例如：大学生入党动机多样化、复杂化，有功利化倾向，学生党员自主学习意识不强，对党的认识不够深刻，学生党员政治觉悟不高，服务意识淡薄，没有发挥出学生党员该有的作用等问题，因此要努力结合大学生入党中存在的问题来开展高职院校团建工作。

（二）以服务求建设，以服务求活力

大学生大部分都是共青团员，共青团员这个称号似乎已被我们的学生所淡忘，共青团组织这个机构也似乎被我们的学生所忽略。因此要加强高职院校的团组织建设，就必须增强团组织对广大团员和青年的吸引力与影响力，这也是加强高职院校的团组织建设的基础环节。将学生团组织建设与大学生的专业、实践能力培养、人文素质培养以及丰富多彩的校园文化活动紧密结合，不断提升共青团服务于青年学生的能力，以服务求建设，以服务求活力，才能更好地联系与吸引广大青年。

（三）加强团支部与班委的一体化建设

团支部是最基层的一级团组织，与广大团员有着最广泛、最直接、最紧密的联系，也是共青团工作和活动的基本单位。班级在高职院校管理和学生成长中发挥着重要的作用，

团支部书记和班长就好比是一个班的舵手和领军人物。一个好的班级建设，就是一个优秀的班级基石。团支部和班级在大学生成长的过程中都具有重要的作用，要将两者融为一体，更加紧密地联系在一起，实现你中有我、我中有你，形成一股充满活力的新血液、新力量。

（四）加强大学生团建队伍的自身建设

开展一系列有意义的团日活动、青年志愿服务活动，号召院系各团组织在本系内开展乐于助人、立志成才的优秀团员演讲会活动，加强体验式教育，开展红色寻访活动，通过主题参观、社会实践的方式，带领团员青年了解我们党成立以年来领导全国各族人民战胜各种艰难险阻的光辉历程，比如走进井冈山、走进延安等，在体验中提高认识，在实践中收获感悟，增强团员青年对党的深厚感情。为了更好地吸引和凝聚广大共青团员，也可开展重温入团誓词、学一遍团章、写一篇学习心得、过一次民主生活会、参加一次主题实践活动、“关爱身边人”团日活动以及走进养老院、为贫困山区的孩子捐衣捐物等活动，以此增强团员学生的人生价值感。让他们在每一次的活动中，感悟生活、领悟人生，感知自己的幸福生活来之不易，要用自己的双手去创造自己的未来，学会坚持、永不放弃，努力实现自己心中的梦，并帮助身边需要帮助的人，达到共同进步与发展。

加强团干部、学生干部的培养，积极搭建学习交流平台，为年轻的团干部、学生干部创造更多的锻炼机会，增强自身业务能力。为了更好地培养学生干部，加强学生干部的自身建设，首先必须建立健全必要的管理和工作制度，避免学生干部在工作中出现盲目性的问题，可制定相关“学生干部管理手册”，方便学生干部们在工作中有章可循，这是培养学生干部的主要措施之一。大学生的独立意识较强，喜欢独立思考与工作，这时教师不应过多的干涉，应放开手，大胆地让学生们去工作，在必要的时候给出一定的指导与帮助，在恰当的时机多给予鼓励与肯定，让他们在工作实践中学会总结，学会成长。与此同时，多开展工作经验交流会，分享自己较好的工作方法，学会分享，达到不断学习与改进的目的。重视对学生干部的考核，从政治思想、工作能力、工作成绩、学习成绩等方面上进行考核，教师要对学生干部身上的优点与缺点做到心中有数，有方法、有策略地进行指导。最后将在实践考验中获得优秀的学生团员、学生干部推荐给党组织，做好团组织的推优入党工作，为党组织源源不断地输送新鲜血液。

总之，要努力把高职院校学生共青团组织建设成为始终跟党走，深深扎根于青年学生中，团结并带领广大青年学生努力学习、自强不息、奋发成才，为建设中国特色社会主义事业而奋斗的先进群众性组织，为实现伟大中国梦而不断努力。

三、学生组织

当代高职院校建立起的学生组织体系模式，一般是在高职院校党委领导下、共青团指导下的以高校学生会为代表的学生组织体系，这一体系在全国各高职院校发展日趋成熟，有利于培养出更多投身社会主义建设的、思想过硬、素质过硬的高水平人才。

（一）学生组织的规范化发展

规范化运作是一切社会组织得以维持、巩固和发展的支柱。组织越规范就越能团结成员，保持一致性，同时也能约束成员个人行为并能纠正组织以及个人出现的偏差。学生组织，特别是正式学生组织应该朝规范化方向发展。首先，建立和完善各种规章制度，规范内部管理。虽然非正式学生组织无须编写规章制度，但也需有共同的约定，约定可能是开始形成就有的，也可能是延续下来的。正式学生组织在规章制度中需明确自身职责和服务方向，以及个体的分工职责和权利义务，从而能规范化地开展活动和发展组织。其次，满足成员的需要，建立各种有效的沟通渠道，通过会议、邮件交流、网络交流等方式，提高组织的凝聚力。再次，积极与管理部门沟通，寻求支持和引导。非正式学生组织应积极争取政策的支持和保护，确保组织的可持续发展。在特定的形势下，由于领导的认可，非正式学生组织就可能转变成正式学生组织。最后，建立和发扬组织文化。组织文化是组织发展的推动器，其包括组织标志、组织纪念物、组织活动场地面貌、规章制度、组织目标和价值观等。组织文化能凝聚激励和陶冶辐射组织成员，并规范导向组织发展。

（二）学生组织传承创新发展

传承是保证组织的活动能顺利进行的基本手段，要严格按预定的规划来监视和修正组织的运行，减少摩擦，以保证组织的有序性。学生组织的发展应该历代传承，特别是组织文化的传承。为适应组织内外的变化，在传承过程中要能创新发展，对组织的局部或全部进行调整。传承与创新对组织的生存和发展十分重要，而且相互关联，传承是为创新的结果，创新是为更高层次的传承提供依托和框架。学生组织的创新可分为组织目标创新、活动创新、制度创新、组织机构和结构的创新。学生组织目标创新要通过满足学校育人方针和广大同学的需要获得更好的发展。活动创新与目标创新保持一致，与时俱进地依据广大学生的需求偏好，大胆开创新思路和广开活动开展渠道，为广大学生提供实践平台。要提高组织竞争力、生命力和扩展组织生命周期，必须提高组织内部能力，完善制度、重编组织机构和结构，提高组织内部运作效率。

第二节 思想政治教育第二课堂的形式和内容

第二课堂工作覆盖面广，包括主题活动教育、社会实践教育、志愿服务教育、科技创新教育、校园文化建设、心理教育、对经济困难大学生的资助工作、帮助大学生树立正确的就业观等。从这个角度来看,高职院校第二课堂可以根据其外在表现形式分为以下六类。

一、主题活动教育

主题教育活动的基本含义，是指把具有一定特征的某种基本思想作为核心内容，并在活动中使其得到充分体现的一系列思想政治教育活动。主题教育活动在思想政治教育中具有重要的战略地位，内容一定要符合思想政治工作的需要。主题教育活动的内容是主题教育的重要组成部分，是主题教育者向教育对象实施教育的具体要素。这些内容不是随意安排的，而是根据主题教育的目的、任务和教育对象的实际所确定的。主题教育的目的和任务在规定的丰富性以及教育对象精神世界发展的多样性，决定主题教育的内容是多方面的、广泛的。这些多方面的内容按照特定的层次结构相互联系、相互作用，由此构成主题教育的内容系统。

（一）社会主义核心价值体系教育的融入是主题式教育的核心内容

社会主义核心价值体系是我们党在思想文化建设上的重大理论创新和重大战略任务。高职院校是思想文化建设和人才培养的重要场所，建设社会主义核心价值体系既是大学生思想政治教育的指导思想，也是其出发点和基本任务，这就要求高职院校把社会主义核心价值体系融入大学生思想政治教育的全过程。高职院校的核心价值体系教育建设，要从四个方面内容着手。

（1）坚持以人为本、全面实施素质教育。其核心是解决好培养什么人、怎样培养人的重大问题，重点是面向全体学生，促进学生全面发展，着力提高学生服务国家、服务人民的社会责任感、用于探索的创新精神和善于解决问题的实践能力。

（2）坚持德育为先。立德树人，把社会主义核心价值体系融入国民教育过程。加强马克思主义中国化最新成果教育，引导学生形成正确的世界观、人生观、价值观；加强理想信念教育和道德教育，坚定学生对中国共产党领导、社会主义制度的信念和信心；加强以爱国主义为核心的民族精神和以改革创新为核心的时代精神教育；加强社会主义荣辱观教育，培养学生团结互助、诚实守信、遵纪守法、艰苦奋斗的良好品质；加强公民意识教育，树立社会主义民主法治、自由平等、公平正义理念，培养社会主义合格公民；加强中华民族优秀文化传统教育和革命传统教育，把德育渗透于教育教学的各个环节，贯穿于学校教育、家庭教育和社会教育各个方面。

（3）坚持能力为重。优化知识结构，丰富社会实践，强化能力培养。着力提高学生的学习能力、实践能力、创新能力，教育学生学会知识技能、学会动手动脑、学会生存生活、学会做人做事，促进学生主动适应社会，开创美好未来。

（4）坚持全面发展。全面加强和改进德育、智育、体育、美育。坚持文化知识学习与思想品德修养的统一、理论学习与社会实践的统一、全面发展与个性发展的统一。加强体育，牢固树立健康第一的思想，确保学生体育课程和课余活动时间，提高体育教学质量；加强心理健康教育，促进学生身心健康、体魄强健、意志坚强；加强美育，培养学生良好的审美情趣和人文素养；加强劳动教育，培养学生热爱劳动、热爱劳动人民的情感。重视安全教育、生命教育、国防教育、可持续发展教育。促进德育、智育、体育、美育有机融合，提高学生综合素质，使学生成为德智体美全面发展的社会主义建设者和接班人。

（二）加强和改进思想政治教育的主要任务是主题教育的重要内容

以理想信念教育为核心，深入进行树立正确的世界观、人生观和价值观教育。要坚持不懈地用马克思列宁主义、毛泽东思想、邓小平理论、“三个代表”重要思想、科学发展观和习近平新时代中国特色社会主义思想武装大学生，深入开展党的基本理论、基本路线、基本纲领和基本经验教育，开展中国革命、建设和改革开放的历史教育，开展基本国情和形势政策教育，开展科学发展观教育，使大学生正确认识社会发展规律，认识国家的前途命运，认识自己的社会责任，确立在中国共产党领导下走中国特色社会主义道路、实现中华民族伟大复兴的共同理想和坚定信念。同时，要积极引导大学生不断追求更高的目标，使他们树立共产主义的远大理想，确立马克思主义的坚定信念。

以爱国主义教育为重点，深入进行弘扬和培育民族精神教育。深入开展中华民族优良传统和中国革命传统教育，开展各民族平等团结教育，培养团结统一、爱好和平、勤劳勇敢、自强不息的精神，树立民族自尊心、自信心和自豪感。要把民族精神教育与以改革创新为核心的时代精神教育结合起来，引导大学生在中国特色社会主义事业的伟大实践中，在时代和社会的发展进步中汲取营养，培养爱国情怀、改革精神和创新能力，始终保持艰苦奋斗的作风和昂扬向上的精神状态。

以基本道德规范为基础，深入进行公民道德教育。要认真贯彻《公民道德建设实施纲要》，以为人民服务为核心、以集体主义为原则、以诚实守信为重点，广泛开展社会公德、职业道德和家庭美德教育，引导大学生自觉遵守爱国守法、明礼诚信、团结友善、勤俭自强、敬业奉献的基本道德规范。坚持知行统一，积极开展道德实践活动，把道德实践活动融入大学生学习生活之中。修订完善大学生行为准则，引导大学生从身边的事情做起，从具体的事情做起，着力培养学生良好的道德品质和文明行为。

以大学生全面发展为目标，深入进行素质教育。加强民主法制教育，增强遵纪守法观念。加强人文素质和科学精神教育，加强集体主义和团结合作精神教育，促进大学生思想道德素质、科学文化素质和健康素质协调发展，引导大学生勤于学习、善于创造、甘于奉献，成为有理想、有道德、有文化、有纪律的社会主义新人。

二、社会实践教育

高职院校在教育的变迁中往往扮演着推动力和标杆的角色，具有重要的导向性价值。全面综合素质培育，塑造未来领军人才，是新一轮高职院校变革的一大要求。传统上，学生培育体系以课内为主、课外为辅，由院校自行定制，学生被动参与，缺乏高效的主观能动性，无法适应今时日新月异的形势变迁。当前高职院校社会实践主要分为两大部分，一部分主要以院校牵头为主、学生自发组织为辅，公开遴选，配有教师带队，面向师生公开选拔成员参与，作为学校示范队，实践主题涵盖红色砥砺、社会认知、文化教育、三下乡等多个方向。示范队是高职院校社会实践的风向标，是前沿展示的触角，在全面落实实践教育的过程中充当先行者的角色，是“实践—总结—改进—再实践”环节中不可或缺的一部分。示范实践的数量是有限的，面向莘莘学子的实践教育是建立在个人分散实践的基础上的，如何从示范性实践中汲取经验，加以推广迁移，是一个亟须解决的问题，这关系到能否真正落实综合素质拓展教育，能否将实践教育的精华充分传递给学生。在全面融合、快速发展的今天，如何培养出品学兼优，特别是富有实践精神与实践经验的青年才俊，是高职院校改革中学生培育体系的一个重要课题。这是一个综合性的问题，需要从多方面来加以讨论。一方面，需要抓住高职院校全面综合改革的大背景，及时调整原有老旧体制，广泛征求师生意见，及时更新，从规章制度上完善培育体系，打下牢固的变革基础。另一方面，需要切实贯彻落实各项规章制度，进一步解放思想，树立新观点，打破师生的固有旧观念，及时推陈出新，完成改革大任。

（一）社会实践教育的作用

“实践出真知”是一个亘古不变的真理，社会实践教育是学生接触和认识社会的一个重要端口，是大学生思想政治教育的重要环节，对于大学生拓宽视野、学以致用、树立社会责任感、形成正确的人生观念具有持续性的引导作用。社会实践教育作为对理论学习的有力补充，已经逐步成为职业教育培育社会主义未来建设者和接班人的必要要求。对于高职院校而言，社会实践是全面落实素质拓展体系的重要途径，是全面深化教育教学改革的一个突破点，通过实践教育，加深学生对实际生产生活的需求认识，增强学生的社会责任意识，充分发挥高职院校与政府、企业、群众的一点多面联系，为未来人才储备和输送工作夯实基础。对于学生个人而言，社会实践的经历无疑是极为重要的，一个缺少实践精神的人是难以胜任新形势下复杂多变的局势的。多元文化融合背景下，全面深化改革和稳步转型的浪潮中，各类用人单位在招聘需求中对于学生的要求逐步变革，开始转向复合型人才。扎实的专业基础、丰富的实践阅历、良好的应变能力，越来越成为判断求职者录用与否的标准。社会实践教育，恰好是激发学生这类素养的有力途径，是学生个人应该珍惜和积极参与的。

（二）社会实践教育的发展方向

深化教育教学改革，形成拔尖创新人才培养体系，是高职院校在综合改革大背景下对学生培养体系的一个新要求，也是未来培养方向和模式变迁的风向标。素质拓展教育要充分贯彻这一理念，把充分激发学生自主参与意识、有利于培养拔尖创新人才、最大限度地利用素质拓展配套资源作为衡量优劣的一个评价指标，并且将这样的经验推广和普及。首先，要进一步增加学生自发参与、主动提出的热情，弱化教师和学校的作用，让学生自己提出想法、自己策划方案、自己联系相关单位，充分考虑学生的实践需求和实践目的，学校和教师全力做好牵线搭桥的作用，做好指导者和后备力量的角色。真正敢于放手，给予学生充分的自主选择，不仅可以提高学生的主观能动性，而且能够充分抓住学生与政府或者企业、社会的双向需求，最大限度利用实践资源。其次，要充分在实践过程中融入多元化、新特色的理念，进一步丰富实践内容。走访、参观、座谈这些传统形式无疑是要坚持和继承的，同时，新的实践内容和形式也要应运而生。面向军工企事业单位的实践，可以增加“献身国防动员教育”“军工企业一线工作者访谈”“校友一对一定点联系”等活动形式；面向大型民营企业的实践，可以增加“岗位一对一定点专业讨论”“职位模拟”“直面HR”等活动形式，诸如此类，都是锻炼学生能力、发挥实践价值的重要手段。让活动形式能够给予学生更多的互动空间，摆脱传统座谈等形式的固有弊端，是有待再加强的一个方向。最后，对于社会实践的总结和后期宣传，由示范队面向广大师生的点对面联系，是体现实践价值的一个重要途径。传统上，分享会、实践评比等手段，其覆盖面是有限的。数字和网络传播途径、集体学习等多种手段，必须相互结合，力保实践成果惠及更多学子。要及时组织实践成果巡展汇报、实践报告讨论、实践影视资料展等活动，充分利用微信推送平台、微博等新媒体工具，最大限度地扩大实践成果惠及面。特别值得一提的是，结合实践单位的人力资源需求，面向应届毕业生开展求职教育活动，现身说法，提前沟通好企事业单位与求职者的双向需求，将会有力促进学校就业工作，保障就业质量。

三、全人教育与志愿服务教育

党的十九大以来，随着社会公益组织的发展和政府及高职院校政策的倡导，越来越多的大学生参与到志愿服务行列中来，他们在帮助他人、服务社会的同时，个人的综合素质也得到全面提升。与世界其他国家志愿服务相似，我国的志愿服务活动中大学生参与度比较高，同时大学生志愿者数量和服务质量正在不断提升。然而，我国大学生志愿服务水平与欧美等发达国家相比，仍有较大差距，其中一个重要的表现就是，我国志愿服务的“德育”“思想”倾向性过于明显，忽视对志愿者个体全面发展的关注，忽视对志愿服务者精神层面需求的满足，这在某种程度上挫伤了大学生志愿者投身志愿服务的积极性，限制了他们志愿服务水平的提升，也制约了他们本身的发展。

（1）注重志愿服务对大学生的个体价值，开展有意义的志愿服务项目。“全人教育寻求人类之间的理解和生命的真正意义。全人教育鼓励自我实现，同时也强调真诚的人际交往和跨文化的人类理解，培养人与人相互理解相互关心的素养。”改革开放以来，我国经济快速增长，综合国力大幅度提高。然而，物质财富的增长并不意味着生活质量的提高，一些人片面追求物质享受，生命意义模糊，幸福感越来越低。在大学生中间，没有灵魂、没有追求的空心人；在某一方面非常优秀，在人际交往、情绪管理等方面存在明显缺陷的畸形人；忽视自我的存在，只为得到他人的认可的无影人；只是机械地学习，不知为了什么学习的机器人等，也不是少数。在志愿服务中注重大学生个体价值的实现，开展有意义的志愿服务活动，有利于引导大学生获得生活的意义，理解生命的真谛，实现自我的全面成长。这种变化与价值感获得，在志愿服务结束后还将持续下去，有助于他们更好地进入不同社会群体或者工作领域。

（2）回归志愿服务的本质，培育大学生的志愿服务精神。全人教育重视人的完整发展，不仅要培育个体的生理、智能，而且要培育个体的情感、精神，使个体在情感上丰富自己、在精神上发展自己，从而获得健康成长。从全人教育的视角出发，高职院校开展志愿服务活动，必须要重视对大学生情感的培育，精神世界的丰富，尤其是深化大学生对“奉献、友爱、互助、进步”志愿精神的认识，并将这些精神追求内化于心，外显于行。从志愿服务的本质来看，志愿服务充满人性和道德关怀，其具有志愿性、公益性、无偿性、服务性等基本特征。大学生从事志愿服务，要始终把公益性放在首位，把满足社会需求作为出发点，积极践行志愿者精神。高校要切实做好大学生志愿者的培训与教育引导工作。在志愿者的培训上，不应为了降低培训成本、追求工作实效，而仅停留在对志愿服务项目和志愿服务技能的培训上，更应该对大学生志愿者进行思想理念培训，增强大学生的志愿服务精神，纯化大学志愿者的服务动机，提升大学生志愿者的服务境界。同时，注重对大学生志愿者开展感悟教育，引导大学生志愿者多关注提升志愿服务的水平，更好地造福社会，而非将志愿服务功利化，仅仅将从事志愿服务作为个人获得荣誉、社会资源的途径。

（3）充分整合社会资源，使志愿服务从学校到社会、从群体到大众。全人教育的特色在“全”，这不仅指个体的全面发展，而且更蕴含一种博大、广阔的世界观。全人教育关注的不是某个个体、某所学校、某个国家的发展，而是从一个广阔的视角关注整个地球，乃至将整个宇宙联系在一起。全人教育提出要培养全球视角的地球公民，他们关心社会、关心环境、关心整个人类。因此，开展大学生志愿服务活动要有全局意识、整体思维，充分整合社会资源，使志愿服务从学校到社会、从群体到大众，使志愿服务的活动范围不仅仅局限于某个学校、社区、省份、国家。在保障志愿服务质量的前提下，尽可能地扩大志愿服务的地域范围，为学生的成长提供更广阔的平台，培养学生的整合思维、地球公民意识；加强高职院校对志愿者工作的领导与组织协调力度，推动志愿服务与社会服务有机衔接，积极整合各类志愿服务资源，不断增强志愿者工作的整体合力；把学生自身的成长成才与志愿服务意识的培养统一起来，使志愿服务成为广大学生的行为习惯，为学生的成长成才提供重要的实践途径。

（4）志愿服务实践育人，要更关注大学生的全面发展。全人教育思想家指出，人不仅是发展的手段，人更重要的是发展的目的。全人教育倡导以“育人”为本，以开发人的理智、情感、身心、创造力和潜能为教育目的，促进学生全面、和谐发展。志愿服务活动项目要以“全人教育”为视角，以大学生的全面发展为主轴，按志愿服务项目的特点、大学生志愿者的发展需求进行设计，力求能涵盖大学生能力、思想、价值等主要维度，使大学生志愿者通过参与志愿服务活动的培训和实践，全面提升个人综合素质。同时，高职院校要鼓励大学生志愿者在校期间，积极尝试不同类别的志愿服务项目，在不同项目的磨炼中获得全面的成长。此外，在志愿服务活动结束后，要及时组织志愿者开展经验交流，通过志愿者之间的相互交流、评价，以及志愿服务指导教师的点评，志愿者及时对自我进行深刻反思，查漏补缺，以获得全面成长。志愿服务作为一种直接的社会实践性活动，为个人提供了自我教育和自我完善的途径，大学生参与奉献服务的过程，本身就是一个接受教育、提升能力的过程。许多大学生在积极参与志愿服务之后都感受到，自身的自我价值感、社会责任感、创造能力、沟通协调能力、团队合作能力和承受挫折能力等都有了不同程度的提高。

四、创新创业教育

当前我国社会处于大众创业、万众创新的时代，为高职院校开展创新创业教育提供了有利的社会环境。创新创业教育是新时期根据我国战略定位、社会经济发展壹基金高职院校教育发展等多方面的因素而制定的，在创业教育中融入创新的理念，使创业教育和创新教育能够有机地结合，以创新为本质，互相支撑。创新创业教育的根本目的是要激发学生的创造力，培养学生的创新思维、创业意识以及相关的创业能力，并不是要让每个学生都去自主创业，而是要让学生有过硬的心理素质和良好的创业品格，培养双创型人才。

（1）积极构建创新创业实践平台。实践平台是创新创业教育中不可或缺的一部分，能够有效提高人才的实践性，因此为了有效发展高职院校创新创业教育，我们应当积极构建相关的实践平台。实践平台可以分为校内、校外两种。在构建校内实践平台时，学校应当充分考虑自身的经济基础和校园规划，常见的大学科技园、孵化器等属于校内的创新创业实训平台；校外的创新创业实践平台多指学校和相关企业联合构建的，一部分是学校定期送学生去相关的企业实习，另一部分是高职院校提供场地，企业提供资金，在高职院校内部建立实践基地，为企业训练人才。这两种方式应当结合起来，既要发展校内的实践平台，又要发展校外的实践平台，通过创新创业实践平台更好地促进创新创业教育的发展。

（2）进一步完善课程体系和教学评价系统。当前我国创新创业教育的课程体系还不够完善，为了实现创新创业教育长远而稳健的发展，我们应当进一步完善创新创业教育的课程体系和教学评价系统，为创新创业教育提供一个良好的环境。首先，我们应当加大创新创业教育在课程中的比例，增加创新创业教育的课时设置。当前创新创业教育的课时安排普遍比较少，只有保证足够的课时数量才能对学生产生一定的影响，因此应当加大创新创业教育的课时数量。其次在设置创新创业教育时应当与学生的专业结合起来。当前创新创业教育在很大程度上都是单纯的理论宣传，没有与学生所学专业结合起来，这样不利于学生的创新创业实践，只有将理论与学生所学的专业结合起来才能更好地为学生的创业服务。最后，在教学评价体系上应当坚持更加科学的标准，改变以往以试卷成绩为主的模式，根据相关创业理论知识、平时表现以及实践活动等多方面的表现评定学生成绩，更加科学、具有能动性，能够激励学生更加积极地参与到创新创业教育的学习中来。

（3）优化师资队伍建设。创新创业教育说到底还是教育的一种。在教育中教师的作用非常重要，直接影响教育的效果，因此，为了能够在众创背景下更好地进行创新创业教育，要注意进一步优化创新创业教育的师资队伍。在创新创业教育中应当注重普通教育与特殊教育相结合。普通教育是指教师平常对学生的创新创业教育，特殊教育则是在普通教育之外的补充。因此，一方面我们应当注重对创新创业教师的培训，提高他们的专业水平和教学水平；另一方面应当邀请优秀的企业家、成功的创新创业者或者已经创业的学长学姐来为大学生传授创新创业的经验，此外还可以举办论坛、讲座、实习之类的活动，通过这些活动让学生接触更加鲜活的创新创业的例子，在实践活动中受到创新创业教育，能够让学生有更加深刻的印象。

（4）加大对创新创业教育的重视程度。理念对创新创业教育的发展具有重要的意义，因此为了更好地促进创新创业教育的发展，相关部门、高职院校管理者以及教师应当转变理念，加大对创新创业教育的重视程度，进一步推动创新创业教育在高职院校中的发展。当前很多高职院校领导者对创新创业教育的认识还不够，只把创新创业教育理解为提高学生就业率的一种途径，甚至认为创新创业教育只不过是一种形式。在这种理念的指导下，创新创业教育在高职院校中一直处于比较边缘化的地位，不能很好地发挥作用。为了改变这种现象，相关部门及高职院校管理者应当重视创新创业教育在学生成长中所起到的作用，一方面要加大对创新创业教育的宣传，鼓励学校开设创新创业教育的相关课程；另一方面应当进一步加大对创新创业教育资金和政策支持，使创新创业教育的发展有一个保障体系；此外，高职院校应当积极关注相关的创新创业教育组织与活动，例如扶助创新创业教育社团的建立及日常运行，鼓励在校园内开展创新创业的比赛和活动，使创新创业教育能够更好地发挥其作用。

五、校园文化建设

校园文化具有催人奋进、鼓舞斗志、凝聚人心的作用，它潜移默化地影响着大学生的行为规范、道德品质和思想政治。校园文化建设与大学生的思想政治教育是相互影响、相互作用的，校园文化是影响大学生思想政治工作的重要方面，而大学生思想政治教育的强化又反过来促进了校园文化的建设。校园文化建设必须要符合时代的发展，符合国家基本的教育理念，这样才能起到模范引导作用，引导大学生树立正确的人生观和价值观。

（1）校园文化建设要以社会主义核心价值体系为主导。校园文化建设要积极促进大学生的思想政治教育，因此，主流的政治思想必须与时俱进。现阶段，以社会主义核心价值体系引领校园文化建设就是校园文化建设的根本，是必须要坚持的主导思想。

（2）打造鲜明的学校文化特色。校园文化特色是指独一无二的、具有本校传统的文化理念和文化内涵，能增强学生的认同感、自豪感和荣誉感，是作为高职院校之间竞争软实力而存在的。建设校园文化，要从本校的自身实际出发，注重打造鲜明的学校文化特色，这样才能更好地调动学生的积极性，加强学生的思想政治教育。

建设鲜明的学校文化特色，需要从以下几个方面考虑。首先，要打造兼具美观性和深刻内涵的物质文化。这里的物质文化不只是学校的基础设施、建筑风格、景点建设、娱乐场所、服务场所等基本的学校建设，还包括积极与校外各方积极联系，营建一个和谐的大学周边环境。其次，要着重注意精神文化建设。精神文化建设包括师生的审美情趣、精神风貌、思想观念等，它是教师和学生在长期的实践探索中共同形成的。比如有关于学校校风、名言警句等的征集活动，要广泛地号召全校师生参与其中，加强宣传并争取得到师生的认同。

(3) 校园文化建设要加快网络文化建设。当今，计算机网络技术越来越普及，各高职院校都有自己的计算机网络系统，学生的上网人数也迅速增加，因此，加快校园网络文化建设、利用网络途径宣传本校的文化理念具有重要作用。健全学校的网络管理制度、加强网络管理工作队伍的建设、加强网络安全等措施，对建设校园网络文化，并提高大学生的思想政治教育具有特殊意义。

校园文化建设与加强大学生的思想政治教育具有密切联系，要不断认识到校园文化建设中存在的问题并积极改进，要注意从本校的实际出发，积极探索适合自己学校的独特的文化教育理念，营造一个提高学生思想政治教育的良好的文化环境。

六、心理健康教育

心理健康教育是高职院校思想政治教育重要组成部分之一。近年来，随着我国政治、经济、文化和科学技术的不断发展，大学生群体的思想出现了多元性、易变性及自主性等众多新特点，这在一定程度上对传统思想教育造成了冲击。为此，在新的形势之下，高职院校要适应时代发展的要求，积极拓宽思想政治教育的内容，不断改进思想政治教育的方法，切实提高思想政治教育的成效，扎实做好大学生的思想政治教育工作。

(1) 明确心理健康教育在高职院校思想政治教育中的地位。思想政治教育与心理健康教育工作是一项重要的系统工程，这不单纯是思想政治教育工作者与心理健康教育者肩负的任务，而且还应当是整个高职院校的一项突出任务。高职院校的全体教职员工都有教育和引导大学生健康成长的重大责任，思想政治教育从业人员应转变观念，依据大学生的思想动态与心理状况，在教学管理与服务中有意识和有针对性地开展好教育引导工作。应当做到以学生为本，认真负责地帮助大学生解决学习与生活中遇到的实际问题，及时为其解疑释惑，不断地满足大学生发展所需的各方面需求，推动大学生的全面成长成才，进而创设高职院校思想政治教育及心理健康教育工作的全新局面。如今，高职院校的心理健康教育工作越来越受重视。高职院校的思想政治工作者应当切实将大学生心理健康教育作为大学生思想政治工作中一项十分重要的内容加以认真对待。高职院校思想政治工作者应当清醒地认识到，大学生群体的心理健康教育不但是一条教育的途径，而且更是一种思想、一种观念。因此，应当在重视与抓好高职院校思想政治工作的基础上充分认识实施大学生心理健康教育对于高职院校思想政治工作的改革与发展所具有的重要意义，积极推动大学生心理健康教育向着纵深方向开展，让大学生们都能够做到自强自立，从而改善学习效率与提高生活质量，进而实现人格的健全与完善，以求真正将高职院校的思想政治工作扎扎实实地落到实处。

（2）将心理健康教育融合于思想政治教育的全程。心理健康教育工作可以说是大学生日常教育管理工作体系中十分重要的组成部分，同时也是思想政治教育工作者的重要职责。为了将思想政治教育工作真正落到实处，做到大学生的心里，关键就是要了解与掌握大学生的思想与心理行为。唯有准确地抓住不同类型与不同层次大学生的思想和心理特点，并进行正确的引导与帮助，才能真正实现思想政治教育的预期效果。人的行为与表情是人对于某一种客观事物作出的特定反应，是受人的心理支配与调节的，是人的心理活动的外在直接表现。人的心理活动主要是由客观事物引起的，会在人的行为与表情当中展现出来。高职院校思想政治教育者必须深入大学生之中，力求避免空对空，运用心理学知识与规律对大学生的心理状态与心理特点加以研究，区分出思想问题与心理问题，掌握不同学生的具体心理活动规律与思想状况，并及时抓住其思想与行为苗头，分别采取不同的思想政治教育和心理健康教育原则方法。要善于对大学生的心理问题作出有针对性的疏导，并为存在心理困惑与心理障碍的学生及时给予必要的帮助，从而做到防患于未然，增强高职院校思想政治教育工作的前瞻性、主动性及实效性。

（3）发挥辅导员在思想政治教育工作中的重要作用。辅导员是大学生工作的第一线人员，负有开展好大学生思想政治教育与心理健康教育的重要使命。辅导员应当将大学生的心理健康教育与思想政治教育紧密结合起来，将两者作为同等重要的大事常抓不懈，应当在高职院校思想政治教育工作尽量中渗透进心理健康教育，把大学生心理健康作为思想政治教育的基础环节。要尽量强化与大学生之间的交流，从而尽早地发现相关问题，并加以预防。要结合大学生当中出现的心理不健康的思想与行为，以历史的和发展的观点，科学地分析当前大学生所具有的思想特点与心理特点。要着重注意发现与调动大学生思想与心理当中的积极因素，以提高全体大学生的心理素质为新的出发点，致力于帮助全体大学生优化其个性心理品质，进而为大学生的全面发展创造必备的条件，使大学生的心理素质能够与其思想道德素质得到同步协调发展。对于个别存在严重心理健康问题的大学生，应当给予更多的关注，及时进行引导，同时开展单独的辅导教育，以实现既提高大学生思想政治觉悟，又消除其心理障碍的目标。

（4）利用校园文化载体实现思想政治教育和心理健康教育的有机融合。校园文化的重要功能之一就是其所具有的载体功能。高职院校思想政治教育和心理健康教育都迫切需要一个健全的心理环境作为实施的载体，而校园文化的浓郁氛围对于大学生具有强大的感染力，能够充分发挥出调节心情、陶冶情操、放松身心、磨砺性格等功能作用，同时还能够净化大学生的内心世界，调节大学生在繁忙学业压力下的紧张情绪，增强其心理的承受能力，增进大学生心理品质的健康发展，进而全面提高大学生的各项综合素质。开展形式多样的活动是高职院校的鲜明特点，而高职院校的各项活动都是对大学生开展思想政治教育的重要阵地之一，同时也是实施心理健康教育的主渠道。这些活动能够让学生真正了解大学生活，从而端正自身的学习态度，树立良好的学习动机，找到合适的学习方法，增强集体主义观念，锻炼意志，培养高尚的道德情操。各项活动能帮助大学生形成健康人格，避免出现各类学习障碍，让高职院校思想政治教育的预防性得到全面展现。当然，各项活动的开展，还能使大学生更加了解各类社会问题，从而有助于他们及时找到自己的位置，减轻学习中的沉重心理负担，让大学生的心理素质得到有效的提高。

第三节 共青团“第二课堂成绩单”制度

一、总体要求

（一）实施意义

在共青团深化改革的形势和背景下，作为高职院校共青团改革的龙头项目和创新举措，第二课堂成绩单是高职院校共青团顺应职业教育综合改革潮流，围绕中心、服务大局，找准定位、彰显价值的“牛鼻子”；是吸引凝聚青年学生，扩大组织覆盖面和影响力，发挥基础性、源头性、战略性作用的“指挥棒”；是直接联系服务引领青年学生，帮助青年学生提高综合素质、获得社会认可的“通行证”；是促进高职院校共青团优化工作理念，推动机制创新和工作创新，提升工作专业化、规范化、科学化水平的“发动机”。

（二）实施原则

（1）明确定位。服务高职院校立德树人中心工作，将第二课堂作为第一课堂的有机补充、作为高职院校人才培养的重要组成，推进第二课堂与第一课堂互动互补、互相促进。

（2）打造引擎。以推行第二课堂成绩单为新形势下高职院校共青团深化改革的牵动，统一认识，全力推动。

（3）统一品牌。名称逐步统一为“××学院共青团第二课堂成绩单”，集中力量打造品牌。

（4）因地制宜。尊重各地各高职院校实际，在内容设计、工作实施、平台建设等方面不作过多硬性规定，鼓励探索和创新。

（5）注重实效。本着忠于事实、便于操作、易于推广的原则，在工作设计中重科学实用、重用户体验、不贪大求全。

（三）实施目标

经过在课程设计、系统开发、制度构建、理论研究等方面探索，厘清“第二课堂成绩单”的科学内涵、工作内容、运行逻辑，努力形成行之有效的工作理念、工作机制和工作方法。通过客观记录、有效认证、科学评价学生参与第二课堂活动的经历和成果，促进“第二课堂成绩单”成为学校人才培养评估、学生综合素质评价、社会单位选人用人的重要依据。

二、推广内容

（一）功能定位

第二课堂成绩单应具有客观记录、科学评价、促进成长、服务大局、提升工作、融入社会等6方面功能。

（1）客观记录。通过设置覆盖面广、内容模块全的课程体系，真实、客观地记录学生在校期间参加各项课外活动、从事团学工作等情况和取得的各类成绩。

（2）科学评价。通过对学生在校期间的综合能力表现进行专业化的准确评价，帮助学生正确了解自身优势、弥补自身不足。

（3）促进成长。通过第二课堂成绩单的反馈，激励学生广泛参与各类活动，促进能力素质的均衡发展，提升就业竞争力。

（4）服务大局。通过开展第二课堂成绩单有关工作，促进共青团融入学校立德树人工作全局，同时通过网络平台对大数据进行收集分析，为学校党政决策提供科学依据。

（5）提升工作。通过推行第二课堂成绩单，倒逼共青团工作转型升级，推进工作的科学化标准化系统化建设，提升共青团组织的覆盖面和影响力。

（6）融入社会。通过第二课堂成绩单，为社会用人单位选人、用人提供科学参考，搭建学生、学校、社会三者之间的有效连接平台。

（二）工作内容

“第二课堂成绩单”主要包括“4+1”的一揽子制度安排，包括4个体系即课程项目体系、记录评价体系、数据管理体系、工作运行体系，1个产品即第二课堂成绩单。主要是围绕高职院校立德树人的核心任务，以共青团组织为主要实施方，通过争取学校党政领导支持、与有关部门和单位合作，在引导学生坚持学业为主的同时，针对学习就业创业、创新创造实践、身体心理情感、志愿公益和社会参与等普遍需求，借鉴第一课堂的做法，通过对工作内容、项目供给、评价机制等进行整体设计，探索规范化、课程化、制度化的工作模式，形成富有共青团特色、全方位培养大学生综合能力素质的制度机制。

1. 课程项目体系

课程项目体系是“第二课堂成绩单”的实施基础，本质上是对第二课堂活动的分类整合和体系构建，同时在设计上应基于新形势下学校共青团的重点工作任务和职责。具体操作上，第二课堂成绩单的课程项目体系可分为7个类别：思想成长、实践实习、志愿公益、创新创业、文体活动、工作履历、技能特长。

（1）“思想成长”模块主要记载学生入党、入团情况，学生参加党校、团校培训经历，学生参加思想引领类活动经历以及获得的相关荣誉。

（2）“实践实习”模块主要记载参与“三下乡”社会实践活动、就业实习、岗位见习及其他实践活动的经历，参加与港澳台及国际交流访学的经历以及获得的相关荣誉。

（3）“志愿公益”模块主要记载参与“大学生志愿服务西部计划”及支教助残、社区服务、公益环保、赛会服务、海外服务等各类志愿公益活动的经历，以及获得的相关荣誉。

（4）“创新创业”模块主要记载参与各级各类学术科技、创新创业竞赛和活动的经历及获得的相关荣誉，以及发表论文、出版专著、取得专利等情况。

（5）“文体活动”模块主要记载参与文艺、体育、人文素养等各级各类校园文化活动的经历以及获得的相关荣誉。

（6）“工作履历”模块主要记载在校内党团学（含学生社团）组织的工作任职履历、在校外的社会工作履历以及获得的相关荣誉。

（7）“技能特长”模块主要记载参加各级各类技能培训的经历以及获得的相关荣誉。

2. 记录评价体系

记录评价体系是第二课堂成绩单的实施核心，主要是针对学生参与第二课堂活动的情况，建立系统的记录、审核、评价机制。记录评价体系的建立应坚持“客观为主，兼顾主观”的原则，以科学的量化标准为依据，可包括3个层面的评价方式。

（1）记录式评价：根据既定的第二课堂成绩单课程体系，对学生的课程参与过程和成果进行真实客观的记录，同时依据活动种类、等级、参与方式的不同，在记录中予以反映。

（2）学分式评价：可对第二课堂成绩单中的课程设定学分，对学生参与第二课堂情况进行规范化管理，以是否完成学分作为其参与课程的重要评价标准。

（3）综合式评价：可结合学校育人的目标指向，根据学生参与第二课堂活动情况，对学生进行综合能力的描述性评价，形成评价报告。

3. 数据管理体系

网络数据管理系统是第二课堂成绩单的实施手段，是记录、评价、审核学生参与第二课堂活动情况的主要工作平台；同时，通过大数据分析，团组织可分析、评估、调整各类团学活动的实施方式，以贴合学生需求，实现更大成效。网络数据管理系统应具备以下基本功能：

（1）学生用户可通过网络数据管理系统，观察、选择、记录、评价、反馈第二课堂的课程及实施情况，并通过系统自主选择形成本人的第二课堂成绩单。

（2）学校管理用户可通过系统进行课程发布、过程管理、收集反馈，监督、考核、评价、认证学生参与第二课堂情况。

（3）社会用人单位用户可通过专门的学生信息查证入口，为在招聘用人中选择学生、评价学生提供重要参考依据。

4. 工作运行体系

运行体系是第二课堂成绩单的实施保障，通过横向沟通、纵向分工，建立起“事前规范、事中监督、事后审查”的完整工作闭环。工作运行体系应包括以下方面：

（1）有制度。建立第二课堂成绩单的制度规范和操作细则，做到有章可循、有序开展。

（2）有人员。通过专门工作组或在院系、社团、班级设立专门负责人的方式，明确各层级的职责分工，并进行专门的业务能力和系统操作培训，建立运转有力的工作队伍。

（3）有机制。规范课程的发布审核流程，明确学生参与第二课堂活动的记录、审核、评价、反馈、申诉的各个环节，做到便捷、透明、公平、公开。

（4）有合作。积极争取学校党政部门的政策和资源支持，与校内其他相关部门建立顺畅的沟通合作渠道。

5. 第二课堂成绩单产品

最终为学生形成一张第二课堂成绩单是工作的目标所在。成绩单的设计要坚持以学生需求为中心、以社会需求为导向，强调客观性、价值性、简便性，对学生在第二课堂的表现进行权威认证，对学生表现出的综合能力素质进行全面反映。

（1）统一名称。名称应统一为“××大学（学院）共青团‘第二课堂成绩单’”，并在显著位置体现团徽等共青团的标识。部分学校原有的“素质拓展证书”“实践活动成绩单”“第二课堂成绩鉴定” 等名称可先予保留，逐步过渡至统一名称；遇有国际交流及学校、学生和用人单位有特殊要求等情况，可区别使用成绩单的名称。

（2）规范要素。记录的表现形式可多样，但基本要素应统一，主要应包括学生基本信息、项目类别（即课程体系）、项目名称、项目时间、项目属性或级别（可设计为国家级、省部级、学校级等）、项目评价（学分、学时、获奖等）、项目认证（即客观记录参与情况）等7个方面。

（3）注重使用。面向校内外，多渠道加强第二课堂成绩单的内容宣传、理念传播、用途推广，提高学生的应用率和社会用人单位的认可度。

（三）实施环节

实施第二课堂成绩单有关工作，应包括厘清工作价值、明确课程内容、建立评价体系、完善运行机制、搭建数据平台、推动学生参与、形成最终产品等7个实施步骤。

（1）厘清工作价值。第二课堂是对第一课堂之外，校园文化、社会实践、志愿服务、创新创业等素质教育内容的统称，是高职院校共青团的主要工作范畴。第二课堂成绩单的实施，应基于思想引领、素质拓展、权益维护、组织提升等工作领域，梳理高职院校共青团重点工作和传统品牌的实施目标、实施情况、存在不足等，明确各项工作的育人指向和价值所在。

（2）明确课程内容。参照7大模块（思想成长、实践实习、志愿公益、创新创业、文体活动、工作履历、技能特长）或结合各自的课程模块设计，对开展的工作和活动进行归类。同时，梳理校内各层级团学组织以及其他部门开展的第二课堂活动情况，经科学论证、征求意见等环节，确定可纳入第二课堂成绩单的项目。

（3）建立评价体系。结合自身实际，在记录式、学分式、综合式等不同评价方式中，明确采用何种评价机制。如采用记录式，应针对活动等级、学生参与方式的不同等，明确记录的条件和要求；如采用学分式，应明确课程学分设置的规则、考核方式等；如采用综合式，应探索形成较为客观、科学的评价标准。

（4）完善运行机制。争取学校领导支持，研究制定符合本校实际的第二课堂成绩单实施规范和操作细则，建立多部门的沟通机制，成立专门的工作组，在校、院系、班级团组织以及学生组织中组建工作队伍，同时明确课程发布、学生参与、学分审核、问题反馈等事项的职责分工、工作流程和工作标准。

（5）搭建数据平台。可使用团中央学校部与学校共青团研究中心开发提供的第二课堂成绩单网络管理系统；或是联合本校技术力量或依托社会资源，开发搭建本校第二课堂成绩单的网络平台，实现工作的信息化运行管理。同时，要针对相关的团学干部等工作人员，进行内容要求、操作流程、审批方式的培训，保证工作的规范性，并注重收集分析后台数据和学生反馈。

（6）推动学生参与。完成第二课堂成绩单的一系列制度建设和平台建设后，要面向学生大力推行。一方面，鼓励学生广泛参与“第二课堂成绩单”的各个项目，扩大学生参与面、活动覆盖面；另一方面，推动学生依托网络平台，广泛使用数据管理系统，实时或分阶段地记录、评价学生参与第二课堂活动的情况。

（7）形成最终产品。按照统一名称，结合基本要素，设计制作符合本校特色的第二课堂成绩单版式。应实现可通过网络系统自动生成的功能，学生根据需要可对第二课堂成绩单进行打印，由学校团委进行权威认证。形成第二课堂成绩单产品后，加强向社会用人单位的推广，实现用人单位可查询验证的功能。

三、具体安排

（一）职责分工

第二课堂成绩单是一项系统性、长期性工程，要坚持“学校为主、统筹规划、区域协调、分头实施”的原则，既要从团中央、省级团委到高职院校团委分层实施、分工协作，明确各级团学组织的工作职责，又要争取党政领导的重视支持、加强与有关部门单位的沟通合作。

（1）团中央学校部的职责。成立第二课堂成绩单项目工作组，具体统筹工作，对单位进行全程跟踪指导，给予相关的资源支持、技术支持和咨询帮助；积极协调政府和社会资源，在宏观层面宣传扩大第二课堂成绩单的社会知晓度和认可度；依托学校共青团研究中心组织开展第二课堂成绩单专项理论研究工作，为工作提供智力支持；与学校共青团研究中心共同开发第二课堂成绩单网络管理系统平台，供各单位直接参考、免费使用，同时提供全程维护、运营等服务；及时总结各单位的特色做法和经验，以适当方式进行宣传推广，适时组织召开试点推进会、研讨会等。

（2）省级团委学校部的职责。明确本地区高职院校参与推广的范围，可实行高职院校全覆盖或按一定比例选择不同类型的高职院校参与推广；成立专门工作组，省级团委学校部部长为第一责任人，研究制定整体推动本地区推广工作的具体办法措施，积极协调本地区有关部门单位，在政策、经费、资源等方面给予必要支持；督导指导本地区推广工作开展情况，加强高职院校间推广经验的分享互学，总结归纳本地区试点工作的经验做法。

（3）高职院校团委的职责。高职院校团委是推广工作的主要实施者，要成立专门工作组，校团委书记为第一责任人，统筹推进本校的推广工作；要依照本实施办法的要求，参考有益经验，结合本校实际，研究制定推广工作的具体操作方案，积极协调校内有关部门单位，争取政策、经费、资源等方面支持；按照实施方案，建课程、建机制、建队伍、建平台、出产品；及时总结推广过程中的经验和问题。

（二）工作要求

（1）思想上要提升认识。第二课堂成绩单是高职院校共青团深化改革的龙头项目，各单位要从思想认识、责任意识、落实力度等方面给予高度重视，严格实行项目责任人负责制，以从严的态度、从实的作风完成好试点工作，为下一阶段在高职院校的全面推开创造经验、奠定基础。

（2）行动上要有序有力。要统一名称、打造品牌、集中推行。可面向本校全体学生，也可面向新入学学生实施。要加强信息沟通，各单位须于每个工作月度的15日向团中央学校部提交月度总结与计划（篇幅不限，言简意赅）；第二课堂成绩单项目工作组将每月编发至少1期工作简报，通过新媒体平台进行交流共享。

（3）实施中要注重创新。要解放思想、勇于创新，在把握和遵循基本原则的基础上，充分结合本校实际、学生特点、社会需求，发挥主观能动性，探索第二课堂成绩单的新规律、新实践、新做法，努力形成可传播、能复制、易借鉴的案例经验。同时，鼓励既定试点范围之外的地区、高职院校广泛参与第二课堂成绩单的探索实施。

第四章　入 学 教 育

第一节　行为规范课程

一、实践任务设置

（1）学习实践任务背景资料，包括《高等学校学生行为准则》《高校学生违纪处理规定》《辽宁职业学院学生手册》；

（2）积极参加二级分院、班级组织的辅导学习；

（3）参加《学生手册》考试。

二、实践任务要求

（1）完成学期：第 1 学期；

（2）课程学时和学分：8 学时、0.5 学分；

（3）授课人员：辅导员；

（4）考核：学生参加《学生手册》考试或授课教师根据实际情况考核。

三、活动课程化教案

第二课堂活动课程化教案	
学期	2019～2020 年第一学期
课程、学时	行为规范课程、8 学时
授课班级	2019 级高职所有专业
章节名称	遵守行为规范，争做新时代高职生
教学目的	（1）让大家更自觉地遵守校规校纪，爱国守法，做一名优秀的高职大学生； （2）通过学习，了解学院的规章制度，为自己创造美好的校园生活； （3）提高集体荣誉感，远离犯错和违规，为未来理想职业打下坚实基础
教学重点	自觉地遵守校规校纪，爱国守法，做一名优秀的高职生
教学难点	培养学生良好的文明行为是保证学生完成学业的需要
教学方法	主要是案例教学法、讨论式教学法、比较式教学法及启发式教学法等
课程资源准备	教材、多媒体、PPT
参考资料	《辽宁职业学院学生手册》《高等学校学生行为准则》
主要教学内容、逻辑结构	
导入新课（5 分钟） 教师讲话引入：同学们，今天我们在这个教室里开展开学以来第一次第二课堂活动，这节课是“行为规范课程”。咱们来到大学，全新的生活环境已经一个星期多了，我不知道大家对大学生日常行为规范是否有所了解，又是否落实到行动中了，今天我们就针对这个问题开展一次第二课堂活动。	

续表

主要教学内容、逻辑结构
由生活中的点滴谈起： （1）请同学们站在一个规范大学生的立场，思考我们如何遵守行为规范：1）课堂有纪律，认真听讲；2）不顶撞教师；3）课间有秩序，不喧哗打闹；4）语言有礼貌，不讲脏话；5）穿着得体，不盲目追求时尚；6）不迟到、早退、旷课。 （2）请问违反了这些行规条例，其危害有哪些？ （3）如果让你去克服不良习惯，你有何高招？ 针对班级不文明的现象，学生该如何做，学生进行发言。 教师：我国著名教育家叶圣陶说过："什么是教育，简单来说就是养成习惯。"习惯成自然，好的习惯是遵规守纪的结果，好的习惯能够规范我们的行为。坏的习惯却能误导我们的行为，甚至可能让我们误入歧途，走上不归路。 **讲授新课** 校园文明是一所学校校风和学风的标志。培养学生良好的文明行为是保证学生完成学业的需要，是把学生培养成德智体全面发展的合格人才的必然要求，也是构建和谐校园、弘扬我校优良传统的任务之一。根据教育部制定的《高等学校学生行为准则》和学校对大学生的新要求，引导广大大学生自觉树立良好形象，争做明礼修身的表率，创立我院学生工作品牌。大家可以从以下几个方面做好我院大学生文明行为规范。 （一）热爱祖国，服从大局，牢记使命，乐于奉献 （1）努力学习马克思列宁主义、毛泽东思想、邓小平理论、"三个代表"重要思想、科学发展观、习近平新时代中国特色社会主义思想，提高政治理论水平和政治敏锐性，拥护党的基本路线，始终与党中央保持一致。 （2）维护国家利益和民族团结。不参与违反四项基本原则、影响国家统一和社会稳定的活动。坚决与分裂祖国和破坏民族团结的行为做斗争，自觉维护国家统一、社会稳定和校园和谐。 （3）树立国家利益高于一切的观念，维护国家利益，不参与任何有损国家尊严和利益的活动。 （4）维护国家荣誉，增强民族自尊心、自信心、自豪感；爱护国旗、国徽，会唱国歌，升降国旗时要肃立、脱帽、行注目礼。 （5）参加涉外活动应遵守外事纪律和规范，以礼相待，不卑不亢，保守国家机密。 （6）乐于奉献，积极开展社会实践活动和志愿服务活动，用知识和智慧为社会做贡献。 （二）志存高远，珍惜时间，勤奋学习，自强不息 （1）树立远大理想，规划好自己的职业生涯，并努力实现自己的理想。 （2）热爱所学专业，刻苦钻研，积极参加科研项目。勇于创新，敢于实践，积极参加教学实践、科学研究和社会实践活动，增强实践能力，增强综合素质。 （3）上课专心听讲，认真完成作业和做好校内实训。 （4）努力掌握所学基础理论和专业知识，努力提高基本技能，努力拓宽知识面。 （5）珍惜分分秒秒，合理安排大学生活，不贪图享受，勤奋学习，提高学习效率。要善于激发学习兴趣，自觉增强学习动力。 （三）遵纪守法，诚实守信，见义勇为，弘扬正气 （1）遵守国家的宪法和法律，不参加非法的社团组织和游行活动，不张贴大小字报，努力作维护民主和法制的典范，反对无政府主义。 （2）遵守学校各项规章制度，恪守一日生活制度，自觉维护学习生活秩序。 （3）自觉遵守课堂纪律，做到上课不迟到、不早退，不接打手机和发短信，认真听讲，自觉维护上课秩序。按时上课、不早退、不旷课，有事请假并及时销假。课前、课间应主动擦黑板，整理好讲台，帮助授课教师做好上课的相关准备。因故迟到应敲门，主动向教师致歉，经教师同意后方可进入，课后向教师说明迟到原因。 （4）主动维护良好的教室秩序，在上课或自习时，不能占座，不得从事吃东西、聊天或播放音乐等与学习无关的事情，男女同学间交流应注意举止得体。课堂上发言应先举手，经允许后，方可提问或回答问题。 （5）遵守学生公寓内行为准则，按时熄灯就寝，不喧哗、不打闹，不影响他人的正常学习和生活，不损毁和私自拆装宿舍物品，不留宿他人，不向楼道、窗外扔瓶子、垃圾等杂物。宿舍内不赌博、不吸烟、不酗酒、不看黄色书刊和音像等不健康的宣传品，未经允许不得夜不归宿或晚归，不饲养宠物。模范执行学生公寓内卫生规范和安全管理规定。 （6）遵守校园秩序管理制度，不打架斗殴，不赌博、不偷盗、不酗酒，不观看、传播反动、淫秽书刊和声像制品，讲正气，见义勇为，敢于向不良倾向和违法行为做斗争。

续表

主要教学内容、逻辑结构
（7）参加比赛要遵守有关规则，比赛过程中如与别人发生冲突，要宽容大度。做文明观众，观看比赛时，要尊重裁判和工作人员，自觉遵守并维护秩序，不鼓倒掌、喝倒彩，不做妨碍他人安全的事情。 （8）遵守校园交通秩序，进入校门主动出示有效证件，骑自行车者自觉下车推行。在校园内将自行车按指定地点有秩序地存放整齐。在校园内骑车应互相礼让，避让行人。不在校园内骑快车。上下楼、过楼道靠右行，出入教室、办公室、会场等按指定线路行走。不站在道路当中或人多拥挤的地方交谈，应靠路边谈话。 （9）遵守实验室、实习厂、机房的学习纪律。服从工作人员管理，自觉遵守相关规章制度。对号入座，不占其他人的位置，设备仪器使用完毕后整理好放回原位。严格按规程开关机、操作仪器，不随便操作教师主控台机器。爱护设备。 （10）以诚待人，言出必果，知行统一。做事公平公正，不徇私舞弊。 （11）恪守学术道德，遵从学术规范，不抄袭、不剽窃他人学术成果。 （12）诚信考试，严格遵守考场纪律，按照相关要求参加考试，考试不作弊。 （13）申请各项奖学金、助学金、困难补助时，如实填写个人信息，不弄虚作假。 （14）讲信誉，重合约。按时归还校内外贷款，按时缴纳学费。 （15）注重维护个人声誉和形象，在借用公共或他人物款时，应合理使用，妥善保管，及时归还。 （16）为人正直，不损害他人权益，选择正常渠道和合理方式反映意见和要求。 （17）毕业生求职简历信息真实可靠，严格履行协议相关规定。 （18）勇于同不良现象做斗争，在国家和学校以及同学的利益受到侵犯时，挺身而出，敢于制止，并及时向学校反映。 （四）尊敬师长，团结同学，谦恭礼让，举止文明 （1）尊敬师长，在教室、宿舍、实验室等场所见到教师和学校管理人员，应立即停止正在进行的活动，主动起立问好，让座，热情交谈，服从教师和工作人员的管理和安排，不无理取闹。当教师和管理人员离去时应以礼相送。 （2）正确对待教师在教学过程或其他场合出现的疏忽和差错，选择合适的时机和方式提醒教师，不得大声指责、窃笑、议论，更不能顶撞教师。 （3）进办公室要喊“报告”，听到“请进”后方可进入；问教师要用“请问”，教师答后要道谢。虚心听取教师的教诲，接受师长的教育。对教师说实话、真话，不欺骗老师。与教师交谈时，要起立并主动给教师让座。教师在办事或与别人在交谈时，不随意打扰教师，躬身站立一侧，等教师办完事或谈完话后再找教师。 （4）同学之间团结互助，共同进步。未经允许不动用他人物品，不看他人日记，不拆他人信件，不做有损他人的事情。 （5）礼貌待人，谦恭礼让，尊重他人人格。尊重不同民族、不同地区同学的生活和学习习惯，不做损害同学感情的事。遇见来宾以礼相待，不卑不亢。 （6）自觉维护公共秩序，遵守公共场所的有关规定，不扰乱秩序、不拥挤、不加塞、不起哄。 （7）仪表端庄、服饰整洁。不外穿背心、裤头、拖鞋进入教室、实验室、图书馆及其他公众场所。 （8）男女交往，举止得体。在校园及教室、食堂、图书馆等公共场所，男女不应勾肩搭背、搂抱以及其他有碍文明、妨碍他人的行为。 （9）不在教室、宿舍、实验室、图书馆、会场等场所吸烟、喝酒和吃零食。 （10）说话和气、待人有礼，语言文明，不说粗话、脏话。 （五）勤俭节约，艰苦奋斗，遵守公德，文明就餐 （1）自觉维护就餐秩序，排队购买饭菜，不争吵、不拥挤。 （2）讲究礼貌礼节，遇到教师、领导、长者一同就餐应主动起立、让座、打招呼。同桌就餐，应先请长者、女士入座。 （3）文明就餐，注重就餐礼仪，不当众剔牙、漱口，不吐痰擤鼻。 （4）勤俭节约，爱惜粮食，不乱倒饭菜、菜汤。 （5）饭后应将餐盘端至餐具回收处，尽量不使用一次性餐具。 （6）礼貌对待餐厅服务人员，尊重他人的劳动，保持餐厅卫生。 （7）不破坏餐具，保持用餐环境清洁。 （六）关心集体，爱护公物，保护环境，讲究卫生 （1）关心、热爱班级和学校，维护集体利益，积极参加各项集体活动，个人利益服从集体利益。

续表

主要教学内容、逻辑结构
（2）爱护公共财物，保护公共设施，不在课桌、墙壁上乱写、乱画、乱刻。维护来之不易的校园环境。 （3）树立环境保护意识，爱护花草树木。不践踏草坪，不随地吐痰，不乱扔垃圾。 （4）养成健康卫生的生活习惯。早起床，按时作息。自觉整理内务，勤刷牙、勤洗衣物、勤洗澡、勤换床单被罩，认真打扫宿舍，营造“团结向上、安全文明、卫生整洁、和谐愉快”的宿舍环境。出入公共场所前，不吃大蒜、大葱等异味食品。 （5）宿舍内不得随意调动课桌和床铺、乱拉电线、乱张贴，要求每天上下午上课前彻底打扫宿舍各一次，每周全体宿舍成员彻底打扫宿舍不少于两次。 （6）时常保持宿舍地面、床架、门窗、灯具、暖气片、风扇、窗台、玻璃、墙壁等洁净，书架上物品摆放整齐，桌面洁净，整个桌架无灰尘，玻璃擦拭透亮。宿舍门口无垃圾堆放。阳台悬挂衣物整齐，阳台上无垃圾堆放。 （7）搞好个人内务卫生，床上叠方块被，无皱褶。所有被子靠窗户方向放置，枕头在朝门方向摆放（或者宿舍统一摆放在被子内侧）。床单平整，床上除被子、枕头外，无其他物品。被褥等物品洗涤干净。每人床下只能摆放两双鞋，洗漱用品放在脸盆中，或本宿舍统一标准。暖瓶要集中放置，瓶把方向一致。 （8）门后贴有学院设计的宿舍成员一览表，照片和信息填写齐全。 （9）宿舍内可设计高雅的宿舍文化，但不能破坏墙壁。 （10）宿舍内严禁使用和存放违章电器及其他违禁物品，严禁吸烟、喝酒和存放烟具、酒具。不得使用明火。 （七）志趣高雅，自尊自爱，文明上网，慎重交友 （1）培养高雅的情趣和爱好，不要沉迷于网络虚幻世界。 （2）要对自己行为负责，爱惜自己的名誉，自尊、自爱、自信、自强，不消极，不堕落，不做违法事情。 （3）要合理安排上网时间，不占用正常的学习时间上网，不通宵上网。 （4）合理使用网络，学会利用网络做对自己学习有帮助的事情。 （5）增强自我保护意识，不轻易相信网络信息，不随意与网友见面。 （6）对于网络新闻，应时刻保持清醒头脑，对于某些敏感问题，不信谣，不传谣，不造谣。 （7）尊重网友，不说脏话和挑衅的语言，不对网友进行人身攻击。 （8）不进行网络欺诈、网络赌博、网络调查恶意投票。 （9）不浏览不良信息，不发送不文明、不健康的垃圾信息与邮件，不观看和传播黄色书刊或音像制品。 （10）不沉迷于网络游戏或不良小说。 （11）自觉遵守网络上不同网站和论坛的相关规则。 （八）热爱劳动，强健身心，陶冶情操，全面发展 （1）积极参加公益劳动，为学校的发展和社会的进步贡献力量。 （2）积极参加体育锻炼和健康的文化活动，增进身心健康。积极参加晨读晨练，养成良好的学习习惯。 （3）加强修养，修思想，修品德，提高民主意识，增强法治观念。积极参加各项教育活动，展示才艺，陶冶情操。 （4）注重心理健康，做到胜不骄，败不馁，勇于克服困难，培养受挫折能力。 **教师总结** 同学们，让我们以实际行动点燃好习惯的心灵之灯吧！让我们签上自己的名字，让文明永远留在辽宁职业学院！ 人们常说，不以规矩，无以成方圆，今天通过同学们的精彩表演和大家的积极参与，通过心与心的沟通和交流，我们认识到了在学校里应该养成良好的习惯，做一名行为规范的学生，我们相信好的习惯会让我们终身受益。 希望全体同学通过这次活动，牢记《高校学生行为准则》的要求，把“规范”变为自己自觉的行动，力争在学校做一名遵规守纪的好学生，在家做一名好孩子，在社会上做一名好公民。

四、大学生违规违纪违法典型案例

（一）消防篇

【案例 4-1】2004 年 11 月 26 日 15 时左右，某高校学生陈某违规使用大功率电器热得快，停电后未将插头拔下，并顺手将热得快放于抽屉中。来电后热得快引燃抽屉中的物品，造成火险，幸被及时扑灭，未造成重大财产损失。

【案例4-2】2006年3月27日19时左右，某高校学生杨某违规使用大功率电器热得快，离开寝室时忘记拔掉插头，导致暖水瓶爆炸，引发火险，幸被及时扑灭，未造成财产损失。

生命，只有一次。关注消防，热爱生命，抵御和防范火灾，是当今人类进步与发展的一大主题。隐患险于明火，防范胜于救灾。我们只有了解和掌握消防科学知识，提高防范能力，才能更大限度地减少火灾对生命的侵袭。大学生在学校消防安全工作中具有重要地位和独特作用。据统计，学校内70%～80%的火灾发生在学生公寓。学生是学生公寓的主人，因此预防学生公寓火灾，学生是关键。如果学生消防安全意识淡薄，消防常识缺乏，扑救初起火灾和逃生自救互救能力低下，一旦发生火情，势必酿成灾害，后果不堪设想。因此，希望同学们引以为戒，禁止使用大功率电器，增强消防安全意识，杜绝此类事故再次发生。

（二）治安篇

【案例4-3】某高校学生刘某趁寝室无人之机，找来锁匠撬开同寝室同学张某的衣柜，并拿走其放在衣柜中的招商银行卡，通过此卡，刘某取走了张某卡内存款3100元，取完钱后刘某又将招商银行卡放回张某的衣柜里。

【案例4-4】某高校学生黄某回到寝室，发现同寝室同学张某存放笔记本电脑的柜子未锁，遂打开柜子，取出电脑，并将电脑藏入所住公寓顶楼无人居住的房间，事后伪装案发现场，并向该校保卫处报案。

【案例4-5】某高校学生刘某与计算机科学学院学生杨某、李某等人喝酒聊天，当聊到与学生廖某的过节时越想越气，遂冲到学生公寓，把廖某叫到楼道里进行殴打，杨某、李某在拉劝中趁机对廖某进行踢打。当天下午，廖某的同寝室同学韦某回到宿舍后，得知寝室门被刘某踢坏、廖某又被刘某殴打后，便与学生戴某一起找刘某“评理”。

【案例4-6】某高校学生宋某邀集学生张某、葛某一起到学生公寓找用红外线发射器照射自己的人。当他们看见学生周某手中有红外线发射器，就认定是周某所为并对周某进行殴打。随后，学生刘某、娄某、官某、叶某知道了这一情况，并与周某一起找宋某“评理”。双方在学生公寓的楼道间发生激烈争执，继而动手群殴。

【案例4-7】某高校学生包某在军训完后，邀其老乡及同学十余人聚餐。席间，包某老乡谢某不断劝其喝酒并以言语相激，导致两人产生严重冲突。冲突过程中，包某掏出随身携带的小刀威胁谢某，被旁人劝住。随后，谢某用随身携带的匕首刺中包某右脸颊，随即逃走。

【案例4-8】某高校学生董某为了报复其同学陈某，趁陈某外出之机，向陈某计算机主机上泼水，以致陈某回来开机时造成主机短路。

（三）原因

大学生违法、犯罪率呈上升的趋势早已引起社会广泛关注，造成大学生犯罪日益增多的原因是多方面的，其主要原因在于：

首先，世界观、人生观、价值观的错位。随着改革开放的不断深入，我国物质文明和精神文明建设不断取得进步，人民的物质文化和精神文化生活也相应地得到空前提高，各种思想空前活跃，这既包括正确思想，也包括错误思想，既包括先进思想，也包括落后思想甚至腐朽思想。各种思想的活跃，会使个别社会成员（其中也包括大学生）的个体自控力减弱。

就“盗窃”行为而言，据有关机构调查，盗窃犯罪约占大学生犯罪总数的50%，居大学生犯罪的首位。这种犯罪行为的发生大多与这些大学生追求享乐的心理需要有关。这类大学生的家庭条件往往并不困难，但他们追求高消费，享乐成了优先需要。一旦经济“吃紧”，向家里伸手难以满足时，便产生盗窃的动机。针对校园盗窃案件的特点，大家学习防盗知识，增强防盗意识，了解校园内盗犯罪的基本情况、规律和特点，掌握防盗的基本常识、方法和技能，是做好防盗保安全工作的基础。对大学生来说，最重要的是做好宿舍和教室的防盗工作，要做到离开宿舍随手关好门窗；不在宿舍留宿外来人员；大额现金存银行，妥善保管贵重物品，防止银行卡、校园卡及密码丢失、被盗、被骗、被抢，以免造成损失；发现形迹可疑的人应加强警惕；积极参加教室和宿舍等部位的安全防范工作；注意保管好自己的钱物和钥匙，不乱丢乱放，不随意借予他人。一旦发生盗窃案件，应立即报告学校保卫部门，注意保护现场，并积极配合学校保卫部门做好案件调查工作。

其次，法治观念、纪律观念淡薄。在大学生的犯罪类型中，打架斗殴、杀人伤害等这类人身伤害的犯罪是仅次于盗窃犯罪的第二大类案件。这类学生法治观念淡薄，意气用事，缺乏个人修养，自控能力差，常在聚餐时酗酒，因而丧失理智，引发事端，直至造成打架、斗殴等人身伤害案件的发生。希望同学们加强个人修养，珍惜学习机会，开阔心胸，遇事冷静，以理服人，不要意气用事，做一些违法违纪的蠢事。

再次，心胸狭窄、性格孤僻、缺乏关怀。有的学生不能处理好同学间的关系，且性格孤僻、心胸狭窄，常为一些小事与人发生争执。这类学生存在严重的报复心理，稍遇不顺则伺机报复。这类学生往往性格内向，身边朋友不多，遇事不冷静。希望各辅导员老师要经常与该类学生谈心，及时掌握其思想动态，防止他们“走极端”。

最后，有的学生交友不慎，被社会上一些违法犯罪分子引诱，导致触犯国家刑律，被开除学籍。少数学生无视校纪校规，公然在宿舍里打麻将，有甚者屡抓屡犯，丝毫未认识到这种行为错误的严重性。

学习生活是美好而短暂的，也是枯燥而艰辛的。我们编写此案例汇编，目的在于教育、挽救失足学生，起到警钟长鸣的作用，同时帮助学生树立正确的世界观、人生观和价值观，做一个爱国守法，明礼诚信，志存高远，团结友善，服务人民，自强不息，热爱生活，努力成为有理想、有道德、有文化、有纪律的社会主义新人。

第二节　学习管理课程

一、实践任务设置

（1）学习实践任务背景资料包括《大学如何学习》《时间管理》等；

（2）签署诚信考试承诺书；

（3）撰写《学业生涯规划书》。

二、实践任务要求

（1）完成学期：第1学期；
（2）课程学时和学分：8学时、0.25学分；
（3）授课人员：辅导员或专业课教师；
（4）考核：撰写《学业生涯规划书》或授课教师根据实际情况考核。

三、活动课程化教案

第二课堂活动课程化教案	
学期	2019～2020年第一学期
课程、学时	学习管理课程、8学时
授课班级	2019级高职所有专业
章节名称	大学如何学习
教学目的	（1）锻炼生存能力与生活意志； （2）提高大学生自身素养与专业能力； （3）培养大学生社会适应能力
教学重点	（1）学习基础知识为主，培养独立思考与自学能力； （2）锻炼语言表达能力、职业技能、人际交往能力与办事组织能力
教学难点	（1）抓稳基础的同时做好专业学习； （2）专业技能培养过程中确定未来发展方向
教学方法	主要是案例教学法、讨论式教学法、比较式教学法及启发式教学法等
课程资源准备	教材、多媒体、PPT
参考资料	《大学如何学习》《时间管理》
主要教学内容、逻辑结构	

大学是人一生中最为关键的阶段，而且和高中是截然不同的。从入学的第一天起，你就应当对大学三年有一个正确的认识和规划，以使自己在学习中享受到最大的快乐，在毕业时找到最喜爱的工作，把自己培养成为一个有能力、有思想、有价值、有前途的人。大学里面，要学的东西很多，下面我结合自己的经历和经验，讲讲大学的学习方法。

首先，态度的转变。

进入大学校园，你必须从被动转向主动。在大学里，没有人比你更在乎你自己的工作、学习、生活和未来，你必须成为自己未来的主人，你必须积极地管理自己的学业和将来的事业。积极主动首先表现为对自己的一切负责，不要把不确定的或困难的事情一味搁置起来。比如说，有些学生认为英语重要，但学校不考试就不学英语；或者，有些学生觉得自己需要参加社团磨炼人际关系，但是因为害羞就不积极报名；还有的学生看到别人逃课，自己也跟着不去上课。对于这种消极、胆怯的作风，你终有一天会付出代价的，所谓出来混，总是要还的，一些缺点，总要自己去克服，没有人能够帮你，除了你自己。

其次，自学的能力。

我在中学时候就听教师讲过：“如果我们将学过的东西忘得一干二净时，最后剩下来的东西就是教育的本质了。”当然他是引用教育家的话，但这话讲得很有道理。所谓“剩下来的东西”，其实就是我们的自学能力。上中学时，教师会一次又一次重复每一课里的关键内容。但进了大学以后，教师只会充当引路人的角色，我们必须自主地学习、探索和实践。走上工作岗位后，自学能力就更为重要了。在这知识更新越来越快的社会，学会如何学习有时比知识本身更重要。

续表

主要教学内容、逻辑结构

大学生应当充分利用学校里的人才资源，从各种渠道吸收知识和方法。如果遇到好的教师，你可以主动向他们请教，或者请他们推荐一些课外的参考读物。除了资深的教授以外，大学中的青年教师、硕士生、博士生乃至自己的同班同学都是最好的知识来源和学习伙伴。每个人对问题的理解和认识都不尽相同，只有互帮互学，大家才能共同进步。比如上无机化学时，我们班只有一两个同学能听懂杂化轨道理论，所以很自然这一两个同学就成为我们探讨和切磋的对象。

大学生应该充分利用图书馆功能，培养独立学习和研究的本领，为适应今后的工作或进一步的深造做准备。首先，教师课堂上都会提一些科学前沿内容，比如新材料、新制备工艺等，此外还会有一些课外学习材料，尤其是到了高年级，所以大学生一定要学会查找书籍和文献，以便接触更广泛的知识和研究成果。同样，当我们在一门课上发现了自己感兴趣的课题，就应当积极去图书馆查阅相关书籍文献，了解这个课题的来龙去脉和目前的研究动态。其次，在书本之外，互联网也是一个巨大的资源库，大学生们可以借助搜索引擎在网上查找各类信息，比如我们要查看的最新论文都能在数据库中找到。有句话说得好：小时候，教师教导我们用好字典，说新华字典是最好的教师，上到大学后发现“搜索引擎”才是最好的教师。除了搜索引擎以外，网上还有许多网站和社区也是很好的学习园地。总之，掌握自学的能力，你将终身受益。

再次，掌握科学的学习方法。

在科技发展日新月异的今天，只有对基础知识的学习才可以受用终身。如果没有打下好的基础，大学生很难真正理解高深的应用技术。

大学教师讲课有以下特点：一是介绍思路多，详细讲解少。主要讲授重点、难点内容，而且许多教师都使用多媒体授课，授课进度比较快，一节课可能要讲授一章或几章的内容。二是抽象理论多，直观内容少。三是参考书目多，课外习题少。

针对这样的变化，新生必须尽快掌握科学的学习方法。

首先是要做到主动预习。通过预习，了解课程的前后关系及内在联系，能够大体上对所学知识有一个初步的认识，不要求都懂，也不用花很多时间，但预习可以在很大程度上避免上课听不懂的现象。

其次是要认真听课。不逃课，上课不打瞌睡，努力提高听课质量，紧跟教师的思路，适时记录教师上课时所传授的知识和具体的、有特色的解题思路，不需太详细，但层次要分明，提纲挈领，突出难点、重点。做笔记一个最大的优点是可以提高注意力，防止精力分散。有时候我们前面的内容没听懂，这并不是意味着接下来的内容就可以不听了，这时需要把前面的结论当作已知量，接着往下听。

然后是要独立完成作业。大学的作业相对高中而言，量少而精，着眼于加深对原理的理解和思考方法的培养，我做作业前一般都会把这次课的书本内容认真地看一遍。

最后，每隔一段时间要进行一次综合复习，可以画图、画表归纳整理，这样你会对整个课本内容有一个全面、概括的了解，有利于加深理解和系统记忆。

打好基础是我们必须做的事情。在目前，大学成绩往往决定你能否保研，能否找到一个好工作。如果你对它们有兴趣，那你是幸运儿，可以享受学习的乐趣；但就算你没有兴趣，你也必须把这些基础打好，因为毕业你要生存。最后给大家的建议如下：

（1）课上学习攻略。

1）适应教师的讲课思路：大学教师讲课不会像高中一样，从头开始给我们讲一遍，他们有自己的讲课方式和思路，所以你要学会适应，不要教师每讲到一个地方你就去翻阅课本寻找在哪里能够找到相应的知识，而是要学会做笔记，就当是课本不存在，课上把自己的精力全部放到教师的讲课中去。

2）多听教师讲的方法和目前的前沿学术动态：大学教师比较喜欢关注自己喜欢的领域的最新动态，我们要想学好一门课程就要了解这些东西，我们要从教师的讲课中了解教师们每天都在关注的事情，学习他们看待事物的态度和分析事情的能力。我们在大学里学习的不仅仅是课本上的知识，更多的是技巧和方法。

3）多与教师进行互动交流：大学的课堂不像是高中，死气沉沉没有什么交互，在大学的课上教师更希望看到是一群对所有事物存在新鲜感的孩子，对待什么东西都有一种好奇心和求知欲。所以在课堂上一定要将自己所有的问题都问出来，这样才能更好地学习，同时也能在教师的心里留下一个好的印象，这样在以后的学习中能够更好地与教师沟通和交流。

4）自学秘籍：这才是大学生活的真谛，有自己的学习方法和习惯，并且能够持之以恒。

（2）对于高职院校的学生来说，首先要做到的就是课下的大量练习。没有人能够随随便便成功也许你已经听过很多遍了，那么就自己去验证吧，没有人能够靠着眼睛就能学出一片“天地”。所以一定要多动手练习。其次就是

续表

主要教学内容、逻辑结构
利用好身边的资源，资源不仅仅是图书，更多的是我们的教师，有问题与教师沟通才是最快速度学习方法。当然图书馆的资源你一定要利用好，仅仅靠着课本上的那一点知识肯定无法满足任何一个求学者的心，所以一定要大量的阅读。最关键的是要实际动手做一些项目，不要一个人在那里钻研，给自己一个项目或者找点跟自己有关的兼职做做，没有压力就没有动力，只有东西压着自己才能更好地学习。所以一定要勤学苦练，多动手。 （3）对于铁心要专升本的同学来说，首先要做的就是找一个固定的教室和固定的位置，长年在那学习。每个专升本的同学几乎都会找一个适合自己的位置，因为每天先去找教室是一件非常头疼且浪费时间的事情，不要把时间浪费在那上面。其次要做的就是多听考研的讲座，不一定要参加辅导，但是一定要多听考研的讲座，这对于学习很有帮助，学长们成功的经验非常值得借鉴，不要以为每个人都不同，他的情况不适合你，归根结底都是一样的，只要努力，回报一定是会有的。当然一定要有自己的目标，目标是一个前进的动力，一个人如果没有目标就不会有好的发展。所以一定要给自己一个目标，例如提前订好一个大学和专业，然后朝着这个方向努力即可。 （4）劳逸结合。当然不能把所有的时间都放到学习上，一定要劳逸结合才好。 （5）合理的规划自己的学习时间。每个大学生都有自己的课表，所以一定要根据自己的情况制订一个详细的计划，尤其是每天起床的时间，这个最重要，起床时间往往决定了你的一天的生活。从点滴做起，就一定要从起床做起。 （6）学以致用，参加活动将知识运用到实际中去。在大学里有很多的活动，每个专业都有相应的活动与之对应。国家级的、省级的，等等比赛都有，一定要多参加活动来运用自己的知识。只有在比赛的过程中我们才会更加主动的学习我们应该具备的知识，同场竞技是激励一个人进步的好方法。

四、素质拓展：时间管理的6条黄金法则

很多人会觉着自己的时间不够用，在一天即将结束的那一刻，深表遗憾还有几件事情没有完成。每个人每天都拥有24小时，你是否合理规划和管理时间了呢？以下6条关于时间管理的黄金法则。

（一）明确目标，列清单

首先要明确目标，确定下一步要做什么。把要做的每一件事情都写下来，这样做能让你随时都明确自己手头上的任务。不要轻信自己可以用脑子把每件事情都记住，而且当你看到自己长长的清单时，就会产生紧迫感。

（二）制订计划后立刻行动

美国心理学之父威廉詹姆士在对时间行为学进行研究时发现这样两种对待时间的态度：“这件工作必须完成，但它实在讨厌，所以我能拖便尽量拖”和“这不是件令人愉快的工作，但它必须完成，所以我得马上动手，好让自己能早些摆脱它。”

当你有了动机，迅速踏出第一步是很重要的。有一个两分钟原则，有些事情你很快就能搞定的，最好就很快做、立刻做，拖拖拉拉的，事情并不会自己解决，反而到最后越积越多。而且做事不要瞻前顾后，纠结和犹豫是最浪费时间的。

（三）分清事情的轻重缓急，要事为先

每天先挑出最重要的三件事，当天一定要做完。在工作和生活中每天都有干不完的事，唯一能够做的就是分清轻重缓急。要理解急事不等于重要的事情。每天除了办又急又

重要的事情外，一定要注意不要成为急事的奴隶。有些急但是不重要的事情，你要学会放掉。

（四）遵循 20 比 80 定律

从时间管理学的角度出发，二八定律指的是，用 20% 的投入产生 80% 的效率，或用 80% 的投入产生 20% 的效率。前者被称为最高效时间，后者被称为最低效时间。一天中最重要的事情，应该在头脑最清醒的最高效时间内完成，合理把握和运用一天中最高效时间。

（五）做好时间日志

你花了多少时间做哪些事情，把它详细地记录下来，早上出门（包括洗漱、换衣、早餐等）花了多少时间，搭车花了多少时间，出去拜访客户花了多少时间……把每天花的时间一一记录下来，你会清晰地发现浪费了哪些时间。这和记账是一个道理。你只有找到浪费时间的根源，才有办法改变。

（六）使用时间碎片和“死时间”

如果你做了上面的时间统计，你一定发现每天有很多时间浪费了，例如等车、排队、走路、搭车等，可以用来背单词、打电话、看邮件等。随时随地在都能上网，没有任何借口再发呆一次。小 A 前一阵和同事一起出差，他们都很惊讶为什么小 A 整天和他们在一起，却可以及时回答电子邮件？后来，他们发现，当他们在飞机上和汽车上聊天、读杂志和发呆的时候，小 A 就把电子邮件全回了。重点是，无论自己忙还是不忙，你要把那些可以利用时间碎片做的事先准备好，到你有空闲的时候有计划地拿出来做。

五、学习心态的小故事

学习心态，即通常所说的学习心境、学习心情，它是学生在学习活动中所具有的一种平静而持续时间较长的、扩散弥漫式的情绪状态。以下是富含哲理的两个关于学习心态的小故事。

【故事 4-1】残障的老板

有一个人经过热闹的火车站前，看到一个双腿残障的人摆设铅笔小摊，他漫不经心的丢下了一百元，当作施舍。但是走了不久，这人又回来了，他抱歉地对这残障者说：“不好意思，你是一个生意人，我竟然把你当成一个乞丐。”

过了很长一段时间，他再次经过火车站，一个店家的老板在门口微笑着喊住了他。“我一直期待你的出现。”那个店家老板说，“你是第一个把我当成生意人看待的人，你看，我现在是一个真正的生意人了”。

他微笑了。大家能猜得到吗？那个店家老板就是那个摆设铅笔小摊的残障的人。

★思考：你怎么看一个人，那人可能就会因你而有所变，你看他是宝贵的，他就是宝贵的。一份尊重和爱心，常会产生意想不到的善果，而这，又何尝不是一种另类的鼓励呢？所以朋友们，不妨用心去看待这个世界，用心去尊重和鼓励每一个人及自己，你将会发现，自己及周遭的人都有着无穷的潜力。

【故事 4-2】白板上的黑点

有位教师进了教室，在白板上点了一个黑点。他问班上的学生说：“这是什么？”大家都异口同声说：“一个黑点。”教师故作惊讶地说：“只有一个黑点吗？为什么这么大的白板大家都没有看见？”

★思考：你看到的是什么？每个人身上都有优缺点，你看到的是哪些呢？是否只有看到别人身上的黑点，却忽略了他拥有了一大片的白板（优点）？其实每个人必定有很多的优点，换一个角度去看吧！你会有更多新的发现。

六、相关测试

测试一：学习动力自我诊断量表

【指导语】这个量表主要帮助你了解自己在学习动机、学习兴趣、学习目标上是否存在困惑。共 20 个题目，请你实事求是地在与自己的情况相符的题目后面打“√”，不相符的题目后面打“ × ”。

【开始测试】

（1）如果别人不督促你，你极少主动地学习。(　　)

（2）你一读书就觉得疲劳与厌烦，只想睡觉。(　　)

（3）当你读书时，需要很长时间才能提起精神。(　　)

（4）除了教师指定的作业外，你不想再多看书。(　　)

（5）如有不懂的，你根本不想设法弄懂它。(　　)

（6）你常想自己不用花太多时间就能大幅度地提高自己的学习成绩。(　　)

（7）你迫切希望自己在短时间内就能大幅度提高自己的学习成绩。(　　)

（8）你常为短时间内成绩没能提高而烦恼不已。(　　)

（9）为了及时完成某项作业，你宁愿废寝忘食、通宵达旦。(　　)

（10）为了把功课学好，你放弃了许多你感兴趣的活动，如体育锻炼、看电影和郊游等。(　　)

（11）你觉得读书没意思，想去找个工作做。(　　)

（12）你常认为课本上的基础知识没啥好学的，只有看高深的理论，读大部头作品才带劲。(　　)

（13）只在你喜欢的科目上狠下功夫，而对不喜欢的科目放任自流。(　　)

（14）你花在课外读物上的时间比花在教科书上的时间要多得多。(　　)

（15）你把自己的时间平均分配在各科上。(　　)

（16）你给自己定下的学习目标，多数因做不到而不得不放弃。(　　)

（17）你几乎毫不费力地就实现了自己的目标。(　　)

（18）你总是同时为实现几个学习目标而忙得焦头烂额。(　　)

（19）为了对付每天的学习任务，你已经感到力不从心。(　　)

（20）为了实现一个大目标，你不再给自己指定循序渐进的小目标。(　　)

【结果说明】上述 20 个题目可分为四组，它们分别测查你在四个方面的困惑程度：1 ~ 5 题测查你的学习动机是不是太弱；6 ~ 10 题测查你的学习动机是不是太强；11 ~ 15

题测查你的学习兴趣是否存在困扰；16～20 题测查你在学习目标上是否存在困扰。假如你对某组（每组 5 题）中的大多数题目持认同态度，则说明你在相应学习欲望上存在不够正确的认识，或存在一定程度的困扰。

测试二：时间管理自我诊断

请你根据自己日常学习与生活中对待时间的方式与态度，选择最适合于你的一种答案。

（1）星期天，你早晨醒来时发现外面正在下雨，而且天气阴沉，你会怎么办？（　　）

a. 接着再睡

b. 仍在床上逗留

c. 按照一贯的生活规律，穿衣起床

（2）吃完早饭后，在上课之前，你还有一段自由时间，你怎样利用？（　　）

a. 无所事事，根本没有考虑学习点什么，不知不觉地过去了

b. 准备学点什么，但又不知道学什么好

c. 按照预先订好的学习计划进行，充分利用这一段自由时间

（3）除每天上课外，对所学的各门课程，在课余时间里怎样安排？（　　）

a. 没有任何学习计划，高兴学什么就学什么

b. 按照自己最大的能量来安排复习、作业、预习、并紧张地学习

c. 按照当天所学的课程和明天要学的内容制订计划，严格有序地学习

（4）你每天晚上怎样安排第二天的学习时间？（　　）

a. 不考虑

b. 心中和口头做些安排

c. 书面写出第二天的学习计划。

（5）我为自己拟定了“每日学习计划表”，并严格执行。（　　）

a. 很少如此　　b. 有时如此　　c. 经常如此

（6）我每天的休息时间表有一定的灵活性，以使自己拥有一定时间去应付预想不到的事情。（　　）

a. 很少如此　　b. 有时如此　　c. 经常如此

（7）当你发现自己近来浪费时间比较严重时，你有何感受？（　　）

a. 无所谓

b. 感到很痛心

c. 感到应该从现在起尽量抓紧时间

（8）当你学习忙得不可开交的时候，而又感到有点力不从心时，你怎么处理？（　　）

a. 开始有些泄气，认为自己脑袋笨，自暴自弃

b. 有干劲，有用不完的精力，但又感到时间太少，仍然拼命学习

c. 开始分析检查自己的学习时间分配是否合理，找出合理安排学习时间的方法，在有限的时间里提高学习效率

(9) 在学习时，常常被人干扰打断，你怎么办？(　　)

a. 听之任之

b. 抱怨，但又毫无办法

c. 采取措施防止外界干扰

(10) 当你学习效率不高时，你怎么办？(　　)

a. 强打精神，坚持学习

b. 休息一下，活动活动，轻松轻松，以利再战

c. 把学习暂时停下来，转换一下兴奋中心，待效率最佳的时刻到来，再高效率地学习

(11) 阅读课外书籍，怎样进行？(　　)

a. 无明确目的，见什么看什么，并常读出声来

b. 能一面阅读一面选择

c. 有明确目的进行阅读，运用快速阅读法，加强自己的阅读能力

(12) 你喜欢什么样的生活？(　　)

a. 按部就班，平静如水的生活

b. 急急忙忙，精神紧张的生活

c. 轻松愉快，节奏明显的生活

(13) 你的手表或闹钟经常处于什么状态？(　　)

a. 常常慢

b. 比较准确

c. 经常比标准时间快一些

(14) 你的书桌井然有序吗？(　　)

a. 很少如此　　b. 偶尔如此　　c. 常常如此

(15) 你经常反省自己处理时间的方法吗？(　　)

a. 很少如此　　b. 偶尔如此　　c. 常常如此

【评分方法】选择 a，得 1 分；选择 b，得 2 分；选择 c，得 3 分。将各题的得分加起来，然后根据下面的“结果分析”判断出自己的时间管理能力和水平。

【结果分析】

35～45 分，有很强的时间管理能力。在时间管理上，你是一个成功者，不仅时间观念强，而且还能有目的、有计划、合理有效地安排学习和生活时间，时间的利用率高，学习效果良好。

25～34 分，较善于对时间进行自我管理，时间管理能力较强，有较强的时间观念，但是在时间的安排和使用方法上还有待进一步提高。

15～24 分，时间自我管理能力一般，在时间的安排和使用上缺乏明确的目的性，计划性也比较差，时间观念较淡薄。

14 分以下，不善于时间管理，时间自我管理的能力很差，在时间的自我管理上是一个失败者，不仅时间观念淡薄，而且也不能合理地安排和支配自己的学习、生活时间。你需要好好地训练自己，逐步掌握时间管理的技巧。

七、考核：学业生涯规划书撰写要求

学业生涯规划设计书目录格式示例如下：

1. 自我认知
   1.1　360 度评估
   1.2　橱窗分析法
   1.3　自我认知小结
2. 各种选择的认知
   2.1　外部环境分析
   2.2　可供选择的项目分析
   2.3　SWOT 分析
   2.4　学业选项认知小结
3. 学业生涯规划设计
   3.1　确定目标和路径
   3.2　制订行动计划
   3.3　动态分析调整
   3.4　备选规划方案

（一）自我认知

1. 360 度评估

项　目	优点（每项不得少于 50 字）	缺点（每项不得少于 50 字）
自我评价		
家人评价		
教师评价		
亲密朋友评价		
同学评价		
其他社会关系评价		

2. 自我认知小结

不得少于 150 字。

（二）各种选择的认知

1. 外部环境分析

（1）家庭环境分析，不得少于 50 字。

（2）学校环境分析，不得少于 50 字。

（3）社会环境分析，不得少于 50 字。

2. 学业目标分析

（1）学业目标简述。

（2）学业目标的基本说明，不得少于 100 字。

(3) 学业目标的基本指标，不得少于100字。
(4) 学业目标的阶段分析，不得少于100字。
(5) 该目标的就业和发展前景，不得少于100字。

3. SWOT分析

我的优势（strength）及其使用，不得少于100字。
我的弱势（weakness）及其弥补，不得少于100字。
我的机会（opportunity）及其利用，不得少于100字。
我面临的威胁（threat）及其排除，不得少于100字。
MiniMax SWOT分析，每项不少于50字：

外部因素⇨ 内部因素⇩	外部机遇：Opportunities O1：	外部挑战：Threats T1：
内部优势：Strengths S1：	优势－机遇：SO	优势－挑战：ST
内部劣势：Weaknesses W1：	劣势－机遇：WO	劣势－挑战：WT

4. 学业选项认知小结（不得少于150字）

(三) 学业生涯规划设计

1. 确定学业目标和路径

(1) 一年内学业目标，不得少于100字。
(2) 毕业前学业目标，不得少于100字。
(3) 终身学业目标，不得少于50字。
(4) 学业发展路径，不得少于50字。

2. 制订行动计划

(1) 一年计划，不得少于100字。
(2) 三年计划，不得少于200字。
(3) 终身计划，不得少于100字。

3. 动态反馈调整

评估、调整我的学业目标、学业路径与行动计划，不得少于100字。

4. 备选学业规划方案

由于社会环境、家庭环境、组织环境、个人成长曲线等变化以及各种不可预测因素的影响，一个人的学业生涯发展往往会作出调整。为了更好地主动把握人生，适应千变万化的外部世界，拟定一份备选的学业生涯规划方案是十分必要的。

我的备选学业规划方案（不得少于500字）：

职业生涯规划书写作参考标准

项目	要点	满分值	要求描述	细分值	备注
作品撰写	结构与行文	15	（1）结构完整，包含职业生涯规划五大步骤内容	5	
			（2）思路清晰，逻辑严谨，围绕个人职业困惑进行有针对性的分析和规划	5	
			（3）格式清晰，段落分明，行文流畅，语句通顺，结论突出	5	
作品内容	自我认知	15	（1）自我分析全面、客观，从职业个性、兴趣、能力、价值观等方面清晰地认识自我	5	
			（2）善于合理、有效运用各种正式和非正式测评工具	5	
			（3）能利用个人成长经历或处事方式，对测评结果进行佐证或澄清，分析总结自我在职业发展中的影响	5	
	职业认知	20	（1）外部环境（社会、经济、学校、家庭等）分析准确、全面	5	需另附《职业探索报告》
			（2）高度概括职业探索方法与结果，简洁精炼，重点突出	5	
			（3）《职业探索报告》采用多种方法收集信息，准确把握与目标职业相关的关键要素	10	
	目标确立	15	（1）正确运用评估理论和决策模型做出职业方向选择（如升学、就业、创业等）	5	
			（2）对照自我认知和职业认知的结果，合理阐述职业目标的选择过程，逻辑清晰	5	
			（3）职业目标实现路径能结合个人实际情况，分析透彻，具有较强的可操作性	5	
	计划实施	20	（1）运用科学的方法指导计划的制订、实施、管理与评估	5	
			（2）职业素质与能力培养与目标职业要求相一致，思路清晰，针对性强，重点突出	5	
			（3）学业生涯计划详尽清晰、可操作性强，平衡专业学习与社会实践，注重资源积累	5	
			（4）中期计划清晰并具有灵活性；长期计划具有方向性	5	
	反馈修正	15	（1）自我监控、评估手段科学合理	5	
			（2）风险控制或危机应对措施明确	5	
			（3）备选方案思路清晰，分析严谨，关联性强，可行性高	5	
合计		100			
附加分	突出特色	10	除上述要求外，作品在探索视角、方法、立意、思考、行动等方面体现出独有特色。		每一特色加2分，总共不超过10分
总计		110			

注：“职业认知”评分要素中第3小点的得分，可由《职业探索报告》总得分×10%后直接代入（参见《职业探索报告》评分参考标准）。

第三节　安全教育课程

一、实践任务设置

（1）学习实践任务背景资料，包括《高等学校学生行为准则》《高校学生违纪处理规定》《辽宁职业学院学生手册》；

（2）积极参加二级分院、班级组织的辅导学习；

（3）参加《学生手册》考试。

二、实践任务要求

（1）完成学期：第 1 学期；

（2）课程学时和学分：8 学时、0.5 学分；

（3）授课人员：辅导员；

（4）考核：学生参加《学生手册》考试或授课教师根据实际情况考核。

三、活动课程化教案

第二课堂活动课程化教案	
学期	2019～2020 年第一学期
课程、学时	行为规范课程、8 学时
授课班级	2019 级高职所有专业
章节名称	全新大学生活从安全开始
教学目的	（1）加强对新生的安全防范教育和遵纪守法教育； （2）树立新生的安全防范及自觉遵纪守法的意识
教学重点	（1）非法网贷、诈骗、传销、盗窃等校园常见案件与预防措施； （2）校园火灾、意外事故的防御
教学难点	（1）学生寝室等大学生公共活动场所的盗窃和诈骗类型和防范对策； （2）预防火灾发生的措施
教学方法	主要是案例教学法、讨论式教学法、比较式教学法及启发式教学法等
课程资源准备	教材、多媒体、PPT
参考资料	《辽宁职业学院学生手册》《大学生安全教程》
主要教学内容、逻辑结构	

导入新课（5 分钟）

大学生活对于每一位莘莘学子来说都是一段美好而又难忘的时光。而这一切开始的时候，不大容易被同学们重视的往往是安全问题。安全是什么？安全是每一位大学生完成学业的重要保证，是每一位大学生健康成长的基本条件。针对当前普遍存在的大学生安全意识薄弱、轻信他人、财物保护观念差的现象，更要加强大学生安全意识教育，提高大学生自我防范意识和能力。安全涉及每个人的学习与生活，包括大学生的人身安全、财产安全、消防安全、网络安全教育。

（一）人身安全

人身安全是指个人的生命、健康、行动等没有危险，不受到威胁。它是人们赖以生存与活动的首要条件。从这个意义上讲，人身安全是安全之本。人身安全历来受到高度的重视，常言说的“安全第一”就是这个意思。

续表

主要教学内容、逻辑结构
大学生生活中的人身安全，主要包括运动、饮食、用电、处理纠纷、饮酒和社会活动等几个方面。 （1）体育运动中的安全。在体育活动中，如果缺少必要的安全常识，很容易发生损伤事故。为了避免运动中的损伤，必须注意以下几点： 1）定期按照学校的安排进行体检，熟悉自己的身体状况。 2）在运动中，应加强保护。 3）做好准备活动。 4）防止运动竞赛中的故意伤人。 （2）饮食安全。饮食安全需做到以下几方面： 1）增强自我防范意识，不乱吃公共食堂外的食品等。 2）不食变质腐烂食物。 3）对于半生不熟的肉类食品、酒类、盐腌的各种虾蟹与生鱼等最好不吃。 4）对于瓜果、蔬菜要认真清洗。 5）注意饮水卫生，喝开水，不喝生水。 （3）用电安全。宿舍用电问题始终是校方非常重视的一个问题。但是就当前的情况看，个别大学生违反院方用电规定的情况还是时有发生的。主要的问题是在宿舍里乱拉电线，任意增加宿舍内电器的容量，如私装台灯、自用灯、电炉子、电烤箱、微波炉、电褥子、电暖风等。这种做法，极易造成危险。 （4）防止纠纷和斗殴。发生纠纷是大学生生活中常有的现象，日常生活中不拘小节、开玩笑过火、狂妄自大、看不起别人、极端自私利己、故意找碴、发生误会等都可能成为纠纷产生的原因。如不注意避免发生纠纷，或故意制造纠纷是极其有害的，不仅会损害大学生的美好形象，妨碍内部团结，破坏大学生成才的优良环境，而且严重的还可能酿成刑事、治安案件，葬送掉自己的前程。 （5）预防酗酒。为了保证大学生的健康成长，维护正常校园秩序，大学生在校园内一律不允许喝白酒这类烈性酒，更不允许酗酒。 （6）社会活动中的人身安全。社会活动中的人身安全包括交通、旅游、社会交往、防性侵害等几个方面的问题。 1）交通安全。据有关资料统计，我国每年死于车祸的人达 7 万余人，伤残 9 万余人，平均每天残废近 200 人，每年有 9 万人加入残疾人的行列。因此我们必须高度重视交通安全。 那么，我们应如何保证交通安全，避免遭遇交通事故呢？这就要求我们无论是在步行、骑车、乘车、乘船，还是乘机时都必须把握两个基本原则：一是严格遵守交通规则，二是做到注意力高度集中。 2）旅游安全。要解决好旅游活动中的安全问题，首先要注意计划性，要明确目的，做好安排，其次是事先向有经验的师长进行请教或读一些有关旅游方面的书籍，但即便是了解和把握了各项活动的安全事项，也要注意出门在外为人处世的方法，以及对于旅游过程中发生的一些情况（如感冒、中暑、急性胃炎等）的简易处理方法。 3）社会交往安全。由于我们大学生都才刚刚接触社会，严重缺乏社会经验，因此不加选择或不会选择地交友，会留下许多教训，甚至遗恨终生。那么大学生应如何处理好社会交际呢？俗话说得好，“害人之心不可有，防人之心不可无”。这就是说，我们要建立起积极的防卫心理。 4）防性侵害。现代社会男女社交活动的扩大，提供了此类犯罪的客观条件，而受害者多数是涉世不深的青年，女大学生尤其容易成为被攻击的目标。预防的策略有： ① 不要轻易相信新结识的朋友，更不要单独跟随新认识的人去陌生的地方； ② 控制住感情，不要在交往中表现轻浮； ③ 控制约会的环境； ④ 不要过量饮酒； ⑤ 不要接受超过一般的馈赠； ⑥ 对过分的举动要明确表明自己的反对态度； ⑦ 一旦发生此类性犯罪，不要只陷入内疚和自责，应勇于揭发，采取措施制止此类犯罪的再发生。 （二）财产安全 财产所有权是所有人依法对自己的财产享有占有、使用、收益和处分的权利。任何人不经财产所有人的许可不得使用该财产，否则就是非法侵犯权利。 大学生财产的有效管理，必须解决好以下几个问题： （1）建立安全意识。大学生必须关心自己的财产安全，时刻保持警惕性，严防财产的遗失，对自身的现金和贵重物品应采取妥善保管的措施。

续表

主要教学内容、逻辑结构
（2）做好防抢、防骗、防盗工作。大学生尚未步入社会，因而思想都比较单纯、防范抢、骗、盗的意识比较薄弱，往往给犯罪分子可乘之机。因此搞好防抢、防骗、防盗的安全教育，提高大学生的防范能力，是保障大学生财产安全的重要一环。下面从“防抢”“防盗”“防骗”三个方面进行介绍。 1）防抢。避免成为抢劫攻击的目标，是最好的保障安全的方法。为此，应注意以下几点： ① 不外露或炫耀随身携带的贵重物品，单独外出不宜带过多的现金。 ② 尽量外出时结伴而行。 ③ 避免在荒僻、阴暗处行走。 ④ 早出早归。 ⑤ 单独一人时不要显露过于胆怯的神情。 2）防骗。诈骗是指以假冒、伪造等欺骗手段，用虚构事实或者隐瞒真相的方法将公私财物非法占有的行为。诈骗行为的一般特点是冒充身份、编造谎言、流窜作案。预防被骗的措施有： ① 不贪图便宜，牟取私利。 ② 大胆揭发，及时报案，及时挽回损失。 ③ 不轻信谎言。 ④ 对疑人疑事要究根问底。 3）防盗。 ① 常见盗窃方式。“顺手牵羊”、乘虚而入、撬门扭锁、翻窗入室。此外，还可能用竹竿将晾在窗外的衣服钩走。更有甚者还把纱窗弄开，钩走放在桌、凳上的衣服。盛夏时节，一些学生为图凉快，夜间睡觉不关门，小偷趁机入室偷窃“浮财”。 ② 容易被盗时间。刚入学，宿舍较乱时易被盗。假期，学生离校后，易发生撬门扭锁盗窃。学生都去上课时易被盗，尤其是上午第一二节课时。上晚自习，如相连的几个寝室人走空，也可能被盗。夏季开门多，易发生乘虚而入的盗窃。学校举办大型文体活动，外来人员剧增时，发生盗窃的可能性也增加。学校开大会、运动会、考试、周末看电影等，因宿舍学生走空，易被盗。新生军训期间，宿舍长期无人居住，易被盗。 ③ 防盗措施。锁好门窗。不私自留宿他人。对陌生人提高警惕。保管好钥匙。切实负起值班责任。加强宿舍管理。遇有可疑人、事应主动询问并及时报告。不要用书包在食堂、教室、图书馆占座。离开自习室时，一定要将贵重物品随身携带。 （三）消防安全 1. 校园火灾类型 （1）生活火灾。学生生活用火造成火灾的现象屡见不鲜，原因也多种多样，主要有：在宿舍内违章乱设燃气、燃油、电器火源；火源位置接近可燃物；乱拉电源线路，电线穿梭于可燃物中间；违反规定存放易燃易爆物品；使用大功率照明设备，用纸张、可燃布料做灯罩；乱扔烟头；躺在床上吸烟；点蜡烛看书；在室内燃放烟花爆竹；玩火等。 （2）自然现象火灾。这类火灾基本有两种：一是雷电；一是物质的自燃。 （3）人为纵火。纵火都带有目的，一般多发生在夜深人静之时，有较大的危害性。 2. 预防宿舍火灾 （1）不乱接电源，不违章使用电器。 （2）不乱扔烟头。 （3）不躺在床上吸烟。 （4）不在宿舍焚烧杂物。 （5）不存放易燃易爆物品。 （6）不使用电炉等电热设备。 （7）嗅到电线胶皮味，要及时报告采取措施。 （8）台灯不要靠近枕头和被褥。 3. 防火灭火常识 （1）报火警的方法：发现火灾后应立即拨打火警电话119，并讲清起火的详细地址、起火部位、着火物质、火势大小，报警人姓名及电话号码，并到路口等候消防车。消防队救火不收钱。 （2）火场逃生：当发生火灾时，如果发现火势并不大，且尚未对人造成很大威胁时，当周围有足够的消防器材，

续表

主要教学内容、逻辑结构
如灭火器、消防栓等，应奋力将小火控制、扑灭；千万不要惊慌失措地乱叫乱窜，置小火于不顾而酿成大灾。如果火势较大，保持镇静，克服惊慌心理不要忘记报警，克服盲目从众行为，不要在烟气中直立行走、做深呼吸，不要乘坐普通电梯，不能盲目跳楼。 （四）网络安全 1. 防止购赃物 （1）要防止购赃物，关键是要弄清物品的来历，如查对发票、生产许可证、厂家证明等。 （2）如属转卖物品，首先要弄清转卖人或介绍人的身份。 （3）千万不要随意接受“学生”“挂有牌子的推销工作人员”的校内无固定点的推销。 （4）警惕入校的小商贩。 2. 防范网络（电信）诈骗 （1）网络诈骗。 1）“网络钓鱼”诈骗。“网络钓鱼”是利用欺骗性电子邮件和伪造的互联网站进行诈骗活动，作案手法有以下两种： ① 不法分子大量发送欺诈性电子邮件，邮件多以中奖、顾问、对账等内容引诱用户在邮件中填入金融账号和密码。 ② 不法分子设立假冒银行网站，用户在输入错误网址后，就会被引入这个假冒网站，一旦用户在假冒网站中输入账号、密码，这些信息就有可能被不法分子窃取。 2）网络购物类诈骗。网络购物类诈骗是指在互联网上因买卖商品而发生的诈骗案件。 ① 多次汇款。骗子以未收到货款或提出要汇款到一定数目方能将以前款项退还等各种理由迫使事主多次汇款。 ② 拒绝安全支付。骗子以种种理由拒绝使用网站提供的第三方安全支付工具，比如谎称“账户最近出现故障”或“不使用支付宝，要收手续费，可以再给你算便宜一些”等，诱骗事主使用先汇款后交货的不安全交易方式。 ③ 以次充好。骗子用假冒、劣质、低廉的山寨产品冒充名牌商品，事主收货后连呼上当，叫苦不堪。 （2）冒充熟人诈骗。 1）电话冒充教师诈骗。部分大学生到异地求学，不法分子趁机利用父母的担心进行一系列违法犯罪活动。骗子自称是学生的某位教师，常以学生生病，急需住院或手术为由，要求家长汇款。 2）网络冒充熟人诈骗。骗子使用黑客程序破解用户密码，然后冒名顶替向事主的好友借钱。遇到这种情况，要先与朋友通过打电话等途径取得联系，防止被骗。 （3）网上中奖诈骗。当您登录 QQ 或打开邮箱时是否会收到一些来历不明的中奖提示？不管内容有多么逼真诱人，千万不能相信，更不要按照所谓的咨询电话或网页进行查证，否则您将一步步陷入骗局之中。 最后提醒大家，不管是现实诈骗还是网络诈骗，骗子最终的核心或者是共同点都是一个骗子，我们要加强预防，切实做到“三不一要”：不轻信、不透露、不转账；要及时报案。 （五）总结 社会不断发展，科学技术日新月异，环境日益突变，大学生学习、生活和成长的环境越来越复杂，各种不安全、不稳定的因素增多。如网络安全、传销、文化安全等不安全因素就是近几年来大学生面对的新的不安全因素。面对新的环境、新的不安全因素、新的情况，大学生有时不知所措。高职院校就应该加强这些新因素的研究，提前预防，给大学生传授应对这些新问题的知识和技能，使大学生学会处理这些新问题，免遭这些新问题、新因素的侵害。 安全教育是高职院校教育教学的一个重要组成部分，安全素质也是大学生本身必须具备的一项重要素质。高职院校重视安全教育，防范安全事故的发生，是创建稳定、和谐校园的必要手段，同时也是大学生成才、成长的要求。

四、安全教育案例

（一）校园火灾案例

【案例 4-9】某高校学生宿舍楼发生火灾，火势迅速蔓延导致烟火过大，其中 4 名女生在消防队员赶到之前从 6 楼宿舍阳台跳楼逃生，不幸全部遇难。火灾事故初步判断原因是，寝室里头天晚上使用“热得快”停电后没有拔下插头，第二天早晨宿舍来电后因电流过大引发热得快过热并将周围可燃物引燃。

【案例4-10】某高校学生宿舍发生火灾，着火后楼内到处弥漫着浓烟，6层的能见度更是不足10米。着火的宿舍楼可容纳学生3000余人。火灾发生时大部分学生都在楼内，所幸消防员及时赶到将千名学生紧急疏散，事故才没有造成人员伤亡。宿舍最初起火部位为物品摆放架上的接线板，当时该接线板插着两台可充电台灯，以及引出的另一接线板。该接线板部位因电器插头连接不规范，且长时间充电造成电器线路发生短路，火花引燃该接线板附近的布帘等可燃物蔓延向上造成火灾。事发后校方在该宿舍楼进行检查，发现1300余件违规使用的电器，其中最易引发火灾的“热得快”有30件。

【案例4-11】某高校男生宿舍内几个假期留校的同学违反学校规定，擅自在宿舍内用液化气做饭。当春节联欢晚会开始时，他们都跑到对门房间看电视，未关闭灶具阀门。结果，因时间过长，饭烧糊了，胶管也烧断了，火将灶具和床边的书籍引燃，幸亏楼内的其他同学嗅到气味，赶来将火扑灭，但仍造成直接损失500余元。肇事学生受到学校的记过处分，后悔不已。

【案例4-12】某高校女生宿舍统一熄灯后，一女生在床上点蜡烛看书。深夜零点左右，该女生外出方便时，在楼道碰到熟人就闲聊起来。结果，蜡烛引燃床上物品，造成重大火灾。

【案例4-14】某高校新宿舍楼三层女生宿舍发生火灾，从小商贩处购得的劣质电池充电器为罪魁祸首。

【案例4-15】某高校学生宿舍发生火灾。起火原因是住在该室的同学曹某违反学校规定，在宿舍使用“热得快”烧水。火灾造成同屋两名同学灼伤，曹××本人右手、右肩、背部和面部为浅二度灼伤宿舍内公物直接经济损失845元，部分同学私人财物被烧毁。

曹某违章使用“热得快”酿成火灾、造成人员灼伤的严重后果，依照某校防火安全奖励赔偿规定，由曹某赔偿公物损失845元和宿舍同学全部受损私人财产损失；依据某校学生处分有关规定，学校给予曹某严重警告处分。

【案例4-16】某高校学生宿舍发生火灾，起火原因是学生杨某点蜡烛复习功课不慎引燃蚊帐。大火虽经学生扑救，但因火势较猛，加之该楼为20世纪50年代建造的木结构屋顶楼房，因此很快蔓延至楼顶。现场学生和目击者及时报警，12辆消防车进行现场扑救，经过消防官兵近2个小时的奋力扑救，大火才被全部扑灭。这次火灾过火面积900多平方米，造成木结构顶棚烧毁，有15个房间露天，其中4个房间内的被褥、衣物全部烧毁，无人员伤亡，估计经济损失约7万余元。

这场火灾是由于学生违反学校宿舍管理有关规定使用明火造成的，负主要责任；学校对学生宿舍的管理，特别是检查、监管力度不够，负有一定责任。因此，学校作出决定：有关领导写书面检查，学生杨某违反校纪校规，造成严重后果，给予开除学籍处分。

安全提示：少数大学生思想上没有防火安全这根弦，严重忽视学校的防火安全制度。使用电炉、酒精炉烧水、热饭，私接乱拉电源线，在宿舍吸烟、点蜡烛等是学生宿舍火灾“导火索”。要教育学生自觉遵守用电用火安全，在学生宿舍坚决杜绝违章用火、用电等事件，安全防范，人人有责。

（二）晚归风险案例

【案例 4-17】某高校学生黄某在一小巷遭歹徒抢劫并被刺伤。据黄某女友反映，当晚黄某与女友在校外游玩，21 时 20 分左右，一歹徒窜出，先抢走黄某女友的手机，再逼黄某交出钱包，然后逃窜。黄某追赶歹徒，不幸被歹徒刺伤，当场休克。

【案例 4-18】某高校女学生蒋某返校到东校区西门，因未到开门时间不能进校。此时，犯罪分子范某以帮助其拿东西为借口带她绕道从北大门进校。当走到后庄路 5 号对面的废品仓库时，犯罪分子将其行李摔掉，强行将其拖到废品仓库内欲实施强奸。蒋某与犯罪分子进行了搏斗。4 时 30 分左右，后庄公寓值勤的保安曾某、王某等人听到后庄路北边有喊叫声，立即赶赴现场。在离后庄公寓门位约 300 米路边一处废弃房屋内将正在实施犯罪活动的犯罪分子范某抓获。

安全提示：不要到校内外比较偏僻、阴暗、人少的地带，如树林中、小山上、远离宿舍区的教学实验楼附近或无灯的人行道、正在兴建的建筑物内。遇到抢劫时，不要惊慌，要保持镇静，头脑清醒，在保护自己的前提下，针对不同环境、不同情况，采取不同的对策与犯罪分子斗争。但是最重要的是要注意留意观察犯罪分子的特征（如身高、年龄、体型体态、衣着、疤痕、口音、逃跑的方向），及时向保卫部门或“110”报警。筑起思想防线，提高识别能力，谨慎待人处事；行为端正，态度明朗，避免纠缠不清；学会用法律保护自己，发生问题要大胆揭发；学一点防身术。

（三）校园诈骗案例

【案例 4-19】某校小林同学的父亲在家中接到手机短信，称小林的钱包被盗。短信将事情描述得特别紧急，让家人迅速将 1500 元汇到指定账户上。家人接到这个短信后心急如焚，但是却打不通小林的电话，无法与小林联系上。小林的母亲随后就急忙到银行去汇钱，路上遇熟人谈起这事，发觉不妥，没有立即将钱汇出。直到中午 11 点多钟，家人终于与小林联系上了，才不致损失金钱。但奇怪的是，小林称在接到家人电话之前，手机也是一直开着的，不知为何家人在当时打不通他的电话。

安全提示：本案例提醒我们，除自己增强防范意识外，还要和家人做好联系沟通，共同防范不法分子的阴谋。例如，把类似案例告诉家人，让家人提高警惕；在入学以后，就将自己辅导员老师、班主任老师以及要好同学的联系方式告知家人，遇突发事件家长又找不到本人时，可以及时和这些关系密切的教师和同学取得联系，掌握情况，既不致耽误事情的处理，更不致上当受骗。

【案例 4-20】一位毕业生一心想留在学校所在城市工作。经多方寻找门路，终于托关系找到一个“能量”很大的“计算机公司经理”。该经理表示一定帮忙、使该生留城就业，但提出要 5000 元现金作为活动费和“好处费”。该生未加思索就如数付出了。随着一次又一次招聘会的结束，许多同学的工作协议已经签订，而他的工作仍然杳无音信，心里不免开始担忧，于是找“经理”了解情况。“经理”说上次的好处费不够，还要追加 5000 元。于是该毕业又火急火燎地到处筹钱。班长知道了此事，立即向学校学生工作主管部门和保卫部门报告了情况。经查，“计算机公司经理”原来是个刑满释放人员，所谓帮助找工作，纯属诈骗伎俩。

安全提示： 在求职择业中，应通过正规途径组织的“人才招聘会”“双向选择会”“人才交流市场”等以及由学校组织的各种活动选择自己满意的职业；对有疑问的聘用岗位或单位应及时加强了解；在求职择业过程中遇到意外情况，应当及时据情分别向学校学生管理部门、保卫部门或地方公安机关反映，并注意保存所有的证据，以便在发生问题时提供有关线索协助调查；纠正择业中的心理偏差和克服心理障碍；适应形势发展，树立正确的就业观。

（四）网络交友不慎案例

【案例 4-21】 某高校学生在网络聊天时认识无业青年，并被该青年骗至旅馆索要钱财，并非法拘禁。该学生于早晨利用上厕所之际给同班同学打电话，得到这名同学的消息后，该校保卫、学管部门以及辅导员老师为其安危深感担忧，他们把情况报告了市公安局经济侦查支队，侦查队协调刑警支队及公安局迅速出警，于当日中午解救了被非法拘禁的这名学生。犯罪分子被当场抓获。

安全提示： 网络诈骗和因为上网聊天受到的伤害在高职院校经常发生，所以，在上网时要提高自我保护意识，建议同学们做到以下几点：不要轻易把自己及家庭中的真实信息在网上告诉别人；如果要与网友见面，必须在父母的同意和护送下，或与可信任的同学、朋友，最好是自己的长辈结伴而行；要以学业为重，适当控制上网时间，一般每次不要超过 1 小时。

（五）传销案例

【案例 4-22】 段某向所在市打传办投诉，反映其女儿被同学以介绍到某公司工作为名，骗其参加传销活动。后经市工商局调查，证实该公司为虚假公司。该市组织打传专业队共 36 人对举报地点进行搜查，一举捣毁了该处的传销窝点，教育遣散传销人员 11 人。

安全提示： 不少大学生因求职心切而轻易相信传销组织鼓吹的所谓家庭温暖、团队创业、先苦后甜等花言巧语，经受不住“几何倍增式”高额回报的虚假诱惑，在传销组织的培训、讲座、演讲等形式的“洗脑”活动中陷入泥沼不能自拔。由于身陷传销组织，一些大学生受到拘禁、虐待，被逼迫向家人、朋友、同学骗钱，有的学生甚至每日被传销分子用铁丝抽打。大学生之所以屡屡陷身传销，原因是深层次的：一是“发财就是成功”的观念扭曲了大学生的成功观和价值观；二是一些大学生的社会不适应症导致痴迷传销；三是法制观念的缺失。

（六）校园盗窃案例

【案例 4-23】 某高校学生在上厕所时，忘记关宿舍大门，回来时，自己的笔记本电脑被盗走。次日凌晨，某高校学生晚上睡觉没有反锁大门，被偷走 2 台笔记本电脑。

安全提示： 目前，校园内宿舍偷盗案件时有发生，这给学生的学习和生活造成了极大的影响。此类案件多是学生安全防范意识不强，不注意关闭门窗所致。基本属于内盗，破案非常困难。

提高防范意识和提高防盗技术水平尤其重要，从学生宿舍历来发生盗窃案件的时间来看，有几个时段值得注意：一是开学之初和学期末；二是新生刚入学时；三是放长假期间。以一天为周期来看，以下几个时间段值得注意：一是早上起床洗漱时；二是白天上课和晚上自习时间；三是晚上睡觉时。

应该从以下几个方面做好学生宿舍防盗工作：（1）妥善保管好自己的财物；（2）养成勤关门窗的好习惯（出宿舍反锁）；（3）妥善保管好自己的钥匙；（4）加强考勤制度，密切掌握宿舍人员的去向；（5）宿舍内不要留宿外来人员；（6）加强宿舍的管理和巡查；（7）注意可疑人员进出宿舍；（8）发现情况及时向保卫部门报告。

（七）校园贷案例

【案例4-24】学生小杨曾有过一次“难忘”的借贷经历。他迷上了一款手机游戏，为了购买装备、充游戏币，三天内他不知不觉就消费了近800元。当他取钱充饭卡时才发现银行卡里只剩100元了，此时，距父母汇生活费还有两周时间。一向“好面子”的小杨便想起了校门口的借贷“小广告”。

他提供学信网登录截图以及辅导员和家长的手机号码，签了一份类似借款的协议后，就借到了800元。一周后，小杨便开始接到借贷平台的催款电话。借钱时没搞明白“一周10个点”是什么意思，他们还骗说还不上可分期还，小杨此时才弄明白，“一周10个点”即一周利息10%，更可恶的是，第二周再不还，就会利滚利。

之后每天都会接到催债电话，对方还威胁，一周内再不还就打电话给辅导员和家长，找他们要钱。由于受不了这种惊吓，他只好向父母老实交代，立即把钱还了。

【案例4-25】务农父母卖猪还债。某高校秦某每月生活费只有800元，去年却在网购上花了近1.23万元。当他在朋友圈里晒出支付宝账单时，下面的评论排起了整齐的队伍，“土豪哥”“土豪哥”“土豪哥”。

“我哪里是土豪，每月10日还得往蚂蚁的窟窿里填土呢。”秦某回复。秦某口中“蚂蚁的窟窿”，指的是由蚂蚁微贷依托支付宝平台提供给消费者的一项网购服务。

不久后，在乡下务农的父母卖猪卖粮帮秦某还了在借贷平台欠下的债。

安全提示：据了解，目前市场上校园网贷产品大致分为三类：专门针对大学生的分期购物平台，如趣分期、任分期、优分期等，部分提供较低额度的现金提现；P2P贷款平台，用于大学生助学和创业，如投投贷、名校贷等；阿里、京东、淘宝等传统电商平台提供的信贷服务。

一些专门针对大学生分期购物的借贷平台的借贷门槛都很低，对借款人资质审核很宽松。在某平台上借1000元，只要注册，然后在网上填写自己的身份证、校名、银行卡号、同学以及辅导员的姓名、电话即可；借款5000元以上则要求录一段视频，发一段念自己身份证号、家庭地址的语音，签一份电子版合同，即可轻松搞定。

另外，“零首付、零利息”也是这些平台的噱头。然而，这些吹嘘的“低息”却经不起推敲，且审核程序、条款明细等方面存在不少漏洞。而且这里面猫腻很多，这些平台都会隐瞒或模糊实际资费标准、逾期滞纳金、违约金等，等真正签约借钱或产生了逾期后，借款人才会意识到问题的严重性。

一旦发生逾期，这类网贷平台的违约金都不低，比如某网贷平台会收取逾期未还金额的0.5%/天作为违约金。

不少网贷平台以低分期利率吸引学生，实际上，部分平台的分期费率比银行分期高许多。以某平台的“白条”为例，借款3000元，借款期限1个月、3个月、6个月、12个月对应的年利率分别为24.0%、17.5%、15.4%、13.5%。而目前，银行信用卡分期的月利率普遍在0.6%~0.72%，实际年化利率为13%~15.6%。

第四节　新生专业教育课程

著名教育家苏霍姆林斯基指出：“真正的教育是促进自我教育、自我管理的教育。只有学会自我教育、自我管理的人才可成为真正的人。”大学更加注重的是思维方式的培育、综合素质能力的提升、实践能力的强化、自我生存技能的训练以及个人品质的净化。面对日益激烈的社会竞争和残酷的生存环境，同学们必须逐步实现自我教育、自我管理、自我发展，从而实现自我的全面发展。在大学学习的过程中，极少数同学放松了思想警惕和自我约束，产生了“要自由，不要纪律”的不良倾向，从而导致违纪违规情况时有发生。“不以规矩不能成方圆”，过分地放任自流，一点也不加以限制，它的害处比危险有过之而无不及；相反，正如毛主席所说的“加强纪律性，革命无不胜”，只有有了适当的纪律规范，我们才能用最好的“尺规”，画出最活泼、最和谐的“方圆”！

2017年9月1日教育部开始施行新的《普通高等学校学生管理规定》，为规范普通高等学校学生管理行为，维护普通高等学校正常的教育教学秩序和生活秩序，保障学生合法权益，培养德、智、体、美等方面全面发展的社会主义建设者和接班人。在此基础上，我院积极配合教育部指示，建立听证制度、完善证据制度以及权利救济制度。目前，学生违纪记录归入学生档案，直接影响学生就业。“处分解除”按处分后不同表现给予不予解除或提前解除，是对学生受处分后表现的肯定，也是发挥学生管理育人功能的有效机制。

为了让广大新同学对校纪校规有更为全面、更为直接的理解和把握，维护正常的教育教学秩序，帮助同学们迅速适应大学的学习和生活，我们收集了近年来学生违纪情况典型案例，希望同学们能够“见不贤而内自省”，自我警醒，自我教育，顺利完成大学学业，做个文明守法的大学生和新时代的“四有”公民，努力成长为国家建设和社会发展的栋梁之材。

一、专注学业，勤于学习

学习是学生的根本任务，优秀的学习成绩是同学们在校获得奖学金、助学金的前提。现将几例出现问题比较典型的学生情况介绍如下：

【案例4-26】没有明确目标，沉迷网络。李某曾以作物生产技术专业第一名的成绩入班。到了大学后，李某有了自己的计算机，有了足够的课余时间，再加上他的自控能力比较差，没有明确的奋斗目标，结果沉迷于网络游戏，晚上经常通宵上网玩游戏，白天呼呼大睡，不仅耽误了课程，出现了严重的学习危机，也给自己的身心健康带来了伤害。后来在专业课教师以及班主任的关心帮助下，李某认识到自己的问题，每天都按时上课，学习有了很大的改善。

【案例4-27】忙于打工挣钱。一些同学为了缓解家庭困难，而把太多的精力放在打工赚钱上。比如会计专业班的陈某，其家庭十分困难，他父母早年离异，且父亲精神失常，其是由姑姑独自抚养长大的。该生从入学至今，不仅一直在餐厅做着钟点工，而且周六周日甚至寒暑假都一直在外边做着些兼职工作，独自赚得了自己 3 年的学费、住宿费、生活费。但他由于把大量的时间和精力放在打工赚钱上，以致没有太多的时间去学习，学习成绩越来越不理想，出现了很严重的挂科现象。

【案例 4-28】不会合理安排自己的时间。计算机应用技术专业的李某，除了日常的学习之外，还在广播站担任播音的工作，他心里并不想耽误学习，却不能合理安排自己的播音工作和课下的自主学习，让工作和学习时间出现了很多的冲突，致使他的学习出现了很大的危机，挂科现象十分严重。

【案例 4-29】沉迷爱情。极个别的同学盲目追求爱情，导致荒废了学业，比如园艺技术专业的翟某。自从交了女朋友，他把大量的时间精力放在女朋友身上，把女朋友放在了自己大学生活的首位，经常因为陪女朋友逛街，和女朋友出去玩，不参加班级的集体活动，甚至正常的上课也经常不去，学习落下很多，三年下来，挂科高达四科。这些同学，在自身的心理素质、价值观等方面存在不足，这也是成绩不及格的主要原因。

作为一名大学生，学习是重中之重，不能不分主次，将精力放在与学习完全无关的事情上。同时，外部原因也对他们造成相当大的不良影响。究其外部因素，主要有以下两点：

首先，班级整体学习氛围不够浓厚。大学学习环境相对宽松，大家从繁重的学业中解脱出来，大部分人都开始选择发展自己的爱好特长，未对学习引起足够重视，所以班级整体学习氛围不够浓厚，致使某些自控力不够强的同学学习目标不够明确、学习动力不够强。

当然这个问题的出现和班级的班委是分不开的，班委以后应该加强对班级整体学风的建设，比如每节课都点名、组织集体上早晚自习等。

其次，环境改变太大，没法适应。还有个别同学是因为学校环境与以前生活环境改变太大，无法适应，导致寄托于学习之外的事情。比如会计专业的黄某，他是福建人，本来在高中学习还不错，但因为南北差异太大，黄某适应不了气候、环境、饮食习惯等，导致其身体素质也有所下降，在学习上花费的精力也有所减少，结果学习成绩有很大下降。而且因为他的生活习惯、语言等也与周围同学差异太大，他没有太多朋友，这也导致黄某沉迷网络游戏，更加不爱学习，出现极其严重的挂科情况。

通过对以上同学挂科原因的调查分析可以发现，主要问题主要集中在学生自身自制力不够强、对学习的重要性认识不够、心理不够成熟而且对于学校给予的补考机会不重视，出现补考也不去的情况，根本认识不到学习对自己的重要性等几方面。所以，应从以下几个方面采取措施，争取让学生避免出现这些问题。具体措施如下：

（1）加强理想和专业思想教育，树立远大的目标，提高学习的积极性。通过开班会、班委私下与其交流、立学习标杆，重视典型效应，通过优秀学习标兵、优秀教师、优秀毕业生作演讲等方式对存在问题的学生进行思想教育，帮助学生树立正确的人生观、价值观、恋爱观。树立学一行爱一行的思想，树立崇高的职业理想和专业志向，明确学习目标，塑造良好的学习风气。

（2）加强心理教育，及时帮助解决学生心理困惑、疑难问题。大学生挂科的因素很多，每个人情况不同，要坚持一把钥匙开一把锁的原则，解开学生心理困惑。走近学生、亲近学生、关爱学生，把心理教育开展到每一个学生的心理深处。帮助解决因心理困惑而引起的忧郁、自卑、孤独和自暴自弃等问题，鼓励学生树立信心，克服学习上的难关，形成良性循环。

（3）优化环境，树立良好学风，创造利于育人的氛围和条件。良好的学风是成才的外部环境条件，班委必须重视起学分建设这个重要的问题。要制定严格公平的考勤制度，可以采取一帮一、好带差的形式来让学习成绩优秀的学生帮助不爱学习的学生，让班级整体的形成良好的学习环境，创造利于育人的氛围和条件，激发学生的学习热情，树立信心和勇气，把主要精力投入学习之中。

二、诚信考试，诚信做人

考风考纪问题从根本上说是一个做人问题，是一个人的诚信问题，而诚信问题不仅是立身之本，而且是立业之本。为了给学生营造一个良好的，公平的学习环境和考试氛围，我院结合《辽宁职业学院学生手册》出台了一系列的规章制度，对于作弊事件严惩不贷，坚决打消学生侥幸心理。以下关于考试作弊的案例希望能让同学有所警示。

【案例4-30】违禁携带，终获惩罚。王某是会计专业学生，在校期间表现一直比较优秀，曾获得国家助学金，是师生公认的品学兼优的学生。进入大二，王某放松了在专业课程上的学习，在一次期末考试中，携带小抄作弊，被监考老师当场发现，其行为已构成严重违纪。事发后，王某深刻检讨了自己的行为，并恳请学校念在其即将实习离校，能从宽处理，减轻处罚。但是，没有规矩，无以成方圆。既然违纪了，就应当受到相应的处罚。根据教育部《普通高等学校学生管理规定》和《辽宁职业学院学生手册》相关规定，学校决定给予王某留校察看处分。由于受到留校察看处分，其毕业和工作均受到了严重影响。原本能顺利毕业、走上工作岗位的优秀学生，因一时抱着侥幸心理，考试作弊，最终酿成大错，后果发人深省。

【案例4-31】多次违纪，从严处理。周某自入校以来，表现一直较差，因考试作弊而受到留校察看处分。虽然事后周某作了深刻检讨，并保证以后不再违反校规校纪。可事后他并没有积极主动地去改正错误，仍然在大学校园里无所事事，虚度光阴。补考期间，周某在考试过程中，再次萌生作弊念头，并利用上厕所之机给同学发短信求取答案。回到考场后，周某翻看手机被监考老师当场发现。但其拒不承认自己的行为，在考场上便与监考老师发生抓扯行为。被带到考场办公室后，周某利用值班老师要求检查短信之机，竟恶意删除短信，严重影响学校考规考纪。依据教育部《普通高等学校学生管理规定》和《辽宁职业学院学生手册》相关规定，学校决定给予周某开除学籍处分。

本案例的特殊性在于：周某犯错后不知悔改，继续执迷不悟。绝大多数学生犯错之后都能用自己的实际行动改正自身缺点，用优秀的表现挽回曾经的过失。但是周某犯错之后仍不引以为戒，而是在错误的道路上越走越远，直至最后被开除。同学们，大学时光转瞬即逝，希望大家能时刻提醒自己“勿以善小而不为，勿以恶小而为之”，诚信考试，诚实做人。

【案例4-32】通信作弊，贻害无穷。学生李某入学以来，英语成绩一直较差。在平时的学习中，李某忽视英语的学习，致使英语成绩一直无法提高。为了顺利通过英语考试，在英语课程考试中，李某违规将手机带入考场，并在考试过程中用手机上网察看与考试内容相关的网站，严重违反学校考试纪律。事后，李某作出深刻检讨，认识到人生道路并无捷径可走，想要贪图安逸就获得成功是不可能的，必须脚踏实地，不断努力。同时，他自愿承担这一行为的严重后果，争取以后做个堂堂正正的人。

虽然李某作了深刻检讨，但其行为严重违反了校规校纪是不争的事实。根据教育部《普通高等学校学生管理规定》和《辽宁职业学院学生手册》相关规定，学校决定给予其留校察看处分。

三、心存敬畏，严格自律

战国著名思想家韩非曾说过："人有祸则心畏恐，心畏恐则行端直，行端直则思虑熟，思虑熟则得事理，得事理则必成功。"无论何时何地，只有常怀敬畏之心，严格自律的人，才能小心行事、谨慎处事，才能不出谬误，赢得人生的精彩和成功。

【案例 4-33】见微知著，防微杜渐。学生季某家境一般，但季某一直是一个很有理想和抱负的学生。他以优异的成绩考入我院。入校后，在各方面表现比较积极，唯独就是虚荣心较强。某日趁宿舍无人时，他偷偷拿走了本室同学的手机。偷窃事件发生后，情况被迅速反映到了辅导员老师那，这时季某才意识到情况的严重性，但为时已晚。为了避免被发现，在事发后第二天他偷偷将手机丢弃。经过大家的分析调查，种种线索均对季某不利，季某也进行了空前的思想斗争。最终，在辅导员老师的教育下，季某主动承认了所犯错误，并积极开始退赔工作。

虽然季某最终主动承认了错误，也进行了深刻的反省，但其行为已经严重违反了校规校纪。根据教育部《普通高等学校学生管理规定》和《辽宁职业学院学生手册》相关规定，结合季某的平时表现和事发后的表现，学校决定给予季某留校察看一年处分。

也许在部分同学眼中，这并不是一个很严重的错误，但其带来的影响应该得到重视。对于季某来说，这必将在其人生路途上留下污点，影响整个大学生活，失去同学们对他的信任。同学们，面对精彩的大学生活，在具备防范意识的同时，一定要时刻规范自己的言行，用校规校纪严格要求自己。

【案例 4-34】同室操戈，皆为败者。张某、李某为同班同学，并同住一间宿舍。由于宿舍盥洗池比较小，每次只能满足一个人进行洗漱，因此两人在盥洗池边上碰来碰去，都觉得对方有点碍事儿。突然，张某不小心把李某的盆子碰到了地上。本来这应该是一件小事，只要双方都能够谦让一些，什么事情也不会发生。也许是赶时间的缘故，李某的情绪便莫名其妙的差，她一边忙一边小声地嘟囔着什么。而张某偏偏也是不爱示弱的人，她听到了李某的话后，嘴上也嘟囔了起来。顿时，李某的火气不由得爆发了出来，她端起水盆冲着张某就泼了过去，于是不该发生的事情便这样发生了。事发后，虽然张某和李某都承认了自己的错误，做出了深刻检讨，但是她们的行为已经违反学校的校规校纪。根据教育部《普通高等学校学生管理规定》和《辽宁职业学院学生手册》相关规定，学校决定给予张某和李某严重警告处分。

对于大学宿舍生活，大家同处一个屋檐下，本应相亲相爱、共同进步，发生同室操戈的事情又有谁愿意呢？因此，大家在宿舍生活中应互相体谅，互相理解，互相关心，有问题协商解决。发生争斗既违反校纪，又伤害同学感情，还影响宿舍形象，可谓是有百害而无一利。

【案例4-35】 缺乏冷静，险酿恶果。学生王某学习成绩优秀，是年级足球队主要成员，工作也比较踏实，但性子较急，做事较鲁莽。该生在参加足球比赛过程中，与对方球员发生碰撞并出现短暂言语冲突，因比赛还在继续，故冲突暂时消除。结束后，因对比赛中的事情耿耿于怀，王某便将球砸到对方队员身上，这一过激举动遂引起双方队员冲突，所幸周围同学及时劝开，避免了严重后果的发生。事后，在辅导员老师的教育下，王某认识到了自己的错误，并主动道歉和做了检讨，表示将吸取这次教训，在生活学习中严格要求自己，不断完善自己，改正不足。虽然王某认识到了自身错误，但其行为已经违反了校规校纪。鉴于王某事后的表现，根据教育部《普通高等学校学生管理规定》规定，学校决定给予王某警告处分。

警告处分看似不重，可是它无形中影响了王某参加各种荣誉称号评选资格。原本能顺利发展的他，因自己的一时冲动，给自己设置了一道障碍，这是何苦呢。因此，同学们在大学学习过程中，务必戒骄戒躁，提高自身自制力，遇事情冷静思考，切莫意气用事。

四、谨小慎微，从我做起

【案例4-36】 贪杯醉酒，疏于自律。学生侯某平时个性较强，自我情绪控制能力较差。2009年4月22日晚，因生活中遇到一些不愉快的事情，他在宿舍里酗酒，酒后大喊大叫、摔砸瓶罐、寻衅滋事，险些酿成打架事故，所幸学校工作人员及时赶到，制止了混乱。事后，在辅导员老师的教育下，侯某认识到了自己的错误，并主动道歉，做了检讨，表示要吸取这次教训，在生活学习中严格要求自己，控制好自我情绪，自觉遵守校规校纪。虽然王某认识到了自己的错误，但其行为侯某的行为已严重扰乱宿舍的作息秩序以及公共场所管理秩序，违反了校规校纪。鉴于事后王某的表现，根据教育部《普通高等学校学生管理规定》和《辽宁职业学院学生手册》相关规定，学校决定给予王某记过警告处分。

宿舍是同学们生活学习的重要场所，宿舍的安宁需要同学们共同维护，酗酒闹事不但伤害自身身体，也严重影响同学们生活学习，违反学校相关规定，必将受到校规校纪的严惩。

【案例4-37】 流连忘返，屡犯校规。学生许某自入校以来，经常无故离开宿舍，夜不归宿。虽然年级辅导员、班干部多次对其教育，但效果甚微。不久后，许某再次一夜未归，为维护学校正常秩序，敦促许某某改正错误，根据教育部《普通高等学校学生管理规定》相关规定和《学生手册》第二十一条第十一款之规定，学校决定给予许某严重警告处分。

事后，当得知无故夜不归宿的严重后果时，许某悔恨不已，在检讨书中他写道：我一直认为夜不归宿是自己的个人行为，与别人没什么关系，真的没有想到夜不归宿的后果会有如此严重的后果，这次的教训是惨痛的，它让我明白了违反校规校纪的后果是严重的。以后的日子里，我一定要自觉遵守校规校纪、好好学习。

【案例4-38】 明知故犯，终尝苦果。虽然学校多次强调在学生公寓内不准私拉电线，违章用电，但学生李某依然抱着侥幸的心理，在学生公寓内违章用电。某日，公寓宿管人员在查寝室时发现了李某违章用电的情况，并及时上报了该生所在院系。得知这一情况后，辅导员对李某进行了深刻教育，李某也认真反省了自己的行为，表示以后一定自觉遵守校规校纪，认真改过。虽然李某认错态度诚恳，但其行为已经违反了学校相关规定，根据教育部《普通高等学校学生管理规定》和《辽宁职业学院学生手册》相关规定，学校决定给予许某严重警告处分。

宿舍是人员密集的聚居地，一些学生一直对在宿舍违章用电缺乏正确认识，往往未能在意识中引起重视，殊不知一旦违章用电引起火灾，后果将是惨重的。如果真发生这样的悲剧，那就不是一个处分的问题，付出的将是生命的代价。

五、心理健康，学习之本

当代大学生的心理素质不仅影响他们自身的发展，而且也关系全民族素质的提高，更关系跨世纪人才的培养。大量调查表明，目前我国大学生发病率高的主要原因是心理障碍，精神疾病已成为大学生的主要疾病，具体表现为自闭、焦虑、强迫、自卑、抑郁和情感危机、神经衰弱等。当代大学生心理问题不容忽视。

【案例 4-39】性格孤僻，独来独往。学生王某进入大学以来，由于性格孤僻，不爱与人交往，被同学称为“隐形人”，平时总是独来独往，很少与同学交谈，也不爱与人分享或帮助别人。一位比较了解王某的人说，他在家乡是成绩领先的，到了大学后发现很多同学比自己见识广、能力强，优越感的消失与自我迷失使他产生了强烈的自卑感与失落感，再加上原本内向的性格，形成了现在的孤独障碍。

我们得到同学对于王某情况的反映后，先对王某进行了了解，然后让王某的同学多多主动向他打招呼，最后让他先敢于跟熟悉的人打招呼交往，逐步推进到与不是太熟悉的乃至完全陌生的人问话、叙谈和共事。在这一过程中，我们也将情况反映到了他班主任那儿，班主任找他谈了几次话，并且班主任也让跟他一起生活的同学多多与他聊天，多让他参加集体活动，对他的每一点进步都进行表扬和肯定。最终在同学们和班主任的努力下，王某的情况得到改善，比以前阳光开朗多了。

【案例 4-40】恋爱引发心理问题。女学生孙某长得挺漂亮就是有点娇气和任性，遭到男朋友的分手请求，一时接受不了，整天在寝室抱怨哭诉，用绝食的方法来表示自己的愤怒和不甘心，无论室友们怎么劝解，都不管用。每天室友们把饭给她带到床边，并且不断开导她，她不但没听劝反而闹得更起劲。她其实是心理一时不能接受事实，希望得到别人的同情。

对于这个事件，我们发现对其采用温柔手段不行，在查阅了相关的心理书籍，并向院里的心理教师进行了咨询后，我们决定让室友们对其采用不理睬的方法，任她怎么闹怎么发泄，都不理她，也没人跟她带饭。最后她安静了不到一天半，就跟大家说她要吃饭，说她想通了，不闹了，要坚强起来。所以，我们大家对失恋的人进行劝解并且多让她想想，只有她自己想从失恋里走出来，才能真正地走出来。

恋爱现已成为当代大学校园的一道靓丽的风景线。菁菁校园里随处可见成双入对的情侣。爱情存在于大学校园自有其合理性，然而在这浪漫爱情画面的背后却隐藏着不少问题。其中失恋问题尤为尖锐。对正处于心理情感发展阶段的大学生来说，失恋是生活给他们的第一道难题，面对失恋的考验，初尝爱情青苹果的酸涩，往往会引发这样那样的心理问题，这不能不引起我们的高度重视。

大学生对人际关系的追求往往带有较多的理想化色彩，无论是对同龄朋友，还是对师长，往往是以理想色彩看待交往，希望交往不带任何杂质，同时他们也常常以理想的标准要求对方，一旦发现对方某些不好的品质就深感失望。

【案例 4-41】 对大学生活不适应导致生活受阻。女学生王某是大一学生。她是家中独女，从小到大一直在父母身边，家中的生活琐事均由父母料理，父母只要求她努力学习，不需要承担家中的任何家务劳动，甚至连衣服鞋袜也不用自己洗。进入大学后，王某非常想家，不适应大学生活，无法安心学习，整天焦虑不安。对大学生活新环境的严重不适应以及强烈的思想情绪严重地影响了王某在学校的学习和生活状况。

大学生适应环境问题是一个普遍的问题。有的新生随着对大学环境的了解、熟悉以及自我调节，经过一两个月的时间能基本适应大学生活。但有的新生独立性较差，情感依赖强烈，心理脆弱，适应起来比较困难。王某的情况比较典型，针对王某的情况，班级辅导员对她进行了及时的开导和劝慰。辅导员告诉王某，新生不适应大学生活是普遍现象，并不是只有她一个人才存在这种心理状况，只是不适应的程度不同而已。重要的是自己努力去认识新环境，适应新生活。在教师和同学们的帮助下，经过一段时间的努力，王某终于逐渐适应了大学生活，学习进步了，性格也恢复了过去的开朗与活泼。

【案例 4-42】 消极情绪造成不良影响。学生郝某是一名学生干部，在工作上高度负责、一丝不苟，但效率并不高且缺乏创造性。上大学以来，他追求完美、按部就班、过分自我克制、过度自我关心、小心翼翼、自我怀疑、精神高度紧张难以松弛，导致了严重的失眠现象，并且整天都是一副消极无精打采的精神面貌，在学习和生活上都造成了不良影响。

针对郝某，有轻微的强迫现象，辅导员告诉他要一切顺其自然，做出自己最大的努力就可以，不要给自己太大压力，有时反而物极必反了；要抛却完美，凡事想到最差的结果，不要给自己太高的目标，根据现实来给自己期望；给自己多点自信，用坦然的态度看待周围的一切。在辅导员的劝解下，现在郝某又恢复到了以前的那个人，阳光向上。

健康的心理品质是大学生全面发展的基本要求，也是将来走向社会、积极从事社会活动和不断向更高层次发展的重要条件。我们大学生要以良好的心理素质迎接未来的挑战，为国家的富强奉献自己的青春。

古语有云："人非圣贤，孰能无过，过而改之，善莫大焉。"

人都会犯错误，但在对待错误的态度上却大不一样。有的人犯错误却不敢承认，总是千方百计地掩饰错误，拒不改正。这样的结果，不仅自己不能取得更大的进步，反而还会引起他人的强烈反感。对待自己错误的正确态度是：敢于承认、勇于改正。

本着"教育为主，惩罚为辅"的教育原则，学校坚持不放弃任何一名学生，对违纪违规学生及时进行批评、教育和引导，帮助其树立正确的世界观、人生观和价值观，端正学习态度，明确学习目标和人生奋斗规划，顺利成长成才。

违反校规校纪的后果是严重的，许多曾经违纪的同学均对此深有感触。因为违纪，在规定时间内自身不能参加各种评优评先、影响进步、不能按期获得学位、甚至因此被开除学籍。这不但有负于父母含辛茹苦的养育，也愧对学校和教师的辛勤培育。

在此，我们衷心希望广大同学能够引以为戒，树立远大理想，明确人生目标，切勿因一念之差、一时冲动而使自己的大学生活乃至整个人生留下遗憾。

岁月悠悠，淘不尽历史的芳华；流水潺潺，流不止生命的气息。希望同学们犹如搏击长空的雄鹰，以风驰电掣的速度，“以青春之我，创造青春之家庭，青春之国家，青春之民族，青春之人类，青春之地球，青春之宇宙”。

最后，祝同学们在校期间学业进步、身体健康、生活愉快！

第五章 军训教育

第一节 军事训练课程

一、军事技能训练中加强思想政治教育的重要性

实践证明，加强军事技能训练是思想政治教育的重要组成部分，是实现高职院校培养目标的要求，是实施素质教育的有效途径，也是搞好军事技能训练，实现其综合教育作用的保证。

（一）军事技能训练中加强思想政治教育是实现高职院校培养目标的要求

在高职院校开展军训工作，是党和国家在新的形势下，做出的一项具有战略意义的重大决策。它是大学生在校学习期间履行法律义务，接受爱国主义教育的基本形式，也是高职院校深化教育改革，实施素质教育，提高育人质量，实现高校培养目标的有效途径。在人才培养过程中，应当高度重视德育工作，并通过军事训练在内的各种教育形式和载体加以实现。中共中央、国务院《关于进一步加强和改进大学生思想政治教育的意见》中指出，“要认真组织大学生参加军事训练”。党中央的这一要求，指明了高职院校思想政治工作的方法与途径，同时把军训作为实现教育目标的重要手段，提出了必须遵循的方向。这就要求我们必须要站在为国家培养合格人才的高度来认识这项工作的重要性，认真贯彻军政并举的方针，把训练的过程作为加强学生思想政治教育的过程，而不仅仅只是走走步，打打枪，体验体验生活。要充分利用军事技能训练这一教育载体，通过严格的训练和深入的思想教育，充分发挥军事教育所特有的综合教育作用，在提高军事素质的同时，不断提高学生的思想政治素质和道德素质，为他们成为合格的社会主义事业的建设者和接班人奠定基础，进而实现高职院校培养目标的要求。

（二）军事技能训练中加强思想政治教育是素质教育的有效途径

在素质教育的今天，作为加强思想政治教育的有效途径，军事技能训练为全面提高大学生的综合素质奠定了基础。其表现，一是大学生思想政治素质得到了提高。军事技能训练中，通过开展理论学习和各种教育活动，用先进的思想和科学的理论武装大学生的头脑，为他们正确的世界观、人生观的形成奠定基础。许多学生在训练中写下了《青春因奉献才更加美丽》《要向谁看齐》《人生的新起点》等文章，这正是他们思想政治素质得到提高的表现。二是大学生的意志品质得到了磨炼。紧张的军事生活、严格的训练要求，使大学生们经受了考验。许多学生第一次叠军被、第一次参加拉练……正是这许多的第一次，才使他们受到了锻炼，增强了克服困难的勇气，提高了生活的自理能

力。三是大学生的组织纪律观念和集体主义观念得到了增强。目前，组织纪律观念，特别是集体主义观念，在高职院校的各种教育中都有所体现，但如何将其内化到学生的行为中尚缺少有效的形式，这正是“知行相分”的根源所在。而军事技能训练恰恰为大学生创造一个特定的环境，一个集体的氛围，使他们懂得了什么是纪律，为什么要遵守纪律；什么是集体，如何关心热爱集体；什么是自立自强，如何面对困难和挑战。紧张的军事生活、严格的军事训练、你追我赶的竞赛场面，使他们看到了集体的力量，体会到了纪律的重要，团结协作的意识也得到了增强，这些都为大学生自身素质的提高起到了积极的作用。

（三）军事技能训练中加强思想政治教育是搞好训练工作的保证

大学生是国家未来的建设者，同时也承担着保卫国家安全的历史责任。他们不仅要学习现代的科学技术，而且应当掌握必要的军事知识与技能，树立为国防现代化建设服务的思想。而搞好军事技能训练工作，只有通过深入的思想政治教育，才能在充分认识军训重要意义的同时，克服训练中的各种困难，使学生真正得到锻炼和提高。大学生军训工作之所以取得了明显的成效，很重要的一个原因就是重视加强军事技能训练的思想政治教育，并将思想政治教育渗透到训练工作的各个环节，贯穿于始终。实践证明，加强军事技能训练中的思想政治工作，可以提高学生对军训重要意义的认识，调动参训的积极性和主动性，将自己真正融入训练中；加强军事技能训练中的思想政治工作，可以培养学生树立不怕困难、勇于吃苦、严格要求、拼搏进取、团结协作、热爱集体的思想作风，把训练作为锻炼提高自己的过程；加强军训中的思想政治工作，可以使军事训练与思想教育有机地结合起来，充分发挥其特有的综合教育作用，不断提高训练质量，保证军训的效果。

二、军事技能训练在大学生综合素质培养中的作用

（一）提高大学生的政治思想素质

爱国主义是大学生所应具备的最基础的素质，而军事技能训练是爱国主义教育的有效载体。教官通过对国防史、军队建设、革命英雄事迹的讲解，对当代大学生进行爱国主义教育，所达到的效果是其他教育形式比拟不了的。在如今这个白鸽放飞、硝烟散尽的年代，和平与发展成为世界的主题，但是国际环境并不安宁，霸权主义、强权政治依然存在，我们对大学生进行军训，目的就是开展国防教育，增强大学生的忧患意识，培养大学生的爱国主义精神。那些津津乐道、耳熟能详的古今革命英雄事迹，以及关系国家和民族荣辱兴衰、生死存亡的军队建设相关知识，最能激发他们强烈的爱国热情。由此可见，军事技能训练是对大学生进行爱国主义教育最有效的方法，也是提高大学生政治思想素质的最有效途径。

（二）提高大学生的个体身心素质

首先，大学生身体素质可以通过军事技能训练得到增强。良好的身体素质是大学生圆满完成学业、投身祖国现代化建设的根本保证。烈日下大负荷的队列操练和泥泞中高强度

的战术训练，身体力行、摸爬滚打使同学们感到兴奋、紧张、疲劳，正是这种艰苦训练极大地锻炼和增强大学生的身体素质。特别是以军训为主的国防教育与一般普通教育最大的不同点是，在对受教育者的培养过程中，国防教育强调自觉性和强制性的辩证统一。既激发受教育者的学习动机，调动其积极性、主动性，使其自觉接受教育，搞好训练；同时又靠强制的力量，达到教育训练的标准，实现教育训练的目标。大学生在两方面共同作用下，军训中晒黑了皮肤，挥洒了汗水，同时也增强了体质，养成了运动习惯，身体素质得到了很大提高。

其次，大学生心理素质也可以通过军事技能训练得到增强。良好的心理素质是成功人才的必备条件，也是大学生实现各项学习目标的基本需要。而当代大学生大都是独生子女，没有社会阅历可言，没有经历过什么挫折，缺乏与人交往和集体生活的能力。生活中的一帆风顺使他们形成过分依赖和争强好胜心理，在他们的意识形态中往往是只能成功，不能失败，他们心理比较脆弱，缺乏自主能力，对困难的承受力较低。军事技能训练虽然不是专门的心理教育课，但是它给大学生提供了一个锻炼自我的绝好机会。比如，东北农业大学经过严格的军事技能训练，选拔出 72 名大学生参加了第 24 届世界大学生冬季运动会的开、闭幕式，并在仪式上出色地完成了升旗、护旗等任务。面对巨大压力，普通学生的心理是难以承受的，而这些同学通过科学的军事技能训练，克服了现场的极度紧张心理，确保万无一失，这些大学生的心理素质得到了充分的锻炼和极大的提高。军事技能训练培养了大学生不怕困难、勇于拼搏、坚忍不拔的良好心理品质，这样严格的教学手段和措施，是大学生在其他任何形式下都无法体验的。特别是在射击训练和实弹打靶的过程中，同学要达到完成射击任务以及取得优异成绩的目标，就要求在击发每颗子弹之前都要进行自我心理调整，如此使大学生的心理承受能力和心理调节能力得到极大的锻炼。总之，军事技能训练增强了大学生适应环境的能力，优化了大学生心理素质。

（三）提高大学生的综合能力素质

军事技能训练以其特殊的教育形式和教育内容，对大学生非智力因素的培育具有其他学科无法替代的重要作用。军事技能训练不但能够提高大学生政治思想素质、身体素质、心理素质，而且还可以提高大学生其他方面的综合能力素质。

（1）组织协调能力。当代大学生特别注重锻炼自己的组织协调能力，但是在日常的学习、生活中很少有锻炼的机会，使得许多同学不敢在人多面前说话，更不敢组织什么活动。在军训中，往往会有许多机会来锻炼大学生的组织协调能力。比如，在队列训练中，教官会不时选出一些同学充当“小教官”，“小教官”在组织其他同学训练的同时，也锻炼了自己的语言表达能力以及组织协调能力。

（2）团结协作能力。大学生的团结协作能力是通过集体生活而锻炼和体现出来的。确立和弘扬集体主义精神，重要的是在团结协作中对集体主义的理性感悟，并使这种理性感悟内化为大学生的内在素质。在军事技能训练过程中，通过集体训练、集体生活，以及集体之间的队列、内务、出勤的比赛，使大学生深刻体会到集体荣誉感，引导学生正确处理和对待个人与集体、局部与全局的关系。无论是整齐划一的队列内务，还是震耳欲聋的口号军歌，都需要大家互相协作、团结一致。大学生在军事技能训练和比赛中可以体会到，每个人都要自觉维护集体荣誉，一人的不努力，将会影响到整个集体。参加第 24 届世界大学生冬季运动会表演的大学生在训练中提出，作为一个团队不允许出现任何个人的失误，即使迈错步伐，整个团队的每个人也要错得一致，从而达到整齐划一。只有将个人努力与集体利益融为一体，才能使每个学生都切实感受到集体的强大，体会到集体荣誉感和自豪感，提高他们的团结协作能力。

（3）磨炼意志品质。随着生活水平的提高，当代大学生大都过着“衣来伸手、饭来张口”的生活，几乎没有机会去吃什么苦。军事技能训练是一项比较艰苦的活动，在军训中可能会遇到这样或那样的困难，烈日的晒、大雨的淋、身体的疲惫、意志的薄弱等困难都会干扰乃至中断训练。大学生在克服这些困难坚持训练的同时，无形当中也培养了不畏困难、不怕吃苦，在困境中解决问题的能力。大学生具备了这样的能力，在今后的工作、生活中，无论再遇到什么样的困难，都会面对现实，坚忍不拔，无所畏惧，主动寻找解决问题的方法。

当代社会需要高素质人才，特别需要综合能力强、全面发展的高素质人才。高职院校必须完善素质教育途径和方法，以军事技能训练这一特殊教育形式为辅助教学手段，为当代大学生综合素质的提高，为培养当代社会新型人才做出更大的贡献。

三、军事技能训练课程教案

军事技能训练课程教案	
学期	2018 ~ 2019 年第一学期
授课班级	2018 级高职所有专业
授课时间	2018 年 9 月 3 日 ~ 2018 年 9 月 17 日
授课地点	操场
授课教师或团队	中国人民解放军 65056 部队教官
主 要 内 容	

（一）2018 级新生军训动员大会

一名优秀的大学生，不仅需要有渊博的知识和健康的体魄，而且更需要有良好的品德，百折不挠的意志和令行禁止的作风。军事训练有利于大学生“德、智、体、美、劳”全面发展，树立“巩固国防、以业报国”的国防观念，并掌握一定的军事技能，其必将促进“知识、能力、素质”三位一体的创新性复合型人才的培养。

2018 级新生军训动员大会会序

（1）全体肃立，奏国歌。

（2）学院副院长、武装部部长陈修佳作军训工作动员。

（3）中国人民解放军 65056 部队 63 分队分队长潘捷讲话。

（4）中国人民解放军 65056 部队教官王春光代表全体教官表决心。

（5）动物科技学院畜牧兽医 181 班冯连杰代表新生表决心。

（6）学生处处长、武装部副部长赵学玮同志宣布军训编队情况。

军训总指挥：王洋、陈修佳

军训副总指挥：汤轶、赵学玮

军训团团长：潘捷

军训团总参谋：王冬

辽宁职业学院 2018 级新生军训动员大会结束。

续表

主　要　内　容

（二）课程安排

2018 级新生军训课程表
（根据情况自行调整）

时间（9 月）			训　练　内　容	实施方法	地点
日/星期	课时				
3/一	上午	4	9:00～9:30 军训动员 9:30～12:00 队列训练：停止间队列动作	集体组织 大会动员	操场
	下午	4	14:00～15:00 内务教学 15:00～17:00 队列训练：停止间队列动作	讲解示范 练习	
4/二	上午	4	9:00～12:00 队列训练：停止间队列动作	讲解示范 练习	操场
	下午	4	14:00～17:00 队列训练：齐步行进与立定		
5/三	上午	4	9:00～12:00 队列训练：齐步行进与立定	讲解示范 练习	操场
	下午	4	14:00～17:00 队列训练：正步行进与立定		
6/四	上午	4	9:00～12:00 队列训练：正步行进与立定	讲解示范 练习	操场
	下午	4	14:00～17:00 队列训练：正步行进与立定		
7/五	上午	4	9:00～12:00 跑步行进与立定	讲解示范 练习	操场
	下午	4	14:00～17:00 跑步行进与立定		
8/六	上午	4	9:00～12:00 军体拳训练	讲解示范 练习	操场
	下午	4	14:00～17:00 军体拳训练		
9/日	上午	4	9:00～12:00 军体拳训练	讲解示范 练习	操场
	下午	4	14:00～17:00 军体拳训练		
10/一	上午	4	9:00～12:00 军体拳训练	讲解示范 练习	操场
	下午	4	14:00～17:00 军体拳训练		
11/二	上午	4	9:00～12:00 军体拳训练	讲解示范 练习	操场
	下午	4	14:00～17:00 军体拳训练		
12/三	上午	4	9:00～12:00 队列训练	讲解示范 练习	操场
	下午	4	14:00～17:00 系列安全教育讲座		
13/四	上午	4	9:00～12:00 队列训练	讲解示范 练习	操场
	下午	4	14:00～17:00 系列安全教育讲座		
14/五	上午	4	9:00～12:00 方队合练	方队合练	操场
	下午	4	14:00～17:00 方队合练		
15/六	上午	4	9:00～12:00 方队合练	方队合练	操场
	下午	4	14:00～17:00 方队合练		
16/日	上午	4	9:00～12:00 方队合练	方队合练	操场
	上午	4	9:00～12:00 方队合练		
17/一	上午	4	分列式合练	学院组织	操场
	下午	4	会操（分列式） 军训总结		

续表

注： （1）教官9月2日入校，组织接洽、彩排等事宜。军训期间，要保证训练时间、人数及质量。任何学生不能旷训练课，有病必须和教官请假后，找班主任开假条。 （2）没有课的教师必须全天参与军训，有事请假。每天晚上整理内务，辅导员、班主任必须到场。 （3）各教官在训练前必须点名，根据每天出缺席情况和训练中的表现、内务整理情况给每个学生打分，军训不及格者将不予毕业。 （4）军训期间雨天整理内务。 （5）队列训练重点包括军姿养成、三大步伐、礼节礼貌，内务卫生包括室内摆放、内务叠制。军训内容如有变动，以通知为准。训练休息时学军营歌曲。 （三）作息时间安排 起床：6:20 洗漱：6:20～6:50 早操：7:00～7:30 早饭：7:30～8:00 上午训练：9:00～12:00 午饭：12:00～12:30 午休：12:30～14:00 下午训练：14:00～17:00 晚饭：17:00～17:30 就寝：21:30 注： （1）早6:20～6:50洗漱、整理内务、室内卫生。 （2）早8:50到训练场地集合点名，9:00军训开始。 （3）下午13:50到训练场地集合点名，14:00军训开始。 若出现天气变化等特殊原因，以学生处实际通知为准！

第二节　国防教育课程

习近平总书记在党的十九大报告中强调，要加强全民国防教育，巩固军政军民团结，为实现中国梦强军梦凝聚强大力量。学校国防教育是全民国防教育的基础，在新时期下，高职院校要积极开展国防教育工作，主动承担起全民国防教育的重任，为国防事业发展做出贡献。高职院校国防教育要聚焦新时代国家安全工作，以爱国主义教育为引领，以立德树人为核心，明确国防教育与素质教育之间的密切联系，找准国防教育的立足点，构建完善的国防教育体系，充分发挥国防教育在大学生综合素质培养中的重要作用。

一、高职院校加强国防教育的意义

（一）有利于实现我国国防现代化

新中国成立以来，我国不断深化国防和军队改革。建设强大国防不仅关系国家的长治久安、国际地位的巩固和提高，而且更关系中国特色社会主义事业的发展和强国梦、强军梦的实现。国防现代化的快速发展是以经济为物质基础，更好地发挥国防对经济的溢出效应和拉动作用是实现科学技术现代化发展的重要支撑。而科学技术在经济上是第一生产力，在政治上是重大影响力，在军事上则是强大战斗力。以信息技术为核心的高新技术，是战斗力生成和发展的决定性力量。加强对大学生的国防教育，增强学生以实际行动参军入伍的原生动力。鼓励具有浓厚国防观念的优秀大学生通过应征入伍、直招士官等多种渠道充实到军队，不断提高国防科技水平，这是适应新时代国防和军队现代化建设的需要，也是优化部队兵员结构、培养和造就新型作战力量人才的重要举措，对加强部队建设、巩固国防力量、确保国家安全具有重大战略意义。

（二）有利于我国新型军事人才培养

“大力实施人才战略工程。人才强则事业强，人才兴则军队兴。人才资源是强军兴军的宝贵战略资源。推进国防和军队现代化，关键在人才，人才越多越好，本事越大越好。”高科技时代，世界各国军队都强调人的主导位置和决定作用，把提高军人的综合素质、造就新型尖端军事人才摆在突出位置。大学生作为新时代高技术人才队伍中最为突出的群体，是军事人才的重点培养对象。军事理论课教学能够帮助学生全方位、多领域、深层次地了解我国国防历史、军事思想、战略环境、信息化战争等知识，培养安全意识，发扬斗争精神，增强斗争本领；通过军人授课、学生到驻地见习训练，军事专家参与教材撰写等方法，助力部队培育新型顶尖军事人才。目前，国防生培养工作有序发展，征兵政策不断向大学生倾斜。教育部副部长翁铁慧表示：我国每年征兵人数约 40 万至 50 万，其中超过一半是大学生。

（三）有利于大学生综合素质提高

习近平在全国教育大会上强调：坚持中国特色社会主义教育发展道路，培养德智体美劳全面发展的社会主义建设者和接班人，坚持把立德树人作为根本任务。加强对大学生的国防教育工作是加快实现该任务的有效措施。重视国防教育工作不仅有助于增强学生对该方面的重视，而且对其保持正确的三观也有着极其重要的意义。在为国家和社会提供符合社会主义核心价值观的高素质后备人才领域，开展国防教育也起着不可或缺的作用。铸将育才，德育为先。首先，学生思想政治觉悟的增强是我国大学生国防教育成果的日趋显现。当下国际社会风云变幻，国家间竞争压力大，我国正处于实现中华民族伟大复兴的关键时期，公民对国防观念的重视至关重要，需要树立学生的民族精神、危机意识、爱国情怀。其次，学生身体素质的增强是国家对大学生国防教育的实践工作初见成效。通过学校定期开展军训，学生学习了丰富的军事理论知识，军训中的规范内务、拉练、站队形、军训汇报表演等训练磨炼了学生的意志，增强了学生的身体素质，促进了精神品格的形成与发展，为学生在今后紧张的学习、生活以及工作奠定良好的身体素质和精神面貌。所以对大学生进行国防教育，不仅有利于身体素质、思想道德素质和科学文化素质的全面提升，而且也成为一步重要先手棋。

二、高职院校国防教育在大学生综合素质发展中的作用

高职院校国防教育是落实全民国防教育和完善高职院校育人体系的重要实践路径，尤其在促进大学生综合素质全面发展方面，国防教育发挥着积极作用，有助于高职院校实现最终育人目标。

（一）有助于提升大学生思想政治素质

在多元化社会思潮的冲击下，高职院校学生的思想政治观念和价值取向呈现复杂性特点，个别大学生出现不良的思想倾向。而通过深入开展国防教育工作，向学生讲授我国国防历史、我军优秀革命传统、中国共产党艰苦奋斗事迹以及国防严峻性等内容，能够增强大学生的民族自豪感，使大学生克服崇洋媚外的错误思想，同时还能够让大学生认清国际形势，提高学生忧患意识和责任意识，引导大学生树立大局观，增强民族复兴的使命感，从而有助于提升大学生的思想政治素质。

（二）有助于提高大学生科学文化素质

国防教育学是一门融合政治学、军事学、历史学、教育学、心理学、管理学等多门学科知识为一体的综合性学科。在高职院校课程体系中纳入国防教育课程，能够使大学生在学习本专业知识和技能的同时，还能够学习国防理论、战略形势、国防科技等军事类科学理论知识与实战应用技能，丰富学生的军事科学知识体系，使学生具备一定的军事训练科目实际操作能力，从而增长学生的知识才干，促进学生智力素质全面发展。

三、国防教育课程教案

<table>
<tr><td colspan="2">国防教育课程教案</td></tr>
<tr><td>学期</td><td>2018～2019 年第一学期</td></tr>
<tr><td>课程</td><td>国防教育</td></tr>
<tr><td>授课班级</td><td>2018 级高职所有专业</td></tr>
<tr><td>教学目的</td><td>（1）提高大学生的国防观念，鼓励他们的爱国之心和报国之志，把国家和民族的利益放在首位；
（2）振奋大学生的民族精神，有效地抵制各种腐朽思想的侵蚀，防止和平演变；
（3）加强大学生的国防法治观念，自觉地依法履行兵役义务，保护军事设施；
（4）向大学生普及国防知识和军事技能，提高保卫祖国的本领</td></tr>
<tr><td>教学重点</td><td>增强学生们的民族精神，爱国守法，使其成为优秀的高职生</td></tr>
<tr><td>教学难点</td><td>向大学生普及国防知识和军事技能，提高国防观念</td></tr>
<tr><td>教学方法</td><td>主要是案例教学法、讨论式教学法、比较式教学法及启发式教学法等</td></tr>
<tr><td>课程资源准备</td><td>多媒体、PPT</td></tr>
<tr><td colspan="2">主要教学内容、逻辑结构</td></tr>
<tr><td colspan="2">（一）导入新课（10 分钟）
世界各国都争相把国防建设摆到十分突出的位置，历史上每个朝代、每个国家都很注重国防教育建设。“国家兴亡，匹夫有责”。我希望与同学们在今天的学习中共同交流、共同探讨、共同提高、共同收获，以去爱我们的祖国，弘扬我们中华民族的优良传统！
（二）讲授过程（70 分钟）
1. 听爱国主义歌曲（10 分钟）
请全体起立（肃然起敬）。奏国歌（教师与学生面对大屏幕同唱国歌）。声音要洪亮、有气势，唱国歌同时大屏幕自动播放反映现代军事发展、武器装备、爱国英雄的短片。学生坐下，共同听歌曲《我和我的祖国》。教师播放反映今天祖国繁荣、经济发展、和谐社会建设及社会主义新农村的图片。学生谈听这两首歌的感想。</td></tr>
</table>

续表

主要教学内容、逻辑结构
2. 讲授内容（60 分钟） （1）国防教育内容十分广泛，其主要包括四个方面： 1）国防观念教育。使青少年认识军队的作用，热爱人民解放军，并建立正确的国防形势观、国防义务观、国防光荣观和国防法纪观。 2）国防精神教育。使青少年树立爱国精神、奉献精神、革命英雄主义和牺牲精神。 3）国防知识教育。使青少年了解现代军事知识、现代武器知识和现代防护知识。 4）国防技能教育。对青少年进行初步的国防训练，具备一定的军事技能。 在我国，历代有作为的统治者、教育家和军事家都很重视国防建设，重视对人民的尚武卫国的思想教育，并把它视为立国安邦之道。 （2）增强学生的国防意识、树立国防观念。我们在政治学习过价值观、人生观、世界观，那么这种对人生的看法、对世界的态度，我认为就是一种观点，而这种观点是从我们内心深处、从骨子里迸发出的一种思想。我们应该坚持马列主义、毛泽东思想，坚持邓小平的建设有中国特色的社会主义理论，认真学习“三个代表”精神，贯彻好“八荣八耻”精神。在中国共产党的领导之下，坚定不移地、大踏步地走好我们的社会主义道路，建设好社会主义和谐社会、建设好社会主义和谐国防、建设好社会主义新农村、建设好社会主义和谐家园。 （通过投影展示多幅中国国防、中国军械、世界军事科技和军事前沿的图片） 提问学生看能否说出图片的内容以及他的看法，他想象中的中国国防是什么的，让大家各抒己见，踊跃发言，从而锻炼学生的想象能力和语言表达能力。 国防要巩固，经济需发展；经济要繁荣，教育须先行。谈到这里同学们就明白了我们今天的学习、今天的努力实际上就是在为祖国的国防在尽绵薄之力，为我国的社会主义建设增砖添瓦。 （3）民族自信心和爱国主义情操的培养。 （通过投影展示多幅爱国英雄、抗日将领的图片，让同学们浏览。） 让学生说出这些英雄人物的事迹以激起同学们的爱国热情。在我们中华民族五千多年的文明历史发展过程中，有多少仁人志士、爱国将领为正义、为民族而在不同的战场上抛头颅、洒热血，天安门广场上的人民英雄纪念碑就是历史的见证，碑下昔日的英雄们用他们的血肉之躯筑就了祖国今天的无限辉煌，用他们的鲜血一滴一滴的染红了我们的五星红旗。屈原忧国忧民投江自尽；文天祥留取丹心照汗青（中间要求同学全体起立集体背诵《过零丁洋》）；岳飞以“莫须有”罪名而死于狱中；民族英雄史可法以衣冠冢留给后人；邓世昌、关天培抵抗外倭而捐躯；郑成功励精图治收复台湾；郝梦龄为国家存亡而血染疆场；当代精神楷模、雷锋精神永驻我们心中；焦裕禄为人民谋幸福鞠躬尽瘁死而后已等这些事迹无不让我们为之动容，我们应以他们为榜样，去努力、去刻苦学习，为社会主义建设去增光添彩，从而培养我们的民族自信和爱国主义情操。 （三）感悟和体会（10 分钟） 教师讲完后，提问学生有什么感慨和感悟，而后让学生通过自主发言和提问相结合的形式让同学们发表一下自己的看法。 （1）你对当今世界现代化武器知道多少？ （2）中国有没有航空母舰，会建造吗？ （3）你心目中的爱国英雄人物是谁？为什么？ （4）想象一下中国军械的发展方向？未来会有什么样的现代化武器？ （5）你能想象出现代化的战争是什么样子吗？

第六章 思想教育

第一节 感恩教育课程

一、实践任务设置

（1）学习实践任务背景资料，包括《感恩朋友》《感恩父母》《三生教育》；
（2）积极参加二级学院、班级组织的感恩教育实践活动。

二、实践任务要求

（1）完成学期：第 1 学期；
（2）课程学时和学分：4 学时、0.5 学分；
（3）授课人员：辅导员；
（4）考核：学生参加考试或授课教师根据实际情况考核。

三、活动课程化教案

第二课堂活动课程化教案	
学期	2019～2020 年第一学期
课程、学时	感恩教育课程、4 学时
授课班级	大一所有专业
章节名称	常怀感恩之心，常立感恩之德，常行感恩之举
教学目的	（1）提高全体学生思想道德水平，提升素质，增强感恩意识； （2）引导广大学生学会感恩、懂得感恩，始终胸怀感恩之心，让感恩成为一种生活态度，成为一种自觉行动，努力实现人生价值
教学重点	培养学生孝敬父母、尊师重道、热爱班集体的同时团结一致的意识，学会做人的同时懂得感恩人生
教学难点	理论结合事迹，从感性认识上升到理性认识，学会做人，学会为人处世
教学方法	主要是案例教学法、讨论式教学法、比较式教学法及启发式教学法等
课程资源准备	教材、多媒体、PPT
参考资料	《感恩朋友》《感恩父母》《三生教育》
主要教学内容、逻辑结构	
（一）导入新课 （1）欣赏歌曲《感恩的心》。 教师：刚才我们共同欣赏了《感恩的心》，有哪位同学可以告诉大家“感恩”是什么意思？ （学生发言，教师明确：感恩就是对别人所给的帮助表示感激。）	

续表

主要教学内容、逻辑结构
（2）说一说与感恩有关的古诗文。 教师：请同学们说一说与感恩有关的古诗文。 （学生发言，教师明确：谁言寸草心，报得三春晖。谁知盘中餐，粒粒皆辛苦。滴水之恩，当涌泉相报。衔环结草，以德报恩。） （二）讲授新课 我国是一个具有传统美德的文明古国，以“礼仪之邦”闻名于世。在我国，自古就有“鸦有反哺之义，羊有跪乳之恩”“施人慎勿念，受施慎勿忘”“投之以桃、报之以李”等古训和典故，也有“卖身葬父”“埋儿奉母”“割股疗亲”之类的经典孝事和传说，一直激励世代后人不忘感恩报恩。感恩不仅是人之所以为人的重要道德基石，而且也是社会秩序良性运行的基础。感恩意识能使个体具有良好的心态，正确地看待自己和他人，以一种宽厚、感恩的稳定态度对待周围的人和事物，从而达到自我和谐。只有感恩的人，才会懂得“人是万物的尺度”，从而对他人表现出尊重；只有懂得感恩的人，才会“一颗一粒当思来之不易，一丝一缕恒念物力维艰”；只有感恩的人，才更容易达到内心的平静与和谐，与周围的环境和谐相处；也只有感恩的人更容易认识到自身的责任和义务，也更能为承担责任和完成义务而努力。 1. 中国传统文化中的感恩思想 （1）感恩天地、父母。在儒家学说中，个人有生身之父母，人类也有与万物共同的“大父母”，即天地。《尚书·泰誓上》：“惟天地，万物父母；惟人，万物之灵。”人感恩生身父母，发展出来孝悌为仁之本；人感恩天地大父母，发展出来从亲亲之情扩充为“仁民而爱物”，仁者与天地万物为一体的普世性道德。张载在《西铭》中写道：“乾称父，坤称母；予兹藐焉，乃混然中处。故天地之塞，吾其体；天地之帅，吾其性。民，吾同胞；物，吾与也。”朱熹《西铭解》说：“人之一身固是父母所生，然父母之所以为父母者即是乾坤。若以父母而言，则一物各一父母；若以乾坤而言，则万物同一父母矣。……古之君子惟见其得道理真实如此，所以亲亲而仁民，仁民而爱物，推其所为，以至于能以天下为一家，中国为一人，而非意之也。”也就是说，人除了出生之父母之外，还有天地之父母，这个天地父母就是“能以天下为一家，中国为一人”的理论基础，来源于《礼记·礼运》：“故圣人耐（能）以天下为一家，以中国为一人者，非意之也。” 《周易·乾卦·象传》曰：“天行健，君子以自强不息；地势坤，君子以厚德载物。”以乾为天之运动的刚健性质，君子取法于天行的健动不止，在个人的修养方面自强不息。以坤代表地的厚重顺承的性质，君子像大地一样，以博厚的德行待人待物。《周易·乾卦·象传》曰：“大哉乾元！万物资始，乃统天。云行雨施，品物流形，大明终始，六位时成，时乘六龙，以御天。乾道变化，各正性命。”“至哉坤元，万物资生，乃顺承天。坤厚载物，德合无疆。含弘光大，品物咸亨。”天道是一切的根源，万事万物，流变凝聚，成为万有品类的形质，都是它的功能。它是宇宙光明自始至终的能源。它的生长、发展、变化的过程，犹如六龙驾驭天体运行一样。由于乾道变化，万有物类各得性命，保持了与原初状态的和谐一致性，这才更有利于贞洁的生命体。古往今来万物赖地生长，坤体柔顺地承受了天道法则而资生万物，其德性正大而以至达到无边疆域，并含有弘博光明远大的功能，使万类都因此而亨通成长。另外，坤道还有直、方、大的三德。《中庸》和说天地之道：“天地之道，博也，厚也，高也，明也，悠也，久也。” 人为天地所生，生存于天道之间，当然要感恩天地。感恩天地，覆我载我，育我养我，生我长我，进一步就形成中国传统文化中天地人一体，人最为尊贵的思想。《孝经·圣治章》说：“天地之性，人为贵。”这句话中的“性”字，是“生”的意思。宋人邢昺解释说：“性，生也。言天地之所生，惟人最贵也。”（《孝经注疏》卷五）荀子说：“水火有气而无生，草木有生而无知，禽兽有知而无义，人有气、有生、有知、亦且有义，故最为天下贵也。”（《荀子·王制》）荀子用比较的方法，从现象和本质上说明了为什么天地万物中人最为尊贵的道理。《礼记·礼运》认为：“人者，其天地之德，阴阳之交，鬼神之会，五行之秀气也。”在天地万物之中，人有突出的价值，人是一个具有感性、能够创造、能够进行自我发展的万物之灵。董仲舒说：“天德施，地德化，人德义。天气上，地气下，人气在其间。……故莫精于气，莫富于地，莫神于天。天地之精所以生物者，莫贵于人。”（《春秋繁露·人副天数》）天地之间人为贵，天地万物因人的存在而有价值、有意义，天地万物也为人的生存与发展提供了基本资源。所以，我们要感恩天地万物。 《孝经·开宗明义章》指出：“身体发肤，受之父母，不敢毁伤，孝至始也。”我们的整个身体都来自父母，不能损伤，爱惜身体是孝的第一步，是最基本的要求。《诗经·小雅·蓼莪》非常动人地抒写了子女对父母的感恩之情：“哀哀父母，生我劬劳……哀哀父母，生我劳瘁。……父兮生我，母兮鞠我。拊我蓄我，长我育我。顾我复我，出入腹我。欲报之德，昊天罔极。”可怜的父母亲啊！为了生养我受尽劳苦。可怜的父母亲啊！为了生养我积劳成疾。父亲啊，生了我。母亲啊，养育我。抚慰我、爱护我、喂大我、教育我，照顾我，关怀我，出来进去抱着

续表

主要教学内容、逻辑结构
我。我要报答父母的恩德，父母的恩德比天还浩大无尽。这首诗作为孝子感怀父母之诗，至情流露，备极哀痛，一字一泪，感人至深。从伦理学角度来看，说明子女之所以应孝，是为了报答父母的生养之恩；从情感来说，这仍是血缘的“亲亲”之情；特别是体现了一种可贵的感恩情怀。《论语·阳货篇》宰我问三年之丧并提出缩短丧期的意见，孔子问宰我，如将三年之丧缩短为一年，则在父母去世周年之后，就可以吃米饭，穿锦衣，你的心能安吗？宰我毫不犹豫地回答“安”，这使孔子一时无语，使孔子意识到宰我缺乏对父母的感恩之情，不能守孝三年来回报父母的养育之恩。等宰我出去以后，他对其他弟子们说宰我“不仁”。所以，刘向《说苑·修文》谈到这个问题就说：“子生三年，然后免于父母之怀，故制丧三年，所以报父母之恩也。”唐代诗人孟郊曾写下《游子吟》一诗：“慈母手中线，游子身上衣。临行密密缝，意恐迟迟归。谁言寸草心，报得三春晖。”意思是小草微薄的心意报答不了春日阳光的深情。比喻父母的恩情沉重，难以报答。一个人如果连养育自己的父母都不知感恩，又怎么可能感恩其他人呢？继承和发扬中国传统文化中孝敬父母、感激和报答父母的养育之恩等优良传统美德，在当前感恩教育中有着不可忽视的作用。 （2）感恩教师。中国传统文化历来就有尊师重道的优良传统，《周礼·地官·大司徒》：“四曰联师儒。”郑玄注：“师儒，乡里教以道艺者。”师儒是在民间进行道德和礼乐教化的儒者。因为师儒是以道教人，所以就有尊师重道，在尊师重道的基础上才有尊师重教。《荀子·大略》云：“国将兴，必贵师而重傅……国将衰，必贱师而轻傅。”就是说是否尊师重傅是一个国家兴衰的表征。《国语·晋语一》：“民生于三，事之如一。父生之，师教之……非父不生……非教不知。”《荀子·礼论》云：“礼有三本：天地者，生之本也；先祖者，类之本也；君师者，治之本也。无天地恶生？无先祖恶出？无君师恶治？三者偏亡焉，无安人。故礼上事天，下事地，尊先祖而隆君师，是礼之三本也。”这里把师提到了与天地、君父并列的地位，基本形成“天地君亲师”的观念。著名国学大师钱穆先生曾指出：“‘天地君亲师’五字，始见荀子书中。此下两千年，五字深入人心，常挂口头。其在中国文化、中国人生中之意义价值之重大，自可想象。”鲁迅《且介亭杂文末编·我的第一个师父》：“我家的正屋的中央，供着一块牌位，用金字写着必须绝对尊敬和服从的五位：‘天地君亲师’。”“天地君亲师”成为中国人历史悠久的传统信仰，体现了敬天法祖、孝亲顺长、忠君爱国、尊师重教等价值观念取向。现代民间大儒段正元夫子说：“父母恩在生养，无父母身从何来；师恩在口授心传，无师教诲，则五官百骸之灵性，何能践形。故师者，又是一重性命父母，所不敢忘者也。不忘师，便重道。重道即所以报父母。”（《大成礼拜杂志第五礼拜性命父母》）父母生养人，师傅教育成人，师是又一重父母，故“师生相亲相爱，甚如父子之感情”（《师道职权》）。所以，一个人既要孝顺父母，又要尊敬师长，这是人之为人的基本要求。 （3）夫妇恩情。夫妇感情是一种特别的感情，青年男女从陌生到相识到成为一家人，相亲相伴全依赖感情和道德维系。因为夫妇没有血缘的自然亲情，差别又很大，要终身相守实在是非常的不容易。古人认为天地合而后万物兴，夫妇关系原本是合二姓之好，上以嗣宗庙，下以继后世。夫妇之伦关键是一个“情”字，如果没有特别的感情维系其间，轻则吵架打架，重则动辄离婚，造成父母孝道不能尽，子女教养不能行，直接影响到父子一伦，间接影响到君臣、朋友之伦。因为家庭是社会细胞，所以家庭的和谐稳定直接关乎社会的和谐稳定。儒家认为夫妇关系除了情感还在礼敬，相爱如胶漆，相敬如宾客是传统夫妇的理想关系。《诗》云：“妻子好合，如鼓瑟琴。”《白虎通》云：“妻者，齐也，与夫齐体，自天子下至庶人，其义一也。”又云：“夫妇者何谓也？夫者扶也，以道扶接。妇者服也，以礼屈服。”“夫扶妻齐”首在丈夫以道义接扶妻子，而妻子则要以礼仪服从丈夫。这在今天可以说就是夫妻双方互相合作的意思。夫妇感恩才能相依为命，同甘共苦，同舟共济，应对人生的惊涛骇浪，使家庭和睦。家和万事兴，福泽万世长。民间俗话说“一日夫妻百日恩”，如果有恩情而不与对方结合或抛弃有恩于自己的配偶，不论男女，都被认为是忘恩负义，会受到社会舆论的谴责，陈世美便是典型事例。 （4）知遇之恩。对他人赏识和重用的恩情，出于《三国演义》：“只因一时知遇之感，不觉为之一哭。”一般多发生在上下级之间。“士为知己者死”的豫让，是春秋末期晋国人，晋卿智伯对自己有知遇之恩，为其家臣。晋出公二十二年（公元前453年）赵、韩、魏共灭智氏。豫让认为“士为知己者死，女为悦己者容”（《史记·刺客列传》），感恩报恩，决心刺杀赵襄子为智伯报仇。他遂用漆涂身，吞炭使哑，暗伏桥下，谋刺赵襄子未遂，后为赵襄子所捕。临死时，求得赵襄子衣服，拔剑击斩其衣，以示为主复仇，然后伏剑自刎。三国时期诸葛孔明为报答刘备“三顾茅庐”的知遇之恩，出山以后又为刘备信任，委以重任，所以一生鞠躬尽瘁，死而不已，为光复汉室一生尽心竭力。在《出师表》中曾写道“臣本布衣，躬耕于南阳，苟全性命于乱世，不求闻达于诸侯。先帝不以臣卑鄙，猥自枉屈，三顾臣于草庐之中，咨臣以当世之事，由是感激，遂许先帝以驱驰……”对“先帝之殊遇，欲报之。”这是诸葛亮出师北上临行伐魏前写给后主刘禅的奏章，文中以恳切的言辞，劝说了后主要继承先帝遗志，广开言路，严明赏罚，亲贤臣，远小人，完成兴复汉室的大业，表达了诸葛亮对先帝的知遇之恩的真挚感情和北定中原的决心。

续表

主要教学内容、逻辑结构
（5）朋友之恩。在中国古代，“朋”是指同类，所谓“物以类聚，人以群分”。“友”是指与自己有着共同的志向、共同的爱好、感情深厚的人。有人类社会就有交际往来，就有朋友之伦。在古代以血缘关系为基础的社会，朋友没有血缘和亲情的联结，异于父子和兄弟；也没有等级和名分的约束，故也有别于君臣和夫妇，它是真正的“人属义合”。古人对交友有着非常多的见解，诸如“道不同不为谋”，“择良友而交之”，“君子之交淡如水”，“交友贵在交心”，交友要“故旧不遗”，等等。交友最基本的道德原则大概就是诚信了，所以子夏就这样说过：“与朋友交，言而有信”（《论语·学而》）交友有信也是曾子“吾日三省吾身”的内容之一“与朋友交而不信乎?”（《论语·学而》）朋友伦理的精神实质是自由与平等。唯有朋友，非亲非故，没有亲疏贵贱之分，合则相悦，散则陌路，其相交也自由，其绝交也自主，而且彼此对等，没有任何依附和屈从，因而它展现出古代人际关系中少有的自主自决、任情达性、好恶在我的“自由与平等”精神。近代谭嗣同曾激烈地批判传统礼教，否定儒家伦理，但是只有对朋友一伦表示肯定。他在《仁学》中写道：“五伦中于人生最无弊而有益，无纤毫之苦，有淡水之乐，其惟朋友乎!”而“朋友”之所以有如此之乐，恰在于它包含了这样几种性质：“一曰平等，二曰自由，三曰节宣惟意。总括其义，曰不失自主之权而已矣。”志同道合是朋友之伦的感恩精神的最高境界，而相互信任则是感恩精神的基石。真正的朋友，经得起世态炎凉的考验，要经得起生死关头的考验，正如《史记·汲郑列传》说：“一死一生，乃知交情；一贫一富，乃知交态；一贵一贱，交情乃见。”朋友伦理的感恩精神在古代社会起着重要的平衡与减压作用，温润了等级制度的僵化与冷漠，增加了社会的友爱、温情与活力。 2. 中国古代感恩故事 （1）孝感动天。传说中的远古帝王舜，相传他的父亲瞽叟及继母、异母弟象，多次想害死他，但舜毫不嫉恨，仍对父亲恭顺，对弟弟慈爱。他的孝行感动了天帝。舜在厉山耕种，大象替他耕地，鸟代他锄草。帝尧听说舜非常孝顺，有处理政事的才干，就把女儿娥皇和女英嫁给他并让继承王位。舜登天子位后，对其父仍毕恭毕敬，封其弟象为诸侯。 （2）百里负米。仲由也是孔子的得意弟子，性格直率勇敢，十分孝顺。早年家中贫穷，自己常常采野菜做饭食，却从百里之外负米回家侍奉双亲。父母死后，他做了大官，奉命到楚国去，随从的车马有百乘之众，所积的粮食有万钟之多，仍常常怀念双亲，慨叹说：“即使我想吃野菜，为父母亲去负米，却也不可复得。”孔子曰：“由也事亲，可谓生事尽力，死事尽思者也。” （3）芦衣顺母。闵损，孔子的弟子，在孔门中以德行与颜渊并称。孔子曾赞扬他说：“孝哉，闵子骞!”（《论语·先进》）。他生母早死，父亲娶了后妻，又生了两个儿子。继母经常虐待他，冬天，两个弟弟穿着用棉花做的冬衣，却给他穿用芦花做的“棉衣”。一天，父亲出门，闵损牵车时因寒冷打战，将绳子掉落地上，遭到父亲的斥责和鞭打，芦花随着打破的衣缝飞了出来，父亲方知闵损受到虐待。父亲返回家，要休逐后妻。闵损跪求父亲饶恕继母，说：“留下母亲只是我一个人受冷，休了母亲三个孩子都要挨冻。”父亲十分感动，就依了他。继母听说，悔恨知错，从此对待他如亲子。 （4）卖身葬父。董永，相传为东汉时期千乘人，少年丧母，因避兵乱迁居安陆。其后父亲亡故，董永卖身至一富家为奴，换取丧葬费用。上工路上，于槐荫下遇一女子，自言无家可归，二人结为夫妇。女子以一月时间织成三百匹锦缎，为董永抵债赎身。返家途中，行至槐荫，女子告诉董永：自己是天帝之女，奉命帮助董永还债。言毕凌空而去。因此，槐荫改名为孝感。 （5）刻木事亲。丁兰，相传为东汉时期河内人，幼年父母双亡，他经常思念父母的养育之恩，于是用木头刻成双亲的雕像，事之如生，凡事均和木像商议，每日三餐敬过双亲后自己方才食用，出门前一定禀告，回家后一定面见，从不懈怠。久之，其妻对木像便不太恭敬了，竟好奇地用针刺木像的手指，而木像的手指居然有血流出。丁兰回家见木像眼中垂泪，问知实情，遂将妻子休弃。 （6）行佣供母。江革，东汉时齐国临淄人，少年丧父，侍奉母亲极为孝顺。战乱中，江革背着母亲逃难，几次遇到匪盗，贼人欲杀死他，江革哭告：老母年迈，无人奉养，贼人见他孝顺，不忍杀他。后来，他迁居江苏下邳，做雇工供养母亲，自己贫穷赤脚，而母亲所需甚丰。明帝时被推举为孝廉，章帝时被推举为贤良方正，任五官中郎将。 （7）埋儿奉母。郭巨，晋代隆虑人，原本家道殷实。父亲死后，他把家产分作两份，给了两个弟弟，自己独取母亲供养，对母极孝。后家境逐渐贫困，妻子生一男孩，郭巨担心，养这个孩子，必然影响供养母亲，遂和妻子商议：“儿子可以再有，母亲死了不能复活，不如埋掉儿子，节省些粮食供养母亲。”当他们挖坑时，在地下二尺处忽见一坛黄金，上书“天赐郭巨，官不得取，民不得夺”。夫妻得到黄金，回家孝敬母亲，并得以兼养孩子。 （8）涌泉跃鲤。姜诗，东汉四川广汉人，娶庞氏为妻。夫妻孝顺，其家距长江六七里之遥，庞氏常到江边取婆婆喜喝的长江水。一次因风大，庞氏取水晚归，姜诗怀疑她怠慢母亲，将她逐出家门。庞氏寄居在邻居家中，昼夜

续表

主要教学内容、逻辑结构
辛勤纺纱织布，将积蓄所得托邻居送回家中孝敬婆婆。其后，婆婆知道了庞氏被逐之事，令姜诗将其请回。庞氏回家这天，院中忽然喷涌出泉水，口味与长江水相同，每天还有两条鲤鱼跃出。从此，庞氏便用这些供奉婆婆，不必远走江边了。 3. 为什么要感恩 花儿得到太阳的照耀，才娇艳欲滴、色彩斑斓；小草得到大地的孕育，才郁郁葱葱、生机盎然；溪流得到雨水的滋润，才奔腾不息、蜿蜒盘旋。花儿不忘回报太阳，以缤纷的花朵，去辉映太阳的灿烂；小草不忘回报大地，以如茵的绿意，去昭示大地的生机；溪流不忘回报雨水，以奔流到海的行动，去证明雨水的渊源。由此可见，世间万物，在得到之后，都不曾忘了回报。羊羔跪乳，乌鸦反哺。物犹如此，人何以堪？感恩是一种承担，承担生命之重，感情之深。有人说，感恩是鞋，穿上它，我们才能在人生的道路上健步如飞。感恩更像是生命中那一朵朵不谢的花，因为感恩，所以我们的生命变得五彩斑斓。 现在的人比较浮躁，不满情绪太多，埋怨生活的不幸，埋怨情感的坎坷，埋怨工作的艰辛，埋怨仕途的无奈……殊不知："生活就是一面镜子，你对着它笑，它也对着你笑；你对着它哭，它也对着你哭，"所有的一切都决定于你的心态。当你满怀怨恨时，你只会仇视社会，扭曲心灵，自暴自弃；当你用感恩的心去对待周遭时，你会感受到生活处处都充满阳光，充满希望。怀有感恩的心，才能体会到生活的幸福与乐趣。 从成长的角度来看，心理学家们普遍认同这样一个规律：心改变，态度就跟着改变；态度改变，习惯就跟着改变；习惯改变，性格就跟着改变；性格改变，人生就跟着改变。感恩的心就像水中放进的那一小块明矾，能沉淀水中所有的渣滓，感恩的心能消除人们的怨恨和不幸。学会感恩，常怀感恩的心，才会在生活中发现美好；学会感恩，我们的一颗心就会被温暖笼罩。在这个物欲横流的世界里，一个人，只有怀揣一颗感恩的心，才能体味到生活的幸福与乐趣，学会感恩也就是学会了生活。感恩是一种爱的回报，只有懂得感恩的人，才是真正的快乐幸福的人。心对了，人就对了；人对了，世界就对了！ 懂得感恩，有利健康。心理学认为懂得感恩的人，是一个善良的人。善良的人会始终保持泰然自若的心理状态，这种心理状态会把血液的流量和神经细胞的兴奋度调至最佳状态，从而提高了机体的抗病能力。有了感恩的心，一花一世界，一鸟一天堂，看花倾城，看叶倾国，那红尘中小小的善和好，足以打动冷漠的心。常怀感恩之心，便不多言回报，只问了耕耘。 感恩是成功者制胜的法宝。成功的人之所以成功不是因为他们有超强的能力，而是内在的那份品质。"懂得感恩的人受人们欢迎，人们愿意跟他再次合作；而不懂感恩的人觉得别人帮他是应该的，不思回报，别人就不愿意再帮他。怀有一颗感恩的心，你才会得到他人的尊敬和信任，才能在逆境中寻求希望，在悲观中寻求快乐。只有懂得感恩的人，才会在未来的学习和生活中不断地得到他人的帮助和资助，让自己顺利渡过每一个难关，帮助自己实现心中的理想，成就自己的事业！ 感恩是一种处世哲学。从精神层面上看，感恩是一种思源的心灵拷问，是对心灵本与真的追求。人只有建立了自己的信仰，把感恩作为一种对生命形态的思考，才能真正完善自己的价值体系，从容对待生活中的荣辱。追求感恩是一种追求生命价值的过程，而生命价值的取得也将是感恩的不断施行。感恩的思想一旦建立，你就会深切地关注与你相关的事物，接受他人的恩惠，也给他人施恩，由人及物，关心身边的环境。将这样一种灵敏的触感上升到一种哲学的思维，赤裸的诱惑也会因此变得苍白无力。 如果你是一个苦恼的人，你应该学会感恩，因为感恩是驱除苦恼的一剂良方妙药；如果你是一个对生活心灰意冷的人，你应学会感恩，因为感恩的时候就是你的身心得到温暖的时候；如果你是一个郁郁不得志的人，你应学会感恩，因为感恩会使你的心情渐渐舒畅，渐渐平和；如果你是一个被生活压得喘不过气来的人，你应学会感恩，因为感恩会使你逐步释放重负、放松身心；如果你是一个只顾索取的人，你更应学会感恩，因为感恩会使你学会适当地给予；如果你是一个快乐的人，你也应学会感恩，这样，你的快乐就会取之不尽……如果你想有一个好的心境，那不妨试着学会感恩！ 4. 由感恩激发感染正能量 星星之火可以燎原。感恩，从我做起！感恩是一颗种子，一颗充满爱与情的神奇的种子，每个人都可以拥有它，而拥有它的人都会成为一个无私、充满爱心的人。只要人人都献出一点爱，世界将变成美好的人间！（播放歌曲《爱的奉献》） 感恩斥责你的人，因为他们让你学会了思考。人与人之间的相处过程中，有欣赏就有斥责。遭遇斥责请不要恼羞成怒。要学会自我反思，试着换位思考。这样在以后的人际交往中，你就会以此为戒，有则改之，无则加勉。所以请感恩斥责你的人，是他们让你学会了思考。 感恩绊倒你的人，因为他们强化了你的意志。当我们遭遇阻挠时，请不要轻言放弃，要勇敢面对。请相信，只要

续表

主要教学内容、逻辑结构

你坚持，阳光就在风雨后。压力就是最好的动力，这种越挫越勇的精神无形中会强化你的意志力。所以，请感恩绊倒你的人。

感恩欺骗你的人，因为他们增长了你的阅历。当你被骗，请不要仇视对方，也不能自责。所谓吃一堑长一智，害人之心不可有，防人之心不可无。所以，请感恩欺骗你的人，因为有了他们的欺骗，才让我们无形中增长了社会阅历。

感恩伤害你的人，因为他们磨砺了你的心志。一个人在成长和成熟的过程中，难免会受到不同程度的伤害。因为人生不可能一帆风顺，当你的真诚换不回来等同的回报，请不要怨天尤人。请坚信，每一次伤害都是对你人生的洗礼，每一次伤害都是一种崭新生活的开始。舔舐伤口，把痛楚化作前进的动力，相信终有一天你会化茧成蝶。所以，请感恩伤害你的人，是他们磨砺了你的心志。

感恩在困境中帮助过你的人，是他们让你坚定了信念。感恩在顺境中忠言提醒你的人，是他们帮你校正了航向。生活需要一颗感恩的心来创造，一颗感恩的心需要生活来滋养。感恩是力量之源，爱心之根，勇气之本。感恩父母，你将不再辜负父母的期望；感恩社会，你会轻轻扶起跌倒在地的老人；感恩人生，你将笑对狂风暴雨，笑迎天边那一抹彩虹。让我们一起学会感恩，用感恩之心开启正能量之门，收获别样的人生！

（三）课堂实践

（1）创设情境。观看《生命列车》并分享观后感。通过观看《生命列车》，让学生了解生命的有限及周围人与自己的关系，激发学生内心对亲人的依恋情感。

（2）诱发情感。想象练习——我生命中重要的四个人。此活动中，学生分成6～8人的小组，围成圈坐好，每人用笔在四张小纸条上分别写下自己生命中重要的四个人的名字，并折起交给左手边的同学手上，每个同学拿到其他同学写的纸条后，随机抽取1张并撕掉（意蕴：这个亲人突然逝去），然后将剩余的三张小纸条交还给原来的同学。拿到自己写的剩余的三张纸条后，查看被撕掉的是谁，并在小组中与同学分享“当你听说他突然去世的消息时的感受”。通过这个想象练习，进一步激发学生对生命中重要人物的情感。

（3）表达情感。

1）言语表达。我想对你说——用纸笔表达感恩之情。前面的想象练习，已激发起了大学生与亲人好友在一起时的点点滴滴回忆，同时也诱发了他们想对亲朋好友表达的欲望，因此，此时提供机会，让同学们用笔写下此时最想感谢的人及想对他说的话，并在小组中分享。其目的是培养大学生学会及时表达出内心的感恩之情。

2）头脑风暴。用多种方式表达感恩之情。以小组为单位，以竞赛的形式在10分钟内写下可用于表达感恩的方式，比一比哪个小组写得最多。比赛结束后每个小组在全班进行分享。一方面通过小组间的竞赛，激发同学们的思维活跃性和参与小组活动的兴趣，另一方面通过在班内分享，让大学生学会更多的感恩方式。

（4）感恩升华。同唱歌曲《感恩世界》。通过合唱此歌曲，让大学生认识到感恩的对象包括社会、他人及大自然；如果每个人都怀着一颗感恩的心面对世界，世界会变得和谐美丽。整个现场气氛达到高潮，使每位同学的感恩之情得到进一步的升华，并达到持久影响的效果。

（5）小结拓展。教学小结后鼓励学生在未来生活中拓展感恩之情。在这个环节中，教师对本次活动进行简短的小结后，引导同学们表达对此次活动的体会与感悟，同时建议同学们把刚才想对亲人说的话通过一定的方式传达给对方，并将感恩之情拓展到未来的生活中。

（四）课后作业

教师应对所有学生作业认真阅读，批注并附有评语。评语应当：

（1）力求客观，公正，及时，无偏见，不歧视；

（2）包含适当的肯定与鼓励的评价；

（3）帮助学生自己订正作业上的错误；

（4）指出学习上的问题，帮助学生提高；

（5）按时批改完成，及时返还学生阅读，改正错误。

非书面作业：从网上下载有关感恩的相关资料。

书面作业1：论述感恩教育的内涵。

作业要求：态度认真，条理清晰。

书面作业2：简单论述目前我国感恩教育的现状或问题。

作业要求：态度认真，条理清晰，字数不少于300字。

书面作业3：论述大学生感恩缺失的原因。

作业要求：态度认真，条理清晰。

续表

主要教学内容、逻辑结构
书面作业 4：论述如何培养大学生感恩。 作业要求：态度认真，条理清晰。 非书面作业：复习整理八次课程的学习内容，准备课程测试。 课程测试：测试形式：考查；测试题型：论文。

四、感恩案例

【案例 6-1】叶嘉莹——蕴玉抱清辉。叶嘉莹，女，号迦陵，1924 年 7 月出生于北京的一个书香世家，教育家、中国古典文学研究专家，专攻古典文学方向，现为南开大学中华古典文化研究所所长，中华诗词学会名誉会长，博士生导师，加拿大皇家学会院士。她的一生只做了一件事，将中国古诗词的美带给世人。

叶嘉莹 10 岁前，都在家中接受父母的教育，诵读经典，由此开始与诗歌结缘。1948 年冬，叶嘉莹随丈夫来到了台湾。不久，因为丈夫没有了工作，叶嘉莹靠辛苦教书承担起养活家中老小的重担。

20 世纪 60 年代之后，叶嘉莹先后担任美国哈佛大学、密歇根州立大学客座教授，加拿大哥伦比亚大学终身教授，她将中国的传统文化传播到了国外。

1978 年暮春，叶嘉莹在报纸上看到内地的学校需要教师，便即刻给国家教委写了一封申请信，她希望不要任何报酬回国教书。

1979 年，她的申请得到批准，来到南开大学开始执教。40 年来，她应邀到国内几十所大学巡回讲学，举行古典诗词专题讲演数百场。在数十年教学生涯中，叶嘉莹先生培养了大批中国古典文学研究人才，她的许多学生目前已是中国、加拿大、美国多所大学的知名教授和学术带头人。

如今，90 多岁高龄的她仍坚持讲学，还捐出 3500 多万元支持中华优秀传统文化研究。她用一生培养了大批中国传统文化和古典文学人才。叶嘉莹说："人的精神品格能够提升，提升以后，他就有他自己内心的一份快乐。他不会每天总是为追求现实的那一点金钱之类的东西而丢掉人生最宝贵的价值。"

【案例 6-2】朱丽华——光明溢天地。朱丽华，女，生于 1957 年 10 月，1994 年 10 月入党。现任浙江省盲协副主席、嘉兴市政协委员、嘉兴市盲协主席，嘉兴丽华推拿诊所所长。

四十多年前，两次意外事故让她的双眼彻底失明，但她用奋斗来追逐光明，靠着自己的双手推出了璀璨人生。她刻苦钻研中医推拿技术，成为嘉兴市首位也是目前唯一的盲人中医师，为 22 万多人次患者缓解病痛，并带动了 100 多名残疾人就业；同时，她坚持做慈善，从 1991 年到 2019 年，朱丽华捐助的资金已达 373 万元，帮助 480 名孩子圆了上学梦。她说：只有奉献才是我人生中最快乐的时光。

五、感恩教育调查问卷

您好！为了更好地了解目前我校大学生感恩教育及相关方面的情况，帮助同学们更好地成长成才，特进行本调查。我们本着严谨科学的态度设计了此问卷，请您根据自身的实际情况选择合适的选项。问卷采取匿名的方式，我们承诺，对于您的填写结果完全保密，绝对不会对您造成任何不良影响，数据仅供学术研究使用，请不要有任何顾虑。为保证调查质量，请根据要求，选择（填写）最符合您情况的答案。谢谢您的支持！

（一）您的基本情况

（1）性别（　　）
A. 女　B. 男
（2）独生子女（　　）
A. 是　B. 否
（3）学科（　　）
A. 工科　B. 文科
（4）家庭的经济状况（　　）
A. 富裕　B. 一般　C. 贫困（　　）
（5）年级（　　）
A. 一年级　B. 二年级　C. 三年级
（6）家庭住址（　　）
A. 农村　B. 城镇　C. 中等城市
（7）学习成绩（　　）
A. 差　B. 及格　C. 中等　D. 良好
E. 优秀

（二）感恩意识情况

（1）您觉得周围的同学、朋友是否具有感恩意识？（　　）
A. 绝大部分都具有　B. 半数左右具有
C. 少部分人具有　D. 绝大部分缺乏
E. 严重缺乏
（2）您觉得最值得感谢的是谁？（　　）
A. 父母　B. 教师　C. 朋友　D. 社会
E. 国家
（3）当您在帮助别人的时候是否也想别人回报您呢？（　　）
A. 当然，不然帮他干什么
B. 会，我总不能让我的辛苦白费吧
C. 有时会，希望我的乐于助人能换回别人的感恩回报
D. 从来不会
（4）在别人帮助您的时候，您是抱着一种怎样的心态的？（　　）
A. 我要好好向您学习，以后要像您一样帮助别人
B. 滴水之恩，必当涌泉相报
C. 这个世界上好人还是比较多的

D. 下次有困难的时候再找您帮忙

（5）您是否想过有朝一日能够成为义工回报社会呢？（　　）

A. 我一直都是这样想的，能够成为义工是我一生的愿望

B. 想，可惜没机会

C. 想过，只要不是很累的，我会去做

D. 一点也不想，那可是很累的

（6）你认为有必要对身边的人施予关爱吗？（　　）

A. 有必要，赠人玫瑰，手留余香

B. 有必要，我为人人，人人为我

C. 没必要，我也帮不了什么

D. 没必要，事不关己，高高挂起

E. 不确定

（7）对于父母在学习生活中的唠叨，您怎么对待？（　　）

A. 耐心听取

B. 想听就听，不想听就不听

C. 不想听，与父母顶嘴

（8）您的父母文化层次低或社会地位低，您会看不起父母吗？（　　）

A. 会　　B. 偶尔会　　C. 不会

（9）您对父母发过脾气吗？（　　）

A. 很少发脾气

B. 父母不按自己意愿做时会发脾气

C. 经常对父母发脾气

（10）对爸爸妈妈的身体状况您（　　）

A. 很清楚　　B. 知道一些　　C. 不清楚　　D. 从不过问

（11）您放假回家会帮助家里做一些力所能及的家务事吗？（　　）

A. 经常帮助　　B. 偶尔帮助　　C. 没有帮助　　D. 父母不让我做

（12）父母累了您会为父母打一盆洗脚水解乏吗？（　　）

A. 经常会　　B. 偶尔会　　C. 从不

（13）您与父母的关系是更接近于下列哪种？（　　）

A. 关系融洽，互相理解，像朋友一样　　B. 尊敬孝顺但关系疏远

C. 代沟较深，缺少沟通，共同语言少　　D. 双方之间存在较深的矛盾

（14）您了解父母的爱好吗？（　　）

A. 十分了解　　B. 基本了解　　C. 不太了解　　D. 从不过问

（15）对于父母亲节和父母亲的生日，您是如何看待的？（　　）

A. 父母是我们一生之本，不仅在这些日子，在平时我们也应该对他们好

B. 这正是我们表达感恩的时候，应该好好地向她们表达我们的这份心意

C. 道一句祝福，敷衍了事

D. 都不知道是什么时候，怎么表达感恩

（16）您觉得自己是一个乱花钱的人吗？（　　）

A. 是　B. 不是　C. 有时是　D. 不知道

(17) 会向父母的辛苦付出表示感谢吗？(　　)

A. 经常会，并长存感恩之心

B. 有时候会，当觉得他们很辛苦的时候

C. 不会，太熟悉了不好意思说出口

D. 不会，养育子女是父母的责任，不需要感谢

(18) 请认真写下您最想跟父母说的一句话：________________

(19) 您是否认为您现在能上大学得感谢自己的老师、同学和他人？(　　)

A. 完全赞同　B. 基本同意　C. 不同意

(20) 您来到了大学，您对您的高中教师(　　)

A. 会很怀念并保持经常联系

B. 偶尔可能会念及老师恩情并想用一定方式向老师表达

C. 觉得根本没必要再联系

(21) 您对辛勤培育您的老师是否经常表示感谢？(　　)

A. 经常会，并经常去看望老师

B. 偶尔去，心里感谢，但没有表示出来

C. 不会，教育学生是老师的职责，不需要表示感谢

(22) 对于国家对我们的栽培，您是如何看待祖国的这份恩情的？(　　)

A. 我会积极参与义务服兵役等各种活动，以响应国家的号召，为祖国出力

B. 我一定认真努力学习，为祖国尽自己的力量

C. 做好自己的本分事，不违法犯罪就行了

D. 为了祖国的社会主义建设，我愿意奉献我的一生

E. 作为中国人，国家就有义务培养我

F. 其他

(23) 您认为我们大学生目前还需不需要感恩教育？(可多选)(　　)

A. 需要，大学生普遍缺乏感恩之心

B. 需要，大学生虽不缺感恩之心，但需要提升人文素养

C. 不需要，社会一直在提倡，大学生不可能忘本

D. 不需要，这方面教育太多，大学生对此已有逆反心理

E. 无所谓，这因人而异

F. 其他

(24) 您如何看待现在某些贫困大学生受助不感恩？(可多选)(　　)

A. 现在的大学生自私、冷漠造成的

B. 整个社会都缺乏感恩意识，不能一味责怪大学生

C. 这是教育的失败，只重成绩，不管人品

D. 贫困，让他们颠倒了金钱和良心的位置

E. 大学生目前没有工作，没有能力回馈

F. 他们成绩好，他们贫穷，获资助是理所当然的

G. 贫困生心理上极度自卑，缺乏一种正确对待他人和社会的阳光心态

H. 其实得看大学生的真实想法，可能情有可原
F. 其他

（三）感恩教育情况

（1）学校经常开展感恩教育吗？（　　）
A. 经常开展　　B. 偶尔开展　　C. 从来没有开展
（2）您对学校开展的一些感恩教育的看法是（　　）
A. 具有很强的教育意义　　B. 形象工程，配合完成任务
C. 教育宣传及活动形式单一　　D. 不太清楚
（3）您觉得现在学校对于感恩教育的开展情况如何？（　　）
A. 很充分，做得很好　　B. 不太够，但已尽力
C. 不太够，不太重视　　D. 很不够，都没看到有什么教育活动
（4）学校是否开设有与感恩教育相关的课程？（　　）
A. 有，并很受重视
B. 有，但不受重视
C. 没有
（5）您会主动接受感恩教育吗？（　　）
A. 经常主动学习　　B. 偶尔主动学习
C. 被动接受　　D. 从不接受
（6）您会参加学校开展的感恩教育活动吗？（　　）
A. 经常参加　　B. 偶尔参加
C. 视情况而定　　D. 从不参加
（7）您认为感恩教育最应该关注什么？（　　）
A. 树立感恩的平等观念　　B. 重视感恩的知性教育
C. 加强感恩的情感教育　　D. 强化感恩的践行教育
E. 其他
（8）您的父母会不会经常教育您要懂得回报、感恩？（　　）
A. 经常会　　B. 偶尔会
C. 似乎没有过　　D. 完全没有
（9）您的父母经常让您感觉到他们就是感恩的表率了吗？（　　）
A. 是的　　B. 偶尔　　C. 不清楚
（10）平时在校，老师是否经常教育您要懂得回报、感恩？（　　）
A. 是的，经常
B. 有时
C. 从来都不
（11）您成长的地方会经常开展感恩教育吗？（　　）
A. 会，而且是经常的　　B. 开过几次，我每次都会去看
C. 曾经开过，但我没去看　　D. 从来没有开过
（12）您觉得现在社会上对于感恩教育的宣传（　　）

A. 很充分，而且做得很好
B. 不太够，但已尽力
C. 不太够，而且不太重视
D. 很不够，都没看到有什么宣传活动
（13）您更愿意接受什么方式的感恩教育？（　　）
A. 知识灌输式　　B. 互动交流式
C. 践行体验式　　D. 无所谓

第二节　雷锋精神传承课程

一、实践任务设置

（1）学习实践任务背景资料，包括《雷锋日记》、雷锋相关影片和雷锋纪念馆、习近平总书记关于学习雷锋精神的系列讲话；
（2）参加学雷锋实践活动；
（3）撰写雷锋精神相关的小论文。

二、实践任务要求

（1）完成学期：第1学期；
（2）课程学时和学分：8学时、0.6学分；
（3）授课人员：辅导员或思政课教师；
（4）考核：撰写与雷锋精神相关的小论文或授课教师根据实际情况考核。

三、活动课程化教案

第二课堂活动课程化教案

学期	2019～2020年第一学期
课程、学时	思想政治教育课程、8学时
授课班级	2019级高职所有专业
章节名称	雷锋精神传承
教学目的	引导学生在今后的工作岗位上传承雷锋精神
教学重点	（1）关于雷锋的故事； （2）什么是雷锋精神； （3）当代雷锋精神的诠释； （4）立足新时代如何学雷锋
教学难点	（1）当代雷锋精神的诠释； （2）立足新时代如何学雷锋
教学方法	主要是案例教学法、讨论式教学法、比较式教学法及启发式教学法等
课程资源准备	教材、多媒体、PPT
参考资料	《雷锋日记》、雷锋相关影片和雷锋纪念馆、习近平总书记关于学习雷锋精神的系列讲话

续表

主要教学内容、逻辑结构

导入新课

雷锋（1940—1962年）同志是中国家喻户晓的全心全意为人民服务的楷模，共产主义战士。作为一名普通的中国人民解放军战士，他在短暂的一生中助人无数，伟大领袖毛泽东主席曾于1963年3月5日亲笔为他题词“向雷锋同志学习”，并把3月5日定为学习雷锋纪念日。一部可歌可泣的《雷锋日记》令读者无不为之动容。“雷锋精神”激励着一代又一代人学习。

（一）雷锋的故事

雷锋，原名雷正兴。1940年12月18日，出生在湖南省长沙（望城）县简家塘一个贫苦农民家里。他出生的时候，正是抗日战争时期，人民生活于水深火热之中。雷锋曾在一篇日记中写道：“我家里很穷，父亲、母亲、哥哥、弟弟都死在民族敌人和阶级敌人的手里，这血海深仇，我永远铭记在心。”雷锋在不满七岁时就成了孤儿。邻居家的六叔奶奶收养了他。（正是因为受到别人的关怀和照顾，他后来养成了感恩社会的心态）。

1. 可敬的“傻子”

1960年8月，驻地抚顺发洪水，运输连接到了抗洪抢险的命令。雷锋忍着刚刚参加救火被烧伤手的疼痛又和战友们在上寺水库大坝连续奋战了七天七夜，被记了一次二等功。

望花区召开大生产号召动员大会，声势很大，雷锋上街办事正好看到这个场面，于是便取出存折上在工厂和部队攒的200元钱（存折上203元）跑到望花区党委办公室要捐献出来，为建设祖国做点贡献。接待他的同志实在无法拒绝他的这份情谊，只好收下一半。另100元在辽阳遭受百年不遇洪水的时候，雷锋捐献给了辽阳人民。在我国受到严重自然灾害的情况下，他为国家建设、为灾区捐献出自己的全部积蓄，却舍不得喝一瓶汽水。

2. 人民的勤务员

从1961年开始，雷锋经常应邀去外地作报告，他出差的机会多了，为人民服务的机会也多了，人们流传着这样一句话：“雷锋出差一千里，好事做了一火车。”

一次雷锋外出在沈阳站换车的时候，一出检票口，发现一群人围着一个背着小孩的中年妇女。原来这位妇女从山东去吉林看丈夫，车票和钱丢了。雷锋用自己的津贴费买了一张去吉林的火车票塞到大嫂手里，大嫂含着眼泪说：“大兄弟，你叫什么名字，是哪个单位的?”雷锋说：“我叫解放军，就住在中国。”

五月的一天，雷锋冒雨要去沈阳，他为了赶早车，早晨5点多就起来，带了几个馒头就披上雨衣上路了。路上，他看见一位妇女背着一个小孩，手还领着一个小女孩正艰难地向车站走去。雷锋脱下身上的雨衣披在大嫂身上，又抱起小女孩陪他们一起来到车站。上车后，雷锋见小女孩冷得发颤，又把自己的贴身线衣脱下来给她穿上。雷锋估计她早上也没吃饭，就把自己带的馒头给她们吃。火车到了沈阳，天还在下雨，雷锋又坚持把她们送到家里。那位妇女感激地说：“同志，我可怎么感谢你呀!”

过年的时候，战友们愉快地在一起搞各种文娱活动。雷锋和大家在俱乐部打了一阵乒乓球，就想到每逢年节，服务和运输部门是最忙的时候，这些地方是多么需要人帮忙啊！他放下球拍，叫上同班的几个同志，一起请假后直奔附近的瓢儿屯车站，这个帮着打扫候车室，那个给旅客倒水，雷锋把全班都带动起来了。

3. 雷锋同志的逝世

1962年8月15日上午8点多钟，雷锋和助手乔安山驾车从工地回到连队车场，不顾长途行车的疲劳立即去洗车。当时，战士们在路边装了一排约两米高的晒衣服的木杆，顶上用8号铁丝拉着。雷锋让乔安山开车，自己下车引导，指挥乔安山倒车转弯。汽车的前轮过去了，但后轮胎外侧将木杆从根部挤压断。受顶部铁丝的作用，木杆反弹过来，正好击中雷锋的右太阳穴，当场就打出血来，雷锋昏倒在地。战友们立即用担架把他送到抚顺矿务局西部职工医院抢救，副连长又开车飞速赶到沈阳202医院请来医疗专家。但由于颅骨损伤，脑颅出血，导致脑机能障碍，雷锋不幸去世，年仅22岁。

（二）什么是雷锋精神

雷锋精神，是以雷锋的名字命名的、以雷锋的精神为基本内涵，在实践中不断丰富和发展着的革命精神，其实质和核心是全心全意为人民服务，为了人民的事业无私奉献。雷锋精神已经成为我们这个时代精神文明的同义语、先进文化的表征。周总理把雷锋精神全面而精辟地概括为“憎爱分明的阶级立场、言行一致的革命精神、公而忘私的共产主义风格、奋不顾身的无产阶级斗志”。

憎爱分明的阶级立场是雷锋精神的精髓。雷锋一心向着党，他把党比作母亲，把自己的生命看成是属于党和人民的，无论遇到怎样艰难复杂的情况，都“坚决听党的话，一辈子跟党走”，“为了党，愿洒尽鲜血，永不变心”。“对敌人要狠，要像严冬一样残酷无情；对党、对人民要忠诚坦白，永远忠于党，忠于人民”，这是雷锋给我们留下的名言。

续表

主要教学内容、逻辑结构
（1）言行一致的革命精神。雷锋是一个实干家，是一个勇于探索的创造者，他总是把实现崇高的理想落实到本职岗位上，说到做到，表里如一。他坚持理想与现实相一致，决心为共产主义奋斗终身，甘做一颗永不生锈的“螺丝钉”，干一行，爱一行，钻一行；他注意理论联系实际，对自己政治上要求严格，自觉经受思想锻炼，逐步成长为一名具有高度共产主义觉悟和道德修养的战士。 （2）公而忘私的共产主义风格。雷锋毫无自私自利之心，在他看来，“个人和集体的关系，正像细胞和人的整个身体关系一样。当人的身体受到损害的时候，身上的细胞不可避免也要受到损害。同样地，我们每个人的幸福也依赖于祖国的繁荣，如果损害了祖国的利益，我们每个人就得不到幸福”！正因为如此，雷锋时时处处都以党、人民和祖国的利益为重，把帮助别人看作是最大的幸福和快乐，把有限的生命投入到无限的为人民服务中去。 （3）奋不顾身的无产阶级斗志。雷锋的人生观最光彩夺目的是，他正确地解决了“为谁活着，怎样做人”的问题。他把“生为人民生，死为人民死”作为自己的信条，“时刻准备着为党和阶级的最高利益，牺牲个人的一切，直至生命”。在这样的人生观指导下，雷锋始终保持着昂扬的精神状态和勇往直前的革命干劲，在平凡的岗位上做出了不平凡的成绩，用生命践行了为共产主义事业毕生奉献的誓言。 雷锋精神，不是自然产生的，而是有其历史客观必然性，从思想来看，雷锋精神既是马列主义时代精神的体现，又是对我党、我军优良传统的继承和发扬；也是对中华民族传统美德的继承和升华，具有重要的时代价值！ （三）当代雷锋精神的诠释 雷锋精神产生于60年前，但是60年来，雷锋精神始终传承在我们全党、全社会。在传承的过程中，随着时代的变迁和进步，人们对于雷锋精神的理解也越来越具有时代的特色。60年来，雷锋精神的基本内涵没有变，但是随着时代的发展也具有了时代的气息。 今天我们来把握雷锋精神，我想突出的有这么五个方面： （1）要学习弘扬雷锋热爱党、热爱祖国、热爱社会主义的崇高理想和坚定信念。雷锋精神的第一位，是对党、对国家、对社会主义的热爱。这个理想和信念激励我们全党全社会自觉地把个人的追求和奋斗同党的事业、国家的命运、民族的前途联系起来，为祖国的繁荣发展贡献自己的智慧和力量。 （2）要学习弘扬雷锋服务人民、助人为乐的奉献精神。雷锋以服务人民为最大幸福，以帮助他人为最大快乐，这是雷锋精神的一个典型的标识，也是我们今天仍然要弘扬的一个崇高品德。 （3）要学习弘扬雷锋干一行爱一行、专一行精一行的敬业精神。雷锋生前做过多种岗位，但是他干一行热爱一行、干一行精通一行，这一点在今天这样一个时代仍然是需要的。今天仍然需要像雷锋那样立足本职、忠于职守、兢兢业业、精益求精。 （4）要学习雷锋锐意进取、自强不息的创新精神。雷锋总是把工作作为一种无穷的动力，要钻进去、要吃透它，而且还不断地提升自己、不断地通过学习丰富自己。这种刻苦学习、锲而不舍、锐意进取的精神在今天这个社会中仍受到大家的推崇。 （5）要学习弘扬雷锋艰苦奋斗、勤俭节约的创业精神。今天尽管我们国家发展了，人民的生活普遍改善了，但是勤俭节约、艰苦奋斗这种在雷锋身上所体现的作风我们仍然需要，要本着这种精神来从事崇高的中国特色社会主义事业。 （四）立足新时代如何学雷锋 雷锋精神是一面永不褪色、永放光芒的旗帜。学校利用“讲雷锋故事、背雷锋名言、读雷锋日记、论雷锋精神、做一件身边的好事”进一步提升学生思想修养，道德素质和情操，引导学生在未来岗位上学习雷锋，发扬雷锋精神，让每名学生体会到雷锋就在我们身边。 “雷锋是我们‘民族的脊梁’”“雷锋精神是永恒的，是社会主义核心价值观的生动体现”“把雷锋精神代代传承下去”“让雷锋精神落地生根”……党的十八大以来，习近平总书记多次就学习弘扬雷锋精神作出重要指示。新时代，雷锋精神是否有新的内涵？学习雷锋精神，新时代有哪些典型的模范？今天，让我们重温习总书记的重要讲话，感受雷锋精神永恒的光辉。 （1）学习雷锋精神就要奉献爱心、乐于助人。 2014年3月4日，习近平给“郭明义爱心团队”回信时表示，雷锋精神，人人可学；奉献爱心，处处可为。积小善为大善，善莫大焉。当有人需要帮助时，大家搭把手、出份力，社会将变得更加美好。善意不论大小。 母女出车祸送医，母亲昏迷、一岁多的孩子受惊吓，医生李士勇当起了临时父亲，一直哄着她、陪她做完检查，直到其他家人赶来。善意，是一个拥抱带来的安全感。

续表

主要教学内容、逻辑结构
外卖小哥被轿车撞翻倒地，等待120救援时，执勤民警刘盼单膝跪地，20分钟不换姿势让其依靠。善意，就是处处可为的“搭把手”。 爱心长久更是难能可贵。白方礼从未受过教育，却懂得教育对孩子的重要性。74岁时，他决定靠蹬三轮车资助贫困生。此后近20年时间，他攒下35万元善款，圆了300多个孩子的上学梦。 “顺其自然”，20年匿名捐款逾千万，却一直保持着神秘的身份。如今“顺其自然”已成为一个爱心符号，不论是谁，其实爱心顺其自然就好。 永远都不吝奉献爱心、表达善意，这是我们对雷锋精神最直观的理解，如此，世界便能更美好。 （2）学习雷锋精神就要当好岗位上的螺丝钉。 2018年9月28日，在雷锋精神的发祥地——辽宁抚顺，习近平向雷锋墓敬献花篮并参观雷锋纪念馆。他说，雷锋是一个时代的楷模，雷锋精神是永恒的。积小善为大善，善莫大焉，这和我们党“为人民服务”“做人民勤务员”是一脉相承的。学习雷锋精神，就要把崇高的理想信念和道德品质追求融入日常的工作生活，在自己岗位上做一颗永不生锈的螺丝钉。 他们，奋斗在自己的岗位。 在刚刚结束的春运中，列车员雷杰和货运司机郝康是一对情侣，因为工作聚少离多，“相约在0点37分”已然十分难得；桥隧工雷哲哲守护在鄱阳湖特大桥下，头顶列车飞驰，脚下是三十多米高的江面，守护着每一趟高铁的安全运行；接触网检修工张皓源在夜幕下，冒着细雨检修沪昆高铁接触网，夜间进行高空作业，他和同事被称为“深夜蜘蛛侠”。 他们，奉献在自己的岗位。 远离大陆、荒无人烟、台风肆虐，王继才甘愿当黄海前哨的一盏明灯，坚持守护开山岛32年，直到生命最后一刻；翻山越岭、入户走访，事无巨细，“90后”扶贫干部王秋婷，工作一年一直在扶贫路上，直到最后在工作路上不幸遇难；把群众的事当作是自己的事，基层干部廖俊波生命最后45天，22个晚上在开会，14个晚上外出招商赶路，他说：帮老百姓干活怎么干都不过分。 在新时代里，他们甘当螺丝钉。正是他们的默默付出和奉献，推动着时代前进。 （3）学习雷锋精神就要勇做“民族脊梁”。 2013年全国两会期间，习近平在参加辽宁代表团审议时说，“雷锋、郭明义、罗阳身上所具有的信念的能量、大爱的胸怀、忘我的精神、进取的锐气，正是我们民族精神的最好写照，他们都是我们‘民族的脊梁’。要充分发挥各方面英模人物的榜样作用，大力激发社会正能量。” 工作十年从没休过周末，对中国的航空事业倾注满腔心血，歼－15舰载机研制现场总指挥罗阳生命的最后一刻仍绽放在岗位上。毕生甘愿在“不毛之地”献身科研，林俊德生命的最后10小时，仍戴着氧气面罩插着管子，在病房争分夺秒地工作。临危受命，隐姓埋名28年，于敏潜心氢弹研究，终于取得重大突破。而他却三次因为工作过劳与死神擦肩而过。信念的能量、大爱的胸怀、忘我的精神、进取的锐气，关键时刻在他们身上迸发出来，汇聚成助推国家、民族前行的磅礴力量。 他们，是当之无愧的民族脊梁。 （4）学习雷锋精神就要把雷锋精神的种子广播祖国大地。 “雷锋精神是永恒的，是社会主义核心价值观的生动体现。”2014年3月11日，习近平出席十二届全国人大二次会议解放军代表团全体会议，亲切接见部分基层代表，他对某工兵团“雷锋连”指导员谢正谊说，“你们要做雷锋精神的种子，把雷锋精神广播在祖国大地上”。 牢记习总书记的嘱托，一代代“雷锋班”战士们不忘初心，坚持既当雷锋精神的传承人，又当雷锋精神的传播者。第22任班长吴锡有，以“快乐兵”名义先后捐助292名贫困学生；第25任班长毕万昌，累计募集捐款50多万元，缓解了30多个贫困家庭的燃眉之急；退伍战士田永亮义务照顾孤寡老人；卫生员顾奖退役回乡后，为孤寡老人和家庭贫困的百姓义诊…… 在信息高速传播的今天，他们的爱心产生“裂变反应”也带来了无穷的能量。 通过互联网，传递着天南海北的爱心，温暖着更多需要帮助的人。 60多年过去了，尽管每个时代人们对雷锋精神的理解不尽相同，但雷锋精神的内核是永恒不变的，经历岁月而历久弥新。雷锋精神已经成为人们心中的一个精神符号，激发人们内心深处向善的力量。新时代，习近平总书记的重要讲话为我们擦亮了这一精神坐标，让雷锋精神的种子，在暖暖的春意中更加生机勃发。

四、雷锋精神传承案例

【案例 6-3】 雷锋传人：郭明义。

我是一名党员
我深知
自己肩上的担子有多重
……
这崇高的承诺
需用一生去实践
热血去浇铸
生命去创造
……

这是郭明义写的一首诗，字里行间诠释着一名普通共产党员的赤胆忠心。30 多年来，郭明义时刻牢记全心全意为人民服务的宗旨，始终保持共产党员的政治本色。无论是在工厂还是在社会，无论是对企业还是对他人，他时刻以党员标准严格要求自己，在平凡的岗位上忠实地履行职责。

1. 沿着雷锋足迹成长进步

郭明义出生在普通的矿工之家，20 世纪 70 年代，他的父亲因勇救落井青年被评为辽宁省劳动模范，并作为英雄集体的代表到北京作报告，受到了周恩来总理的接见。母亲因懂点医术，经常给人免费治病，深受邻里的赞誉。这些，都在郭明义幼小的心灵中埋下了淳朴善良、助人为乐的种子。

鞍钢是雷锋生前工作和生活过的地方，这里有着雷锋的青春和汗水。同样军人出身，同样工作在鞍钢，郭明义自觉地将雷锋精神作为行动的方向。

郭明义 1977 入伍，所在的部队位于黑龙江省牡丹江市海林县，当地天气非常寒冷。每天早上，郭明义都是第一个起床，冒着严寒外出挑水。地面上结的冰常使脚下打滑，扁担上的水桶不时摆动溅出水来洒在衣服上结成冰，挑水回来时他的身上经常挂着冰块，对此，他不叫一声苦。挑满水缸后，又忙着砍柴、生炉子、烧水，只为了让战友们起床后能马上就用上热水。在自己班里忙完了，他又到别的班去做这些事，常常是全排的这些杂事都叫他一个人包了。

1979 年，他在广播中听到云南某地发生大地震的消息，马上把自己入伍以来积攒的 100 多元津贴，全部寄给了灾区。

每次为部队或地方运送物资时，郭明义既是驾驶员，又是装卸工，忙前忙后，一刻不停，在场的人无不深受感动。

在 1978 年 12 月汽训队给郭明义的鉴定中写道：郭明义在各项工作中以雷锋为榜样……全心全意为同志们服务，保持和发扬了艰苦朴素和艰苦奋斗的光荣传统。

服役期间，郭明义五次获得嘉奖，并被评为“学雷锋标兵”。

复员时，部队首长语重心长地对他说：“小郭啊，你是党员，又是全师的学雷锋标兵，到地方后可不能给部队丢脸啊！”郭明义说：“30 多年过去了，这句话始终回响在我的耳畔。我想，每个人都有不同的人生追求、人生选择。从入党那天起，我就选择了跟党走、多为别人奉献的人生道路。”

30 多年来，郭明义无论走到哪里、从事什么工作，他都始终保持着一名革命战士的光荣传统，传承雷锋精神，沿着雷锋足迹成长进步，成为新时期助人为乐的道德模范、雷锋的传人。

郭明义在自传中回忆部队工作生活时，写道：“长期的部队生活，锻炼了自己，使自己的思想发生了很大变化，我感到，人活着，就要努力奋斗；人活着，就要为他人多谋福利。这样才使得生命有价值、有意义。”

2. 超常奉献的铁山楷模

到鞍钢工作后，郭明义始终以一名党员、一名永不退伍的战士的心态，以一颗感恩的心、一份真挚的情感投入工作中。凡是对鞍钢、对社会、对他人有意义的事情，他都会执着地参与。

鞍钢集团矿业公司齐大山铁矿的采场公路蜿蜒曲折长达 40 多公里。而这些公路，是维系矿山生产顺行的“血管”，承担着每年 5000 多万吨采剥总量、1500 多万吨铁矿石的转运和输出任务。一旦“血管”阻塞或断裂，不仅给矿山生产带来致命的影响，而且将造成严重的经济损失。对企业利益非常珍视的郭明义，像爱护自己的眼睛一样守护着采场公路。

如果不到采场，别人很难理解他在工作中的艰辛与付出。

在过去的 15 年里，郭明义每天早上 4 点多起床，5 点多步行 40 多分钟到达采场后，马上安排值夜班的职工，对生产的关键道路进行抢修。8 点钟，白班职工到岗后，他集中指导整修全采场的道路。矿山生产设备耗电量大，下午是生产的高峰期，为了躲峰限电，为保证生产，郭明义几乎每天都和职工抢在下午 1 点钟之前把道路修好，然后才吃午饭。之后，他还要在采场主要道路上，再步行检查一遍，仔细观测每一处道路的平整度、坡度和宽度，然后赶回办公室制定下一步修路计划。然而，由于齐矿生产压力大，采场道路调整特别频繁，一有会战，他常常要在采场里工作到天黑才回办公室，回家就更晚了。

就这样，他每天工作都在 10 个小时以上，无论双休日、节假日，还是个人家中有事；无论是漫天飞雪，还是大雨滂沱；无论是烈日当头，还是冰天雪地，15 年中，没有什么能阻挡他坚定而匆忙的步履。仅义务奉献的工作日，就将近 1900 个，相当于多干了 5 年的工作量。

孩子的成长，对每个家庭都是件大事，可他的女儿从上小学到考上大学，12 年里，他没有参加过一次家长会。女儿高考那几天，他也 5 点多照常到采场上班；女儿到南京上大学报到的那天，他只是把女儿送到火车站，没有像其他家长那样送到校园；春节是阖家团圆的时刻，可每年春节长假，他仍然一天不落地巡检采场、布置修路任务。

修路车间公路管理员高森山永远也忘不了那一幕。2006 年 7 月的一个夜晚，天降暴雨，一条白天刚刚铺好的坡道在暴雨的冲刷下出现了险情。下半夜 1 点，正在值夜班的高森山接到电话后，立即赶到现场，等待从矿机关楼赶来的郭明义。他望着采场公路想，以往郭明义都是走这条路，遇到有急活，就会翻山坡抄近路过来，今天下这么大的雨，这个山坡没法翻。正想着，他忽然看到郭明义冒着摔伤、滚落的危险，从高差 90 多米、倾角 45 度的近路翻山过来，一下子心像被某种东西狠狠地撞了一下。他说：“当时郭明义浑身是泥，雨顺着头发往嘴里淌，把脚都磨破了，却还像没事儿似的冲我喊‘抓紧时间修路’。我真是再也控制不住，当时就掉眼泪了……”在郭明义的感召下，现场的10余名同志干劲十足，一个小时后这条公路就修好了。

在这样艰苦的环境中，他从37岁时开始干起，如今已奋战到52岁了。15年里，他从未有过离开这一艰苦岗位的念头。并且，当领导考虑到他年龄大了，想给他调换一个相对轻松的岗位时，他也主动谢绝了。

有人说郭明义傻，可他自己并没有一点做傻事的感觉。郭明义说：“人活着总是要有一种精神、一种境界的。我选择为企业、为社会多做一些力所能及的事，被党组织所信任、被群众所信赖、被社会所需要，我就会感到很充实、很快乐、很幸福。”

30多年来，郭明义无论在什么岗位上，都像雷锋那样忠于职守，爱岗敬业，做一颗永不生锈的螺丝钉。他先后在矿用汽车驾驶员、团支部书记、宣传部干事、统计员、扩建办英文翻译、采场公路员等岗位上工作，在每个岗位上都兢兢业业，干一行、爱一行、钻一行，把工作当事业，把职责当使命。在郭明义身上，我们看到了一名普通职工的高尚情操和对企业的热爱，理解了主人翁精神的真谛。

【案例6-4】传承雷锋精神的代表人物：张海迪。张海迪五岁时因患脊髓血管瘤，高位截瘫。她因此没进过学校，童年起就开始以顽强的毅力自学知识，她先后自学了小学、中学和大学的专业课程。张海迪十五岁时随父母下放聊城莘县一个贫穷的小村子，她没有惧怕艰苦的生活，而是以乐观向上的精神奉献自己的青春。在那里，她给村里小学的孩子们教书，并且克服种种困难学习医学知识，热心地为乡亲们针灸治病。在莘县期间她无偿地为人们治病一万多人次，受到人们的热情赞誉。

1983年海迪开始走上文学创作的道路，她以顽强毅力克服病痛和困难，精益求精地进行创作，执着地为文学而战，至今已出版的作品有长篇小说《轮椅上的梦》《绝顶》，散文集《鸿雁快快飞》《向天空敞开的窗口》《生命的追问》，翻译作品《海边诊所》《丽贝卡在新学校》《小米勒旅行记》《莫多克——一头大象的真实故事》等。她的作品在社会上在青少年中引起很强的反响，长篇小说《轮椅上的梦》已在日本、韩国出版。

1983年3月7日，团中央举行命名表彰大会，授予张海迪“优秀共青团员”光荣称号，并作出向她学习的决定；

1992年获中国作协庄重文文学奖；

1994年获全国首届奋发文明进步奖长篇小说一等奖；

1997年获全国“五个一工程”图书奖；

1998年获山东省“精品工程奖”和“山东省十佳文艺工作者”称号；

1998年获全国第二届奋发文明进步奖图书奖和个人特别奖；

1999年获全国第三届优秀妇女读物奖；

1999年获全国第四届外国文学作品优秀图书奖；

2002年10月，长篇小说《绝顶》被中宣部和国家新闻出版署列为向“十六大”献礼重点图书；

2002年12月《绝顶》获全国第三届奋发文明进步奖图书奖；

2003年10月《绝顶》获首届中国出版集团图书奖；

2003年12月《绝顶》获第八届中国青年优秀读物奖；

2003年12月《绝顶》获第二届中国女性文学奖；

2003 年 12 月《绝顶》获中宣部“五个一工程”入选作品奖。

1991 年张海迪在做过癌症手术后，继续以不屈的精神与命运抗争，她开始发奋学习哲学专业研究生课程。经过不懈的努力她写出了论文《文化哲学视野里的残疾人问题》。1993 年，她在吉林大学哲学系通过了研究生课程考试，并通过了论文答辩，被授予了哲学硕士学位。张海迪以自身的勇气证实着生命的力量，正像她所说的：“像所有矢志奋斗的人一样，我把艰苦的探寻本身当作真正的幸福。”她以克服自身障碍的精神为残疾人进入知识的海洋开拓着一条道路。

张海迪多年来还做了大量的社会工作，她以自己的演讲和歌声鼓舞着无数青少年奋发向上。她也经常去福利院、特教学校、残疾人家庭，看望孤寡老人和残疾儿童，给他们送去礼物和温暖。近年来，她为下乡的村里建了一所小学，帮助贫困和残疾儿童治病读书，还为灾区的孩子捐款，捐献自己的稿酬六万余元。她还积极参加残疾人事业的各项工作和活动，呼吁全社会都来支持残疾人事业，关心帮助残疾人，激励他们自强自立，为残疾人事业的发展做出了突出的贡献。

张海迪曾三次应邀出访过日本、韩国、举办演讲音乐会，她自强不息的奋斗历程鼓舞着不同民族的人民。1995 年，她曾作为中国政府代表团成员参加了第四次世界妇女大会。1997 年她被日本 NHK 电视台评为世界五大杰出残疾人。

张海迪先后被授予各种荣誉称号——

1981 年获莘县广播局先进工作者；

1982 年获聊城地区“模范共青团员”称号；

1982 年获聊城地区“三八红旗手”称号；

1982 年共青团山东省委授予“模范共青团员”称号；

1983 年山东省政府授予“劳动模范”称号；

1983 年共青团中央授予“优秀共青团员”称号；

1983 年山东省妇联授予“三八红旗手”称号；

1983 年全国妇联授予“三八红旗手”称号；

1989 年中宣部授予“优秀青年思想工作者”称号；

1990 年山东团省委授予“十大杰出青年”称号；

1991 年中国残联授予“自强模范”称号；

1992 年济南市政府记大功一次；

1993 年全国妇联授予“巾帼建功标兵”称号，并再次授予“三八红旗手”称号；

1995 年山东省委宣传部授予“模范党员文艺工作者”称号；

1997 年山东省委宣传部授予“十佳文艺工作者”称号；

1997 年被日本 NHK 评为“世界五大杰出残疾人”；

2000 年被国务院授予“全国劳动模范”称号；

2001 年被新华社《环球》杂志评选为“环球二十位最具影响世纪女性”。

1983 年 5 月，中共中央发出《向张海迪同志学习的决定》，党和国家领导人邓小平、叶剑英、李先念等八位老一辈无产阶级革命家先后为张海迪题词，表彰她积极进取、无私奉献的精神。

张海迪曾当选共青团第十一届中央委员，并长期担任中国残疾人福利基金会理事，中国残疾人联合会主席团委员，山东省残疾人联合会副主席，山东省青年联合会副主席等职务。海迪在本职岗位和社会工作中自强不息，以满腔的热忱和高尚的品格服务社会，奉献人民，在广大人民群众中有很高的声誉和威望，是一个经得起时间考验的好典型。她是中国一代青年的骄傲，也是中国残疾人的杰出代表。

【案例6-5】“当代雷锋”庄仕华的故事。近40年寒来暑往，庄仕华用自己的执着和真情，在新疆大地谱写了一曲曲动人的颂歌。医院楼道墙壁上一万多面绣满汉、维吾尔、哈萨克、蒙古、塔吉克、藏族等各种文字的大小锦旗，层层叠叠，都述说着庄仕华对患者的大爱，也展示着老百姓从心底对“当代雷锋”的认可。

1. 求助信解决燃眉之急

2011年1月26日20时，离过年还有一星期，70岁的朱凤英终于如愿以偿住进新疆武警总队医院，准备做手术了。摸着病床上的白色床单，朱凤英仍不敢相信这是真的。

由于家庭生活拮据，患有胆结石的朱凤英一直无法到医院治疗，无奈之下，朱凤英的女儿刘爱霞给庄仕华写了一封求助信，没想到还真解了一家人的燃眉之急。

朱凤英家住乌鲁木齐市七道湾路附近，老伴是名煤矿工人，2005年因脑梗去世。如今，老人和女儿刘爱霞、孙女相依为命，一家人都靠刘爱霞每月1300元的工资过日子。

2010年下半年，朱凤英发现自己脑袋左侧总是一阵阵的胀痛，到12月时，腹部两侧也不时地疼。老人怕花钱，就忍着没给女儿说。直到2011年1月，刘爱霞发现母亲有些不对劲，忙带着母亲到医院检查。结果令一家人大吃一惊，老人不仅患有脑梗，而且胆囊里还有两个结石。

为给母亲治疗脑梗，刘爱霞已经借了两万多元，胆结石更没钱治了。为此，她只能偷偷抹眼泪，同事知道后，给她出了个主意：听说武警医院胆结石治得好，院长庄仕华还是个热心肠，要不你给他写封求助信试试。“天下还有这样的好人？”刘爱霞抱着试一试的心情，给庄仕华写了封求助信：“庄院长，我们家住本市，但很贫困，母亲得了胆结石却无钱医治，希望医院能够减免相应的费用……”

一天、两天、三天……一个星期过去了，刘爱霞就要绝望时，突然接到一个陌生电话：“你是刘爱霞吗？我这里是武警医院……”简单询问病情后，对方说：“钱不够不要紧，最重要的是先治病，明天就来住院吧。”电话挂断后，刘爱霞还不知道电话那头到底是谁。

2011年1月20日，刘爱霞带着母亲来到了医院，当她说明来意后，医护人员马上给她安排了病房。随后她按照那个电话号码拨了过去，电话那头说，这是庄院长的办公室电话，他正在给患者做手术。为了当面向恩人道谢，刘爱霞在手术室门口等了5个小时。后来她一打听，才知道院长当天有28个手术。“先做检查，尽快做手术。”庄仕华表示，治疗费、手术费按照国家规定的标准无法减免，但他会号召整个肝胆中心的医护人员进行捐款，并当即决定自己带头为朱凤英母女个人捐款1000元。

看到这一幕，朱凤英哭了，“好人啊，没有你我这病就没指望了”。庄仕华却浅浅一笑，“我们是军人，这都是我们分内的事”。

2. 瑞瑞会叫“爸爸，妈妈”了

“孩子能恢复到这个程度，多亏了庄院长和总队医院开展的干细胞移植术，不然我们家就彻底完了。”这是瑞瑞父母的心声。

3 岁的瑞瑞是一个乖巧的孩子，全家人的宝贝。然而，一个意外，给这个原本幸福的家庭罩上了一层厚厚的乌云。

2010 年底的一天，小瑞瑞和平常一样起床，但不久就哭闹着说头疼，很快就不能控制身体的平衡，摔倒后头部撞击到硬物。焦急的父母将他抱在怀中，大声地呼喊，可瑞瑞却没有任何反应。家人立即将瑞瑞送到医院抢救，CT 的结果显示：左侧小脑出血。

这犹如一道晴天霹雳，令瑞瑞的父母手足无措。因为这么小的脑出血患者实在少见，医生在最短的时间为瑞瑞进行了手术。原以为血肿清除术后，病情可以稳定了，没想到复查时，CT 显示瑞瑞脑部再次出血，生命垂危，这等于宣判了“死刑”。全家人顿时陷入了绝望，只剩下悲痛的哭泣。

瑞瑞是全家的希望。一家人都坚持不放弃，期待奇迹的出现。此后留置在重症监护室的瑞瑞，吃饭靠鼻饲，呼吸靠呼吸机维持，导尿管、输液管、监护仪的各种管线，维系着瑞瑞脆弱的生命。幼小的生命，经受着如此巨大的折磨和考验，让医护人员和家人看到后都揪心和悲痛。随后的高压氧舱和物理康复治疗，让瑞瑞的病情渐渐稳定了。可几个月过去了，小瑞瑞依然昏迷不醒。

再次绝望的家人在朋友的介绍下，抱着试试看的态度，来到武警新疆总队医院神经外科咨询，恰巧碰见庄仕华院长和前来指导干细胞移植的武警总医院安沂华主任。安主任在询问病情、认真看了片子后，告诉瑞瑞的父母：有治好的希望。这个天大的喜讯，犹如一针强心剂，让瑞瑞的父母露出了久违的笑容。他们马上把瑞瑞转到了武警新疆总队医院，之后的 1 个月内，瑞瑞接受了 4 次干细胞移植治疗，病情有了明显的好转，慢慢地，饮食、睡眠都规律了，烦躁哭闹消失了。

干细胞移植治疗 2 个月后，2011 年 5 月 1 日，发病 6 个月的瑞瑞开口叫了“爸爸、妈妈”，并在家长的辅助下，可以迈步走路了，这让在场的每个人都由衷地为瑞瑞感到高兴。瑞瑞的家人无法掩饰内心的喜悦，一个劲感谢庄院长。“为各族患者解除病痛，光有好的态度是不行的，还必须要有先进的技术；服务各族人民，光靠一个科室一个人也不行，全面发展、全员参与才是最重要。”2010 年以来，在庄仕华的提议下，在武警总医院的指导下，筹备成立干细胞移植中心，目前已为 30 名患者解除了痛苦。

3. 一条圣洁的哈达

2013 年 2 月 7 日，蛇年春节前，青海玉树曲麻莱县藏族牧民西然江永得知庄仕华院长应邀参加中央电视台春节晚会，特意打来电话祝贺，并表达了全家人对他的感激之情。2008 年，西然江永的妻子、两个女儿以及外甥都患有胆结石，本想着在当地做手术。但看到中央电视台《讲述》栏目播出的庄仕华真情为维吾尔族老大娘帕塔木汗一家人解除病痛的事迹，西然江永被这位肝胆专家的爱民之情深深地感动了。他通过电话与武警新疆总队医院肝胆外科取得了联系。2 月 17 日，他带着妻子、女儿乘汽车转火车，历经 5 天 4 夜千里迢迢来到了总队医院。医护人员热情接待了他们，并很快为他们办理了住院手续。刚刚走下手术台的庄仕华听说西然江永一家来到后，立即赶到病房看望他们。为方便西然江永照顾母女俩，庄仕华还特意为他们一家安排了一个两人间病房。

2008 年 2 月 19 日，庄仕华为母女俩成功进行了手术。术后第二天早上，庄仕华就带着早餐和鲜花来探望她们，嘘寒问暖，这让西然江永一家心里觉得热乎乎的。女儿索南达吉激动地说：“为了让妈妈和我得到最好的治疗，父亲执意要带我们到遥远的新疆找庄仕华看病，亲朋好友包括我都不理解，但现在看来，父亲的选择没有错。”

一个星期后，西然江永的妻子和女儿即将康复出院，庄仕华提前为他们购买了返程车票和路上食用品，并把他们送到了火车站。临离开医院时，西然江永把辗转了几个地方才买到的洁白哈达，用藏族人特有的礼节献给了庄仕华。

回到青海的家里，庄仕华对他们的关心并没有中断，经常打电话问候，并叮嘱他们康复的注意事项。西然江永的妻子和女儿身体恢复的状况非常好。他的大女儿卓玛拉措和外甥才仁多杰了解情况后，也想来新疆找庄仕华做手术。西然江永心里总觉得这样会给庄仕华院长添麻烦，不好意思再开口。就在这时，庄仕华打来了问候电话，于是他就顺便提起了这事。没想到，庄仕华依然非常热情，让他们尽快起程来新疆，及早解除病痛。

2008 年 4 月 14 日，西然江永又带着大女儿卓玛拉措和外甥才仁多杰来到了医院，再次得到了庄仕华和医护人员为他们提供的热情服务，体味了藏汉一家、不是亲人胜似亲人所带来的关怀和温暖。他和家人满怀深情为庄仕华敬献了洁白的哈达，赠送了用藏汉文字书写的锦旗：“不分民族与贫富，以救死扶伤为己任；没有节日与假日，以他人之乐为己乐”。

庄仕华在简单而饱满的人生之路上，始终坚持把传承雷锋精神作为价值追求，坚定地沿着雷锋的足迹前进，成为新时期学习实践雷锋精神的楷模。他把学习实践雷锋精神转化为对党的信仰的不懈追求、对本职工作的无限热爱、对公益事业的热心投入、对普通群众的真诚关怀，从而赋予雷锋精神新的时代内涵。

第七章　立 德 修 身

第一节　社会公德课程

一、实践任务设置

（1）学习实践任务背景资料，主要包括《呼唤公德》《公共道德论》；
（2）签署诚信考试承诺书。

二、实践任务要求

（1）完成学期：第 1 学期；
（2）课程学时和学分：4 学时、0.4 学分；
（3）授课人员：辅导员或思政课教师；
（4）考核：网络环境调研报告或授课教师根据实际情况考核。

三、活动课程化教案

第二课堂活动课程化教案	
学期	2019～2020 年第一学期
课程、学时	社会公德、4 学时
授课班级	2019 级高职所有专业
授课时间、地点	
授课教师或团队	
章节名称	社会公德
教学目的	促进大学生道德认识、情感、意志和行为习惯的形成和发展
教学重点	社会公德的内涵与特点，网络生活中的道德要求
教学难点	引导学生自觉遵守社会公德，并且在网络生活中遵守社会公德
教学方法	主要是案例教学法、讨论式教学法、比较式教学法及启发式教学法等
课程资源准备	教材、多媒体、PPT
主要教学内容、逻辑结构	

（一）社会公德的内涵与特点

社会公德是社会共同利益的反映，是社会文明程度的标尺，是社会主义道德体系的重要组成部分。在一定的社会生活中，为了维持正常的生活秩序，人们总要共同遵守一些最简单、最起码的公共生活秩序即社会公德。伦理学界关于公德有两种解释：一种为广义，即公德就是利国利民、维护国家的独立自主，维护群体的生存发展。如我国把"五爱"作为社会公德或国民公德。另一种为狭义，即把人类在长期社会生活实践中逐渐积累起来的最简单、最起码的公共生活规则称为社会公德。这里我们讲的就是狭义的社会公德，即人们在社会交往和公共生活中应该遵守的行为准则，是维护社会成员之间最基本的社会关系秩序、保证社会和谐稳定的最起码的道德要求。社会公德反映的

续表

主要教学内容、逻辑结构
是人类社会生活中最一般的关系，而不是某一特殊领域的关系，更不是某一特定阶级的关系，它是所有阶级公认的必须共同遵守的公共生活准则。 社会公德具有以下几个特点： （1）继承性。社会公德是人类在长期共同生活、相互交往的过程中形成的共同遵守的公共生活行为准则。这些准则凝结着人类的道德智慧，是相对成熟、经得起时间考验的，能保持长期相对不变。 （2）基础性。社会公德是社会道德体系的基础层次，是每个社会成员都应遵守的最起码的道德准则，是社会为维护公共生活秩序而提出的最基本的道德要求，是每一个社会成员都应当具备的道德素养。 （3）广泛性。社会公德是全体社会成员都必须遵守的道德规范，具有最广泛的群众基础和适用范围。任何一个社会成员，无论何种身份、职业和地位，都必须在公共生活中遵守社会公德。它不仅超越地理界限，而且超越民族甚至国家的界限，成为人类共同的公共生活的行为准则。 （4）简明性。社会公德大多是生活经验的积累和风俗习惯的提炼，往往不需要作更多的说明或进行专门的培训就能被人们理解，但是社会公德需要通过教育使这些规范逐渐化为个体的行为习惯，成为个体自觉、自动、自主的选择。 （二）遵守社会公德的重要性 社会公德，即公共生活中的道德准则。它是一种软性的规则，不像法律那样带有明显的强制性，是否遵守社会公德是完全由个人自我决定的，就算你违反了，别人也没有权利来处罚你。梁启超曾言：“人人独善其身者谓之私德，人人相善其群者谓之公德。”可见社会公德并不仅仅是自己一个人的事，它需要社会中的所有人共同遵守，共同构建。 我国自古以来就被称为“礼仪之邦”。在我国古代，人们十分重视社会公德，当时就有着详细的社会道德体系。虽然其中的一些是糟粕，比如“三纲五常”“三从四德”之类，但是也有许多值得我们学习的内容。儒家所提出的“仁”“孝”的思想，对于现在我们社会公德的构建有着极大的作用。 社会公德对维系社会公共生活和调整人与人之间的关系有着重要的作用。无论是孔子提出的“路不拾遗，夜不闭户”的“大同”，还是马克思理想的共产主义社会，都需要人们有极高的社会公德。社会公德不仅有利于构建和谐社会，而且更是树立良好国家形象的重要途径。随着经济全球化，国与国之间的关系日益紧密，我国出国旅游的人也越来越多，出国旅游时的不文明现象屡见不鲜，这就需要我们加强社会公德建设。 对于一个国家来说，社会公德是十分重要也十分基础的东西。如果缺失社会公德，那么人与不懂礼仪的野兽又有什么区别，人人都只为了自己的私利，各人自扫门前雪，莫管他人瓦上霜，不尊重他人、不诚实守信，一味追求金钱，公共秩序不复存在，那样的情景，无法想象。 社会公德是社会中最起码的行为准则。《中华人民共和国宪法》第五十三条要求：每个公民必须尊重社会公德。这一点不仅被写入宪法，也应该写入我们每个人的心中。 （三）自觉遵守社会公德 （1）要提高认识。社会公德要求的文明范畴是最基础的文明行为，如果一个受过高等教育的人连这些基础的文明行为都做不到，那将是教育的悲哀。 （2）是注重大学生自己的养成教育。公德教育不仅仅只是唤醒大学生的公德意识，更重要的是对大学生进行日常行为规范教育和加强管理，包括公德行为方式的选择和行为习惯的养成。 （3）积极参与各种社会活动，在实践中培养社会公德意识和责任意识。参加志愿者服务等公益事业和社会实践活动对大学生了解社会、拓展实际工作能力，尤其是增强社会责任感有极大的帮助。大学生培养社会公德意识的实践活动有很多具体方式，既可以参加社会公德的宣传活动普及社会公德规范、传播文明新风，也可以结合自身的专业特点服务社会、回报社会；既可以参加学校的各种社会公益活动，也可结合自己的兴趣爱好加入各种社会公益组织。大学生参与社会公德实践活动本身就是一种学习，可以从实践中体会到什么是符合社会公德规范的言行，什么是不符合社会公德规范的言行，从而在实践中不断提高自身的社会公德素养，并带动他人，影响社会。 （4）自身积极参与校园文化建设。学生正确人生观的确立，高尚道德品质的养成，健康审美趣味的提升，无不受到积极向上的校园文化的影响。所以，学生参与校园文化建设必将对素质教育的实施起到积极的促进作用。 （四）网络生活中的道德要求 网络生活中的道德要求，是人们在网络生活中为了维护正常的网络公共秩序需要共同遵守的基本道德准则，是社会公德规范在网络空间的运用和扩展。大学生应当积极倡导网络文明，坚持文明上网，养成科学、文明、健康的上网习惯，在网络生活中加强社会公德自律。

续表

主要教学内容、逻辑结构
（1）正确使用网络工具。网络是一个内容庞杂、覆盖面广的信息共享平台，人们可以通过网络便利地浏览新闻、查询资料、下载数据。大学生应当学会利用网络这一先进工具获取知识和信息。针对网络上存在的虚假、低级庸俗甚至反动、淫秽和暴力等信息内容，大学生要提高鉴别善恶美丑的能力，积极运用网络传播正能量，使网络成为开拓学习视野、提高自己学习能力的重要工具。 （2）健康进行网络交往。网络已成为人际交往的重要媒介和工具，QQ、微信、微博等为人们提供了邮件收发、即时讯息、实时聊天、网上交友、网络购物等途径。网络交往要做到诚实无欺，不侮辱、诽谤他人，更不能参与网络色情直播、游戏、赌博等活动。大学生应通过网络开展健康有益的人际交往，积极参与网络文化的建设和管理，进行有利于个人身心健康和品德培养的网络交往，同时，要树立自我保护意识，不要轻易相信、约会网友，避免受骗上当，避免给自己的人身和财产安全带来危害。 （3）自觉避免沉迷网络。适度地上网对学习和生活是有益的，但长时间沉迷于网络对人的身心健康有极大损害。一些青少年上网成瘾，沉迷于网络游戏和聊天而不能自拔，进而导致耽误学业甚至放弃学业的现象。大学生应当从自己的身心健康发展出发，合理安排上网时间，理性对待网络。 （4）养成网络自律精神。网络的虚拟性以及行为主体的隐匿性，不利于发挥社会舆论的监督作用，使得道德规范的外在约束力明显降低。在这种情况下，个体的道德自律成了维护网络道德规范的基本保障。大学生应当在网络生活中培养自律精神，做到自律而“不逾矩”，促进网络生活的健康与和谐。

四、社会公德案例

【案例 7-1】“高铁霸座”——勿以恶小而为之。2018 年 8 月 21 日上午，有网友发帖反映，在从济南站开往北京南站的 G334 次列车上，遇到一名男乘客孙某霸占别人的靠窗座位，不愿坐回自己的座位。当事女乘客叫来列车长后，该男乘客自称“站不起来”。列车长问其是否身体不舒服或者喝了酒，对方回答：“没喝酒。”列车长问：“没喝酒为什么站不起来?”对方称不知道，并表示到站下车也站不起来，需要乘务员帮助找轮椅。他拒绝坐回自己的座位，并称让女乘客要么站着，要么坐他的座位，要么去餐车。最后，列车长和乘警劝导男乘客无果，女乘客被安排到商务车厢的座位，直到终点。

2018 年 8 月 22 日晚，孙某进行了回应，称自己当时态度不太好，现在对自己的行为很后悔，并向女乘客表示道歉。

2018 年 8 月 24 日，中国铁路济南局集团公司表示，孙某被处治安罚款 200 元，并在一定期限内被限制购票乘坐火车。

【案例 7-2】往电梯按钮吐口水，没有公德，加大执法力度。新冠肺炎疫情肆虐期间，一个视频在网上热传，视频中一女子向电梯按钮吐口水。警方在重庆一小区将行为人李某查获。据李某交代，因与他人发生纠纷心生怨恨，遂于 2020 年 2 月 9 日 9 时乘坐小区电梯时向按键吐口水发泄不满。李某被警方刑事拘留。

另有媒体报道，2020 年 2 月 8 日，在武汉一小区内，有居民发现一女子形迹可疑，似乎在向邻居门把手吐口水，小区居民向警方报了案。该小区新冠肺炎疫情严重，已确诊多例，警方在接警后穿防护服前来处理。

2020 年 1 月 29 日，湖北省公安厅就发布过通告，新型冠状病毒携带者在公共场所向他人吐口水，故意传播新型冠状病毒感染的肺炎病原体，危害公共安全的，将被依法追究刑事责任。

【案例 7-3】守住网络道德文明的“底线”。2018 年国庆期间，某名迅速走红的网红歌手，在直播过程中为了所谓的“节目效果”，竟然篡改国歌的歌曲曲谱，同时还将这个恶搞的国歌变成自己直播中的“网络音乐会”的“开幕曲”，最终被网友举报，直播间遭封禁，账号冻结，影音作品下架。因违反《中华人民共和国国歌法》，该网红歌手被公安机关行政拘留5日。有网友感慨，从红到凉，不过夏秋之间。

“网红”是指在现实或者网络生活中因为某个事件或者某个行为而被网民关注从而走红的人。他们的走红皆因为自身的某种特质在网络作用下被放大，与网民的审美、审丑、娱乐、刺激、偷窥、臆想以及看客等心理相契合，有意或无意间受到网络世界的追捧，成为“网红”。

因此，“网红”的产生不是自发的，而是网络媒介环境下，网络红人、网络推手、传统媒体以及受众心理需求等利益共同体综合作用下的结果。“网红”不是新鲜事物，早就有之。有些“网红”曾红极一时，然后销声匿迹，不见踪影，能够一直红下去的寥寥无几。

探究其中原因，关键是这些“网红”没能守住伦理道德底线，甚至挑战了法律“红线”。正所谓当兴趣变质时，道德也必然堕落。某“网红”直播公然把南京大屠杀、东三省沦陷等民族惨痛记忆作为调侃的笑料，在网上的一片声讨中，这名主播被彻底封杀。

2020年4月，中国互联网络信息中心（CNNIC）发布的第45次《中国互联网网络发展状况统计报告》指出，截至2020年3月，国内网民总人数达到9.04亿，互联网普及率达64.5%。互联网已经全方位渗透到了我们生活的方方面面。网络技术的发展和普及极大丰富、便捷了人民群众的生活，但其带来的负面影响也愈发明显。网络的虚拟性、开放性和隐蔽性，导致虚假信息泛滥、网络语言暴力、侵犯他人隐私等现象频发，干扰了正常网络秩序。因此，在新媒体时代，应引导网民进行理性的思想表达，促进公民网络道德素养的全面提升。

首先，以新媒体技术为手段，构建有序的网络社会秩序。需要有效发挥新媒体科技的长处，建成有序、合理、科学的网络社交规范。具体主要从两方面入手：第一，加强网络管控技术及其管理，建立网络自治机制。通过大数据、云服务等信息安全技术的运用，强化网络信息管控技术，建立和完善网络自治机制，通过记忆软件、敏感词设置、过滤软件等技术手段严格把控信息传播源头，以应对网络虚假及不良信息的传播扩散，进而消除网络犯罪行为。第二，拓宽理性表达通道，保障网络环境整洁。公民在现实生活中面临巨大的竞争压力，要拓宽理性表达的渠道，并借助信息技术来妥善处理，以此为网民提供自由发挥和宣泄不良情绪的途径，缓解公民生活压力，同时确保正常的网络社会秩序。

其次，完善网络管理和网络立法，规范网民的网络行为。依法治网是依法治国的重要组成部分。新媒体时代，完善网信领域立法，完善我国网络道德管理规范，坚持依法治网，是保障国家安全和社会稳定的重要手段。主要包括：第一，完善相关网络立法。以《中华人民共和国网络安全法》为准则，针对不同领域制定详细的网络法律规范体系，为互联网的良性发展提供法律保障。第二，完善网络道德规范，加强网络监督管理。为适应互联网的迅速发展，新型的网络道德规范准则亟待构建。对此，可制定相关网络道德规范，比如增加网络道德成本，让网民在违反网络规范时付出相应的代价，借以加强网络规范约束力，促进网络道德的有序发展。

最后，加强网络道德宣传教育，提升公民网络道德素养。互联网拓宽了教育的手段和途径，为网络道德自律教育的创新提供了技术手段。第一，培育公民网络法治观念。要加强网络相关法律知识和管理规范的教育、宣传、普及工作，引导网民养成文明上网、依法上网的习惯。第二，要创新自律教育方式，培育“慎独”精神。可通过设置虚拟课堂、德育讲座、网上答疑、在线教育等方式加强道德学习，增强公民网络自律意识，自觉抵制不良网络文化。第三，要完善他律，提升网络道德自律能力。为此，要推动政府部门建立健全的网络管理规章制度，引导公民营造干净整洁的网络环境，并针对不同社会群体（如大学生、青少年等）建立相应的网络安全教育体系，多措并举，推进网络的健康有序发展。

第二节　家庭美德课程

一、实践任务设置

（1）学习实践任务背景资料，主要包括《家庭美德·孝德》《家庭美德》；
（2）签署诚信考试承诺书；
（3）撰写大学生家庭美德调研报告。

二、实践任务要求

（1）完成学期：第 1 学期；
（2）课程学时和学分：4 学时、0. 4 学分；
（3）授课人员：辅导员或思政课教师；
（4）考核：大学生家庭美德调研报告或授课教师根据实际情况考核。

三、活动课程化教案

第二课堂活动课程化教案	
学期	2019～2020 年第一学期
课程、学时	家庭美德、4 学时
授课班级	2019 级高职所有专业
授课时间、地点	
授课教师或团队	
章节名称	家庭美德
教学目的	（1）自我约束； （2）维护家庭和谐； （3）处理家庭关系
教学重点	注重家庭、家教、家风的重要意义
教学难点	（1）子女教育方法不当； （2）个别家庭关系不正常、不和谐； （3）个别家庭存在敬老不足、爱幼过甚等现象
教学方法	主要是案例教学法、讨论式教学法、比较式教学法及启发式教学法等
课程资源准备	教材、多媒体、PPT

续表

主要教学内容、逻辑结构
（一）家庭美德定义 家庭美德属于家庭道德范畴，是指每个公民在家庭生活中应该遵循的基本行为家庭美德准则。它涵盖了夫妻、长幼、邻里之间的关系。家庭美德包括关于家庭的道德观念、道德规范和道德品质。家庭美德的规范是调节家庭成员之间，即调节夫妻、父母同子女、兄弟姐妹、长辈与晚辈、邻里之间，调节家庭与国家、社会、集体之间的行为准则，也是评价人们在恋爱、婚姻、家庭、邻里之间交往中的行为是非、善恶的标准。家庭美德的规范是家庭美德的核心和主干。家庭美德还包括在家庭生活中，在道德意识支配指导下，按照家庭美德规范行动，逐渐形成的人们的道德品质、美德。 社会主义的家庭美德，是社会主义道德在家庭生活中的具体体现。众所周知，为人民服务是社会主义道德的核心。它在家庭生活中的表现，就是每个家庭成员都要履行自己的道德责任和道德义务，都要有奉献精神，都要为他人服务，一人有难，全家相助，形成一个相互关心、相互帮助的和睦家庭。集体主义是社会主义道德的基本原则，在家庭生活中，每个成员都要关心家庭这个集体，共同治理好家庭，个人利益服从家庭的整体利益。“五爱”即爱祖国、爱人民、爱科学、爱劳动、爱社会主义是社会主义道德的基本要求，每个家庭成员都必须以“五爱”规范自己的行为。实行人道主义是社会主义的重要道德，每个家庭成员都要多一分爱心，要尊重人、爱护人，要尊老爱幼，男女平等，邻里团结，和睦相处。总之，每个家庭成员都要加强社会主义道德修养，才能建立美满、和谐、幸福的家庭，即建立真正具有美德的家庭。 （二）家庭美德内涵 1. 尊老爱幼 我国自古以来就倡导“老有所终，幼有所养”，形成了尊老爱幼的良好家庭道德传统。谁不孝敬父母、善待子女，谁就会被世人唾骂为“缺德”，情节严重的还会受到法律的制裁。因此，尊老爱幼，不仅是每个公民必须遵守的道德准则，也是每个公民应尽的社会责任和法律义务。 尊老的基本要求是赡养。父母对子女的爱，是最伟大、无私的。为了抚养和教育子女，父母总是倾注全部心血。“谁言寸草心，报得三春晖”，对父母的养育之恩，做子女的当知报答，而且无论如何也是报答不尽的，况且我们每个人也都会老，“善待老人，就是善待明天的自己”。所以，赡养老年父母，是子女必须承担的法定义务，也是社会主义家庭美德的起码要求。现代社会涌现了一大批悉心照料老人的先进典型，特别是“天天理发店”个体户陈彩英多年如一日义务照顾孤老沈锡章，被传为美谈。但是，也有极少数家庭，子孙锦衣玉食，老人无人赡养，有的还硬把繁重的家务加到老人身上，有的甚至想方设法索要老人钱财，并且认为是天经地义的，与前者相比，就显得太“缺德”了。有的家庭尽管在物质生活上承担了赡养老人的义务，但是对长辈缺乏爱心，冷冰冰地挤出点钱便一了百了，不闻不问，使父母“端着碗不觉饭香，用到钱心感隐痛”。做晚辈的要多与老人交流、沟通，除照顾他们的物质生活外，还应在精神上给予更多的关心和体贴，使他们充分享受天伦之乐，特别是对丧偶或离异的长辈。 婆媳矛盾，是一些家庭中的老大难问题。我们常常可听到“婆婆难当”“媳妇难做”“十对婆媳九不和”的感叹。其实，在现实生活中，绝大多数婆媳关系还是处理得很好的。婆媳关系的融洽需要双方努力，儿媳应真心实意地孝敬婆婆，婆婆也要实实在在地疼爱儿媳。双方以诚相待，是婆媳相处得好的关键。媳妇要多与婆婆讲讲知心话，从老年人的心理角度多为婆婆着想；婆婆也应理解媳妇，多从年轻人的心理状态考虑问题。一旦发生矛盾，婆媳双方要多换位思考，多一些宽容。婆媳间产生矛盾时，儿子（丈夫）要积极主动地做好调解工作，既要帮助母亲了解媳妇，又要帮助妻子理解老人，这样，矛盾自然会得到妥善解决。 爱幼要讲究艺术。现在家庭中普遍存在对子女爱护过度的现象，特别是三代同堂、四代同堂的家庭，独生子女好似“小皇帝”，捧在手里怕摔了，含在口里怕化了，“饭来张口，衣来伸手”。俗话说：“严是爱，宠是害。”如果一味娇惯宠爱子女，无原则地迎合、满足孩子的要求，就会使子女形成任性、放纵、骄横、自私、冷淡、孤僻、怕失败、怕挫折等不健康心理素质，影响孩子的成长。因此，对子女应当作到爱和严相结合。当然，严格要求并不等于体罚。有的家长信奉“棍棒之下出孝子”，这容易导致孩子产生逆反心理。必须针对孩子的心理特点，启发诱导孩子纠正错误，改正缺点，逐步养成良好的行为习惯。 2. 男女平等 男女平等是指在家庭生活的各个方面，女子和男子人格独立、地位平等，享有同等的权利，负有同等的义务。要摒弃“重男轻女”的传统思想，使家庭中的男女享有教育、就业及财产等方面的同等权利。特别是在生育观上，要真正做到“生男生女都一样”，切勿生儿子兴高采烈，生女儿懊丧不已，甚至溺弃女婴。要实现男女平等，当然需要男性的理解、支持和尊重，妇女自己也应当努力做到“自尊、自爱、自信、自立、自强”。要摆脱传统女性角

续表

主要教学内容、逻辑结构
色的束缚，自我确立生活目标，自我选择生活道路，自我驾驭生活航船，自我主宰个人命运，以巾帼不让须眉的豪情，去学习、去拼搏、去创造，实现自我，做一名既是“生活主人”又是“事业强者”的时代新女性。 3. 夫妻和睦 夫妻是家庭关系的核心，夫妻和睦是家庭幸福的重要前提和保证。夫妻关系应以平等互爱为基础。夫妻之间不存在谁侍候谁、谁主宰谁的问题，“大男子主义”“妻管严”等倾向，都是要不得的。许多家庭夫妻不和，实际上都是由一些“小事情”引起的，例如一方很少做家务或根本不做家务，或者一方在家务事上很少与另一方沟通等。作为夫妻，应该努力做到互敬、互爱、互信、互帮、互谅、互让、互慰、互勉。 离婚率持续上升成为社会关注的热点。婚姻自由固然是社会主义婚姻家庭制度的基本原则。但是，如果把婚姻自由看作可以轻率地结婚和离婚，这是十分错误的。那种朝三暮四、喜新厌旧，对妻子（丈夫）、子女和社会不负责任的所谓“自由”，是不符合我们所说的婚姻自由原则的，必须坚决反对。 要保持夫妻和睦，还必须不断巩固、培养夫妻之间的感情，使爱情之树常青。有的夫妻结婚以后，发现身边的配偶与理想中的丈夫（妻子）大相径庭，因此夫妻感情日益淡薄，继而发生“婚姻是爱情的坟墓”的感叹。其主要原因是夫妻间对婚姻、对对方的期望值过高。期盼婚姻永远像爱情故事一样充满浪漫是不现实的，日常生活是平淡琐碎的，男女双方经过恋爱浪漫期之后步入婚姻组成家庭，应学会在平凡的日常生活中巩固、培养感情。要在互相适应对方的同时，经常寻找夫妻双方都感兴趣、都愿为之努力的共同点，使两人有共同的生活目标，使家庭生活生动、活跃起来，充满活力和乐趣。只有这样，才能避免婚姻枯燥、乏味，“婚姻危机”也就很难出现了。 4. 勤俭持家 勤俭持家是我国家庭的传统美德。我国民间流传着许多勤俭持家的格言，如“勤是摇钱树，俭是聚宝盆”“俭以养德”“一粥一饭当思来之不易，半丝半缕恒念物力维艰”等。改革开放以来，人民生活水平逐步提高，绝大多数家庭生活已从“温饱型”向“小康型”转变，但是我们仍应该珍惜劳动果实，继承和发扬勤俭持家的传统美德。 勤俭持家并未过时，我们所说的勤俭持家是以“量力而行、量入为出、勤俭节约、适度消费”为原则的。勤俭持家就是要精打细算，科学合理地安排家庭经济生活，避免浪费。勤俭持家就是要树立具有现代文明的消费观。第一，不盲目攀比，不追求高消费。在坚持量入为出原则的基础上，根据现代生活消费特点，适度的“超前消费”也不为过。但是，切忌盲目攀比，追求不合实际的高消费，“别人有汽车，我家也得有”“别人有别墅，我家也要有”等思想要不得。第二，适当增加精神消费的比重。如今有一些家庭，各式家电一应俱全，居室装修得富丽堂皇，但就是看不到报刊、书籍。单纯考虑物质上的满足容易引起精神上的空虚。在物质条件得到基本满足之后，我们应该及时调整消费结构，把精神消费提到重要地位，把一部分资金投放到购买书籍、家庭成员继续教育上，以丰富家庭文化生活。 5. 邻里团结 良好的邻里关系对人们的生活、工作、学习等各方面都大有益处。我国劳动人民一贯重视邻里关系，民间流传着许多名言，如“邻里好，赛元宝”“远亲不如近邻”等。“孟母三迁”的故事更是妇孺皆知。然而，随着科学技术的飞速发展，特别是信息时代的到来，我们与世界各地的人民越来越近，相反，与自己对门而居的邻里似乎却越来越远了。现实生活中特别是在城市，住在同一小区、同一幢楼，相互之间不了解、不熟悉的人并不少，有的甚至对门对住了好几年，也不知邻居姓甚名谁、在哪里工作，真可谓“鸡犬之声相闻，老死不相往来”。 固然，随着改革开放的不断深入，现代家庭的生活方式、休闲方式等发生了很大变化，邻里关系面临许多新情况。特别是城市里的楼房越盖越多、越盖越高，不少家庭告别平房和大杂院搬进了设施齐全的单元住宅，客观上也给改善邻里关系带来诸多不便。但是，我们仍可以根据现代社会生活的要求，建立良好、新型的邻里关系。 加强邻里团结，建立良好的邻里关系，着重要做到“四互”： 互尊，就是要尊重邻居的人格，尊重邻居的生活方式和生活习惯，切忌搬弄是非。还要尊重邻居的合法权益，如看电视、听音乐、唱卡拉 OK 等声音要适当，浇花、养鸟等不要给邻居带来麻烦。 互助，就是要破除“各人自扫门前雪，休管他人瓦上霜”的旧观念，视邻里的事情如自己的事情，视邻里的困难为自己的困难，从小事做起，积极主动地为邻居做好事，例如，收捡好邻居晾晒的掉在地上的衣服，扶老人或小孩上楼梯，协助邻居换煤气罐等。另外，还要主动搞好公共区域的卫生工作。有的家庭内部装潢像宾馆，一尘不染，楼梯过道垃圾成堆，不堪入目，曾有人戏曰：“进入家门要赤脚，出了家门要跳脚。”这与现代社会文明显然是极不相称的。 互让，邻里之间长时间相处，难免会有磕磕碰碰的时候。一旦因生活琐事发生了矛盾，双方都不必斤斤计较，要讲风格、讲谦让，能解释的就解释清楚，不能解释的就让一步，互相让一让就过去了。邻里相争往往是进一步“狭路相逢”，退一步“海阔天空”。只有我们以“让”字去调剂邻里关系，就一定能使邻里和睦相处。

续表

主要教学内容、逻辑结构
互谅，就是要了解邻居的生活习惯，理解邻居的职业，谅解邻居的苦衷。对邻居要少一点抱怨，多一点宽容；少一点指责，多一点赞扬；少一点品头论足，多一点相互学习；少一点斤斤计较，多一点热忱关怀。 （三）注重家庭、家教、家风的重要意义 家庭是社会的基本细胞，是人生的第一所学校。不论时代发生多大变化，生活格局发生多大变化，都要重视家庭建设，注重家庭、家教、家风。 注重家庭。家庭和睦则社会安定，家庭幸福则社会祥和，家庭文明则社会文明。历史和现实告诉我们，家庭的前途命运同国家和民族的前途命运紧密相连。我们要认识到，千家万户都好，国家才能好，民族才能好。国家富强，民族复兴，人民幸福，不是抽象的，最终要体现在千千万万个家庭的幸福美满之上，体现在亿万人民生活的不断改善之上。同时，我们还要认识到，国家好，民族好，家庭才能好。只有实现中华民族伟大复兴的中国梦，家庭梦才能梦想成真。 注重家教。家庭是人生的第一个课堂，父母是孩子的第一任老师。家庭教育涉及很多方面，但最重要的是品德教育，是如何做人的教育，也就是古人说的“爱子，教之以义方”“爱之不以道，适所以害之也”。家庭环境对下一代的影响很大，往往可以影响一个人的一生。注重家教，应该把美好的道德观念从小就传递给孩子，引导他们有做人的气节和骨气，帮助他们形成美好心灵，促使他们健康成长。 注重家风。家风是指一个家庭或家族的传统风尚或作风。良好的家风对家庭成员的个人修养产生重要的作用，也对整个社会道德风尚的形成产生重要的影响。家风好，就能家道兴盛、和顺美满；家风差，难免殃及子孙、贻害社会，正所谓“积善之家，必有余庆；积不善之家，必有余殃”。诸葛亮诫子格言、颜氏家训、朱子家训等，都是在倡导一种家风。大学生要继承和弘扬优良家风，促进家庭和谐。 千千万万个家庭是国家发展、民族进步、社会和谐的重要基点，是人们梦想启航的地方。当代大学生应该积极参与家庭文明建设，推动形成爱国爱家、相亲相爱、向上向善、共建共享的社会主义家庭文明新风尚。 （四）爱情的本质和恋爱的道德要求 爱情是一对男女基于一定的社会基础和共同的生活理想，在各自内心形成的相互爱慕并渴望对方成为自己终身伴侣的一种强烈的情感。性爱、理想、责任是构成爱情的三个基本要素。性爱把爱情与其他感情区别开来，使爱情成为特殊的“情爱”；理想赋予爱情深刻的社会内涵，是爱情生长的内在依据；责任是对性爱和理想的升华，责任也因此成为爱情得以长久的重要保障，是坚贞爱情的“试金石”。上述三个基本要素构成了爱情的有机统一整体，它们的完美结合成就了人间美好的爱情。 恋爱作为一种人际交往，必然要受到道德的约束。恋爱中的道德要求主要体现在以下几个方面：一是尊重人格平等。恋人间彼此尊重人格主要表现为尊重对方的独立性和重视双方的平等。恋爱的双方在人格上都是独立的，如果把对方当作自己的附庸，或者依附对方而失去“自我”，都是对爱情实质的曲解。二是自觉承担责任。自愿地承担由于爱情关系产生的各种责任，这是忠于爱情的表现。承担责任一方面表现为对对方负责，另一方面则体现在对待爱情严肃认真，为自己的选择负责。三是文明相亲相爱。文明的恋爱表现为恋爱双方既相互爱慕、亲近，又举止得体、相互尊重。恋人在公共场所出入，要遵守社会公德和法律法规；恋人独处，也要讲文明、讲道德。

四、家庭美德案例

【案例 7-4】《钱氏家训》的力量。有人总结，钱家出过“一诺奖、二外交家、三科学家、四国学大师、五全国政协副主席、十八两院院士”。究竟是什么样的家族能够这般绵延千里，名人辈出？

孟子曾言：“君子之泽，五世而斩。”历史的车轮滚滚前行，无论多么辉煌的过去都被时间碾压为灰烬，唯有被称为“千年名门望族、两浙第一世家”的江南钱氏，创造出了一个绵延千年、兴而不衰的奇迹，世代人才辈出，家族群星璀璨。

奇迹的开端

究竟是什么原因造就了如此恢宏的家族衍生出如此众多人才？这就不得不提吴越国的君主钱镠（liú），他一生充满传奇，也是他奠基了钱氏家族的辉煌。

他很喜欢看书，小小年纪就已满腹诗书，可家中贫困，他只好中途辍学去贩私盐。为了生存，他还练就了一身好武艺。乱世出英雄，而他于乱世中，凭自己的实力闯出了一片天。他由贩盐起家而行伍，后多次平息叛乱，使两浙统一。当时为表彰他的功绩，唐昭宗钦赐“金书铁券”，免他本人九死、子孙三死。钱镠的“金书铁券”，现存中国国家博物馆，这也是我国目前现存最早的免死金牌。

到公元923年，后唐建立后，他又被封为吴越国王，而他，是一位治国有略的好皇帝。在他的治理下，吴越国成为遍地烽烟中的一个世外桃源。大文豪苏东坡由衷赞叹吴越国盛景：“其民至于老死，不识兵革，四时嬉游，歌鼓之声相闻，至今不废。”“上有天堂，下有苏杭”，也由此奠定基础，声誉鹊起。

更难得的是，人人都想称霸，可他却一心追求中国统一。临终前，他特意叮嘱子孙：度德量力而识时务，如遇真君主，宜速归附。民为贵、社稷次之。免动干戈，即所以爱民。他还留下十条“遗训”，对其精心创立的家训作了最后的强调补充。当时因割据政权，多少人在继承问题上兄弟相争、父子相残，可因他的家训，吴越国历经三世五王竟仍然稳定太平。

钱伟长

钱伟长，“中国力学之父”，中国著名物理学家、数学家，中国社会科学院院士。“我没有专业，国家需要就是我的专业。”他用60多年的报国路诠释了自己一直坚持的专业：爱国。他是一名社会活动家，曾任全国政协副主席，身体力行推动国家社会发展。他是一名教育家，一手创办了上海大学。他是一位出自书香门第、留学海外、受中西文化熏陶的大家，一生成功扮演了科学家、社会活动家、教育家等多重角色。有人说，钱伟长太全面了，他在科学、政治、教育每个领域取得的成就都是常人无法企及的。

钱钟书

钱钟书是我国著名作家、文学研究家，当年，他以国语和英文全优的成绩被清华大学破格录取，后来成为清华大学文学院的“四大才子”之一，受到吴宓、叶公超等人的赏识，钱钟书被人称为“这个时代的文学天才”。

真正的教育，是用一个人的人生，去影响另一个人的人生；是用一个灵魂，去唤醒另一个灵魂。欲让子孙成为什么样的人，那么，你就去做一个什么样的人。

钱学森

钱学森，“中国导弹之父”、世界著名科学家、空气动力学家、中国载人航天奠基人，被誉为“中国科制之父”“火箭之王”。1949年，新中国成立的喜讯传到大洋彼岸，钱学森萌发了回国报效祖国的念头。但遭美国当局多次阻挠，美国一位海军次长金布尔甚至咆哮道：“钱学森无论在哪都抵得上5个师，我宁可把这家伙枪毙了也不让他回中国！”

钱学森建树甚高，备受赞誉，这和优良家风不无关系，他常说：“我的第一位老师是我父亲。”

钱三强

钱三强，“中国原子弹之父”，中国原子能科学事业的创始人，中国科学院院士。他知人善任，大胆起用年仅26岁的邓稼先出任我国第一颗原子弹的总设计师。

钱三强的父亲，则是中国近代著名的语言文字学家钱玄同。1937年，钱三强以优异成绩从清华大学毕业，准备出国留学，谁知出国前夕，钱玄同不幸染上重病，钱三强为此踌躇不决。钱玄同对他说："你学的科学，将来对国家有用，你还是出国好好学习吧！"钱三强洒泪起程，后成为居里夫人的学生。钱玄同高兴地写信道："你有了很好的指导老师，要努力攀登科学高峰，振兴中华！"钱三强没有辜负父亲的期望，他学成归国后，成为著名的原子能专家。

钱家，如此的豪门望族，可他们传承的却从来不是钱，而是宝贵的精神食粮。百年之后，我们要给后人留下什么？法国著名雕塑家马约尔先生曾写下了一句耐人寻味的话："我们留下一个什么样的世界给子孙后代，在很大程度上，取决于我们给世界留下什么样的子孙后代。"钱家的千年辉煌，并不在独特的生财之道，也不在一纸家训传久远。而在于钱家子孙世代传承的精神骨气——不拘小利，但求利国利民的大家风范；不谋一家，愿为万世开太平的浩然正气！

第三节　个人品德课程

一、实践任务设置

（1）学习实践任务背景资料，主要包括《青年心理健康教程》《个人品德建设引导》；
（2）签署诚信考试承诺书；
（3）撰写大学生家庭美德调研报告。

二、实践任务要求

（1）完成学期：第1学期；
（2）课程学时和学分：4学时、0.4学分；
（3）授课人员：辅导员或思政课教师；
（4）考核：撰写大学生家庭美德调研报告或授课教师根据实际情况考核。

三、活动课程化教案

第二课堂活动课程化教案

学期	2019～2020年第一学期
课程、学时	个人品德、4学时
授课班级	2019级高职所有专业
章节名称	个人品德
教学目的	（1）提高道德觉悟和认识； （2）陶冶道德情感； （3）锻炼道德意志； （4）树立道德信念； （5）培养道德品质； （6）养成道德习惯
教学重点	（1）个人品德与社会公德、职业道德、家庭美德的关系； （2）追求崇高道德境界； （3）大学生要向道德模范学习

续表

教学难点	追求崇高道德境界
教学方法	主要是案例教学法、讨论式教学法、比较式教学法及启发式教学法等
课程资源准备	教材、多媒体、PPT
主要教学内容、逻辑结构	

（一）个人品德内涵

（1）个人品德是个体处理一切问题时其行为活动中比较稳定的、形成了习惯的道德素质，是行为者个人的道德属性。

（2）个人品德既包括个人主观上对一定的道德原则规范的认识，也包括个人基于这种认识所产生的具有稳定性特征的行为习惯，是个人主观上道德认识和客观上道德行为的统一。

（3）个人品德实际上也是社会中存在的道德关系、道德原则规范在个体思想和行为上的集中反映。

（4）个人品德是个人的稳定心理特征、内心状态，是一个人在进行长期的一系列的道德行为中表现出来的稳定心理特征。

（5）个人品德是由个人多种心理成分共同构成的一个复杂整体，包括个人的道德认识、情感、意志、信念、行为等方面。

（二）个人品德与社会公德、职业道德、家庭美德的关系

个人品德与社会公德、职业道德、家庭美德虽然都是社会道德建设的重要方面，但是并不是处于同一逻辑层次上的。它们之间的关系主要体现在以下两个方面。

（1）个人品德是社会公德、职业道德、家庭美德的基础和落脚点。公民个体道德水平决定着整个社会的道德水平，无论是社会交往、公共生活还是职业生活、家庭生活，都离不开个体参与。只有个人品德提升，才会有良好的社会公德、职业道德、家庭美德可言。要倡导社会公德、职业道德、家庭美德，就必须首先提高社会成员的个人品德。只有抓好每个公民的个人品德建设，才能使社会公德得以弘扬、职业道德得以遵守、家庭美德得以提倡。

（2）加强社会公德、职业道德和家庭美德建设有助于个人品德的养成。公共生活、职业生活、家庭生活是社会生活的三大领域，也是个人品德形成的重要领域。公共生活、职业生活和家庭生活中的道德规范，其落脚点是个体在道德实践中将其转化为个人的品德和修养。相对于公德所具有的公共性、他律性、制度性而言，个人品德具有私人性、自律性和自决性的特点。二者紧密联系、相互促进、相互转化，构成辩证统一的道德整体。个体通过对社会公德、职业道德、家庭美德的遵守，进而达到对公德的自觉遵守，实际上也是个人品德自律性的表现。社会公德、职业道德、家庭美德对社会成员具有规范性和约束性，如果社会成员能够自觉遵守社会公德、职业道德和家庭美德，并将其加以内化，则有助于个人品德的养成。

（三）追求崇高道德境界

道德境界通常指的是人们通过道德教育和道德修养在道德认识、道德情操、道德意志、道德信念和道德行为方面所达到的程度和水平。个人道德品质有差异，所达到的道德境界也有差别。“美好崇高的道德境界”是一个历史的范畴，随着人类社会经济关系的发展，在不同的历史时期，处于不同经济地位的人，有着不同的道德与理想追求。马克思主义认为“美好崇高的道德境界”，乃是工人阶级和最广大劳动人民的道德理想，这就是消灭阶级、消灭剥削，实现共产主义，让“每个人的自由发展是一切人的自由发展的条件”。

中国共产党从诞生的那天起就开始追求这个美好崇高的道德境界，并以此指导和鼓舞自己，领导全国人民开展革命实践活动，并且在实践中不断丰富和发展对它的认识。从我们党的种种优良作风到全心全意为人民服务的宗旨，都是这种美好崇高的道德理想的反映。当然我们的道德理想追求绝不是在空地上进行，中华民族自古以来就非常重视对个人道德境界的引领，鼓励人们重操守、讲节气、立风范、求境界，不苟且偷生、不碌碌无为，形成了向往和追求讲道德、尊道德、守道德的生活信念，凝聚起了向上的力量、向善的力量，涌现出无数圣贤君子、志士仁人。中华文明能够薪火相传、命脉永续，离不开强大的道德力量的支撑。

在新中国革命建设和改革的实践中，我们对于美好崇高的道德境界的探索，无论是在实践中还是在理论上，都取得了许许多多新的成果，如我们的社会主义核心价值体系和社会主义核心价值观等，它们闪耀着美好崇高道德境界的光彩，并且照亮了我们前进的道路。如今，我国人民踏上建设新时代的新征程，尤其是在党的十九大之后，面对着传统的小生产者封闭保守、自由散漫的习惯势力，面对着资本主义的拜金主义、享乐主义和极端个人主义，我们深深感到任重而道远，尤其是思想道德建设的重要：没有先进道德的自觉，我们的方向道路就坚持不下去；没有先进道德的凝聚，我们的队伍就团结不起来；没有先进道德的鼓舞，我们的积极性更迸发不出来。实现中华民族伟大复兴的中国梦，需要中国精神、中国力量，这种中国精神和中国力量的很大成分，就在我们的道德之中。社会主义思想道德建设是真正的铸魂工程，是我们各项工作的当务之急。

追求美好崇高的道德境界，方向已经指明，道路已经开通，现在的关键是怎么做。作为大学生，提升崇高的道德

续表

主要教学内容、逻辑结构
境界，首先是要增强道德意识，提高道德觉悟。“激发人们形成善良的道德意愿、道德情感，培育正确的道德判断和道德责任”等，这是道德认识、道德情感、道德意志的培养过程。做到这一点，一是要学习社会主义核心价值体系和核心价值观，坚持用人类美好崇高的道德境界鼓舞人，分辨是非善恶，自觉远离低级趣味，抵制歪风邪气。“名节如璧不可污。”趣味是与人的品德、操守、作为联系在一起的。只有趣味高雅的人，才可能变得高尚、纯粹、有道德，才可能有益于社会和他人。情趣低俗、沉溺于玩乐奢侈就很容易腐蚀一个人的理想、信念和进取心，使人变得精神空虚、意志消沉、思想颓废、行为猥琐、生活奢侈甚至道德败坏。我们决不能把腐朽的东西当新潮，把落后的东西当时尚，放任低级趣味的滋长。大学生要把更多的时间用在勤奋学习、补充知识上，用在加强道德修养、提升人生品味上，做到洁身自好、严于律己，这样才能使自己的人生境界不断得到提高。二是必须常看、常想，常用古今中外人们的道德事例作对比，把他们善恶荣辱的形成过程和经验教训同自我的成长联系起来。当然更要目光远大，从“自我”走向“我们”，即走到人民的立场上来。我们整日面对的人，是“我们”的父老兄弟、同志朋友；我们所做的事，关乎“我们”的社会和集体；我们从事的事业或取得的利益、成绩和荣誉、困难和失败，往往都不只是我一个人的，而是“我们”的。一旦从“自我”走到“我们”，正确的道德判断和道德责任，也就培养出来了。 脚踏实地，敢于担当。在全社会的思想道德建设中，实践是比认识更重要的基础环节，习近平总书记讲的“提高道德实践能力尤其是自觉践行能力”，不但指出了我们道德认识的目的，而且也指明了道德觉悟提升的途径。提高人生境界，归根结底要通过脚踏实地的工作来实现。大学生正处于人生发展的关键时期，在人生追求上不能好高骛远、脱离实际，不能止于想而疏于做。担当是一种不辱使命的英雄气概，是一种催人奋进的精神力量。其实道德就在我们的身边，就在我们待人处事的日常生活里，在千百万人民群众的社会实践中；提升道德的关键就在我们的脚下，就是要按照社会主义核心价值观所指的方向，爱国、敬业、诚信、友善，搞好改革开放，建设好我们的社会主义事业。例如，我们平日所进行的劳动和工作，其实也是培养和锻炼我们勤劳俭朴、艰苦奋斗的大熔炉；我们身边开展的种种学习雷锋活动、义务服务和公益事业，也都是培养我们仁爱友善、爱国为民的大学校。当前我们党所领导的群众路线教育实践活动，反对形式主义、官僚主义、享乐主义和奢靡之风，更是一个群众性道德教育活动，通过让广大干部“照镜子、正衣冠、洗洗澡、治治病”的实践，达到为民务实清廉的价值追求，广大人民群众也会从活动中受到一次深刻的勤俭节约、实事求是的道德教育。大学生应该“见贤思齐焉，见不贤而内自省也”，树立责任意识和担当意识，绝不能放低对自己的要求，不能随大流，更不能甘于落后。 持之以恒，善始善终。“不矜细行，终累大德。”加强道德修养，提升精神境界不可能一蹴而就，更不能一劳永逸。我们必须时时处处严格要求自己、检讨自己、修正自己、提高自己，持之以恒、坚持不懈、防微杜渐、善始善终，以坚如磐石的意志和信念追求崇高的道德境界，成就人生的辉煌。 （四）向道德模范学习 道德模范主要是指思想和行为能够激励人们不断向善且为人们所崇敬、模仿的先进人物。道德模范既包括在一定社会道德实践中涌现的符合特定道德理想类型的人物，也包括人们日常生活中能够近距离感受的具有积极道德影响的人物。 大学生学习道德模范的要求包括：学习道德模范助人为乐、关爱他人的高尚情怀，在关心他人、帮助他人的过程中创造人生价值；学习道德模范见义勇为、勇于担当的无畏精神，在危难和考验关头挺身而出；学习道德模范以诚待人、守信践诺的崇高品格，老老实实做人、踏踏实实做事；学习道德模范敬业奉献、勤勉做事的职业操守，干一行爱一行，钻一行精一行；学习道德模范孝老爱亲、血脉相依的至美真情，常怀感恩之心、敬爱之情。 优良的品质、高尚的人格并非一蹴而就，而是逐渐积累的结果。道德模范主动做了许多人不想做的事，而且把大多数人能够做的事做得更好。道德模范都是从自我做起，从身边事做起，从小事做起，以此实现了由现实自我向理想自我的飞跃。大学生应积极从道德模范身上获取前进的动力，做社会良知的守望者、积极传播者和践行者。 （五）参与志愿服务活动 志愿服务是指志愿贡献个人的时间及精力，在不求任何物质报酬的情况下，为改善社会、促进社会进步而提供的服务。志愿服务是培育和弘扬社会主义核心价值观的重要载体。 志愿服务的精神是奉献、友爱、互助、进步。其中，奉献精神是精髓。志愿服务所体现出来的这种自愿地、不计报酬地服务他人和参与社会公益事业的奉献精神，有助于传递社会关爱，弘扬社会正气，形成向上向善、诚信互助的良好社会风尚。志愿精神与雷锋精神在本质上是高度统一的，都是社会主义核心价值观的生动体现。 大学生积极投身志愿服务活动，要到最需要的地方去。在国际国内大型活动中、救灾一线、贫穷落后地区投身志愿服务活动，都是大学生关爱社会、奉献爱心的重要表现。要帮助弱势群体，大学生应在志愿服务活动中多关注空巢老人、留守儿童、困难家庭、农民工及其子女、残疾人等社会弱势群体，向他们送温暖、献爱心。要做力所能及的事，大学生应注重结合自身的能力、专业、特长在实践中长知识、强本领、增才干。 大学生应带头学雷锋，以实际行动书写新时代的雷锋故事，为实现中国梦发一分热发一分光。

四、个人品德案例

【案例 7-5】 全民战“疫”与青年志愿服务。青年志愿服务成为动员团员青年参与防疫工作的有效途径。面对新冠肺炎疫情，青年志愿服务采取“化整为零、灵活多样、细微贴心、切实有效”的形式，不断推动青年志愿服务创新发展，探索新形式新内容新机制。

当人们远离疫区、远离疫情的时候，医护人员、军人、防疫工作者们却义无反顾地奔赴抗疫前线参加救治，成为做好疫情隔离工作的“最美逆行者”。

青年志愿者也及时为这些“最美逆行者”提供帮助，如武汉公共交通实施管制期间，青年志愿者通过网络联络和排班，义务接送医生护士上下班，传递温暖的力量。

北京、广州、深圳、杭州等地的青年志愿者组织，在做好安全措施，保障安全健康的前提下，竭力为“最美逆行者”提供各种帮助和服务，让这些“最美逆行者”及其家人感受社会的爱心、社会的温暖。

防控新冠肺炎疫情的一个重要举措就是“多在家、少出门”。因此，青年志愿者守护社区、守护村寨、守护家园，保障安全健康就成为非常重要的服务内容：协助在社区、村庄进行体温监测，防范遗漏感染患者，防范传染源扩散等；对病人家属或者居家隔离 14 天的人员定期帮助购菜购物，帮助解决生活困难，同时传递基层党组织、社区社会组织、乡村社会组织的关心和慰问；对社区、村庄的孤寡老人、残障人士、困难家庭等提供防疫期间的特殊生活帮助，包括解决交通不便、生活不便问题，青年志愿者通过增加“结对”服务，为特殊人群排忧解难。

青年志愿服务就像一道“亮丽的风景线”，让群众看到热情和希望，增强战胜疫情的信心。

防控疫情过程中，专业青年志愿者的社会情绪调节和社会心理辅导具有非常重要的作用。

一方面，不太了解政策措施、医疗防控的民众，容易产生焦虑心态。另一方面，病人家属和亲友，以及隔离观察的人群，出于对自己健康安全的忧虑，也容易产生情绪波动。

针对这种现象，中国青年志愿者协会秘书处、中国心理卫生协会妇女健康与发展专业委员会联合北京市志愿服务联合会“志愿云”的技术支持，发起全国“抗击疫情从心开始”心理专项志愿服务项目。广东省青年志愿者协会理事长李森建立了“李森党代表工作室”，开通心理咨询辅导热线。这些青年志愿组织的心理咨询和辅导服务，既有利于特殊对象调节心理、摆脱困境、正确应对疫情和增强防控信心，也有利于相关人群科学了解疫情状况及防控要求，提高心理承受力，共同参与防控工作战胜疫情。

当今是网络发达、信息丰富的时代，有利于信息的公开透明。但是一些造谣者却利用公众的善良心理与愿望，伺机散播谣言和制造恐慌。

各地青年志愿服务组织针对谣言的产生和传播，及时辨识、及时辟谣，促进社会的稳定，维护防控秩序。广大青年志愿者利用微信、微博、短信、QQ 等，并深入街道、社区，对群众进行细心辟谣和解释真相，大大减少了民众的健康安全风险。

从疫情防控工作看，辨识谣言和有效辟谣是非常重要的内容，青年志愿服务在实践中学习、在实践中进步，不断提高阻击谣言、击退谣言的能力，为建设晴朗干净网络空间、维护社会舆论安全做出了新贡献。

【案例7-6】大学生面对多重道德考验。大学生作为人们眼中的“天之骄子”，被国家、社会、家人寄予厚望，但随着社会的变迁，一些大学生并不能按照道德的行为规范去做，甚至有时会出现违背道德的事情。

某高校的大学生经过继父含辛茹苦整整供养十年后，终于出人头地考上了大学。但是这个从贫穷中走出的孩子却在上了大学后开始仇恨贫穷。他忘了继父十年劳作为自己筹措学费，也忘了继父的亲生儿子为了他而早早辍学踏上了打工的路。仅仅是为了满足自己所谓的“男子汉”的虚荣，向继父要钱不成后，竟然对继父拳脚相向。其实，这样的大学生还有一些，他们能够想出很多的理由来给自己开脱，但是唯独忘记了“‘恩情’重于泰山”。

“生命诚可贵”本是一个再简单不过的道理，但是连续几年来时有爆出大学生自杀的事件。湖南某高校，20岁的大学生仅仅因为和女友分手，先割腕、后跳楼，20岁的生命从20层高的楼顶坠下，年轻的尸体旁边散落了一地情诗。每一封信上都数次地出现一个女孩子的名字，但是唯独没有提到父母、师长。

【案例7-7】风里雨里，我送你回家。2018年8月12日晚，石家庄突降大暴雨，路面积水严重。石家庄67路公交车司机顾鑫涉水接走火车站大批滞留乘客，原本短短20分钟的路程，走了将近四个小时。一句“你在哪儿下，我就在哪儿停！”更是被赞“2018最温暖的话”。

因为暴雨积水，通往火车站的很多道路都出现了断交，很多公交车被堵在路上不得不返程停运。

公交67路车长顾鑫开着公交车前往火车站，因为路面积水太深，被堵在了佳农市场站。

当时是晚上的六点半，距离顾鑫从始发站出车才过去10分钟的时间，因为公交车是电车，正常情况下，为了安全起见，遇见这种情况公交车是需要停运返程的。

但是想到火车站滞留的等车乘客，车长顾鑫还是决定冒险再跑一趟。

因为无法预知前方积水情况，车长顾鑫只能开着车慢慢地一点一点往前挪动。开车前进几米，下车淌水试探一下水深，确定安全后，回到车上再向前开几米。

就这样不断地下车试探，一点一点地开着车往火车站挪动。等顾鑫开车到达火车站，已经是晚上十点多了，正常20分钟的路程，顾鑫走了将近四个小时。

因为断交，很多车辆停运，已经很长时间没有公交车到火车站了，不少乘客甚至已经在雨夜里等待了三四个小时。

顾鑫驾驶的67路公交车是这四个小时里，唯一一辆开到火车站的公交车，对于站台上等待了几个小时的乘客来说，这就是回家的希望啊。

看到这种情况，为了减少等待的时间，车长顾鑫赶紧招呼大家上车，一直喊着：“不用投币了，不用刷卡了，赶紧上！大家都挤一挤，挤一挤！”希望能够尽可能地接走更多的乘客。

无奈乘客实在太多，一下不小心把公交车的车后门挤坏了，车门关不上就无法启动，顾鑫只能手动打开应急阀，强行把门合上。

等了四个小时，只有这一辆公交车，看到这种情况，不管是不是想乘坐67路车的乘客，都被顾鑫张罗到了自己的车上。

顾鑫提前告知大家路线，尽可能地让大家就近下车，安全回家。

当时一名乘客呼喊道：富强大街哪里停车？车长顾鑫回应：“你在哪儿下，我就在哪儿停！”听到这一句“您在哪儿下，我就在哪儿停”，车上的乘客都安了心。

就这样，漆黑的雨夜里，顾鑫的67路车上满满当当地拉了一百多人，慢慢地驶离了火车站。

火车站、富强大街、裕华路、翟营大街……送完乘客，车长顾鑫回到家里已经是凌晨两点多了。

第八章　社 会 实 践

第一节　生态环保类教育课程

一、实践任务设置

（1）学习实践任务背景资料，包括《中华人民共和国环境保护法》《辽宁职业学院学生手册》；

（2）积极参加二级分院、班级组织的辅导学习；

（3）参加《学生手册》考试。

二、实践任务要求

（1）完成学期：第 1 学期；

（2）课程学时和学分：8 学时、0.5 学分；

（3）授课人员：辅导员；

（4）考核：学生提交活动报告或授课教师根据实际情况考核。

三、活动课程化教案

第二课堂活动课程化教案	
学期	2019～2020 年第一学期
课程、学时	生态环保类教育课程、8 学时
授课班级	2019 级高职所有专业
章节名称	保护环境从自身做起
教学目的	（1）加强对新生的环境保护教育和遵纪守法教育； （2）树立新生的环境保护和自觉遵纪守法的意识
教学重点	（1）让学生在学习过程了解什么是环境及环境与人的关系，让学生明确世界现在的环境状况； （2）让学生通过互联网搜索引擎，进一步了解环境与人的关系，让学生确立良好的环保意识； （3）让学生了解环保的意义，为环保建设提出合理化建议
教学难点	（1）学生对社会发展和环境保护之间辩证关系的理解； （2）让学生在日常生活中积极主动践行环保行为
教学方法	主要是案例教学法、讨论式教学法、比较式教学法及启发式教学法等
课程资源准备	教材、多媒体、PPT
参考资料	《中华人民共和国环境保护法》《辽宁职业学院学生手册》

续表

主要教学内容、逻辑结构

导入新课（5 分钟）

大学生是社会的未来，是充满活力和希望的一群青年，大学生对环境保护的认识，将很大程度上影响未来的环境状况。习近平同志在十九大报告中指出，加快生态文明体制改革，建设美丽中国。人与自然是生命共同体，人类必须尊重自然、顺应自然、保护自然。习近平指出，我们要建设的现代化是人与自然和谐共生的现代化，既要创造更多物质财富和精神财富以满足人民日益增长的美好生活需要，也要提供更多优质生态产品以满足人民日益增长的优美生态环境需要。必须坚持节约优先、保护优先、自然恢复为主的方针，形成节约资源和保护环境的空间格局、产业结构、生产方式、生活方式，还自然以宁静、和谐、美丽。大学教育应对非环境专业学生增加环境教育，并且环境教育应当和各个学科充分联系起来。环境保护是我国的一项基本国策，也是全世界的一个共同的主题。环境是人类生存和发展的基本前提。环境为我们生存和发展提供了必需的资源和条件。随着社会经济的发展，环境问题已经作为一个不可回避的重要问题提上了各国政府的议事日程。保护环境，减轻环境污染，遏制生态恶化趋势，成为政府社会管理的重要任务。对于我们国家，解决全国突出的环境问题，促进经济、社会与环境协调发展和实施可持续发展战略，是政府面临的重要而又艰巨的任务。

（一）*水资源保护活动教育*

水是人类和一切生命物质存活所必需的、不可替代自然资源，对于地球它还有着调节气候、物质运输、塑造地球表面形态等作用。

（1）保护水资源，首先要改变传统的用水观念。要使大家认识到水是宝贵的，要在全社会呼吁节约用水，一水多用，充分循环利用水。要树立惜水意识，开展水资源警示教育。国家启动“引黄工程”“南水北调”等水资源利用项目，目的是解决部分地区水资源短缺问题。因此，作为大学生一定要建立起水资源危机意识，把节约水资源作为我们自觉的行为准则。

（2）必须合理开发水资源，避免水资源破坏。大学生应该了解水资源的开发包括地表水资源开发和地下水资源开发。在开采地下水的时候，由于各含水层的水质差异较大，应当分层开采；对已受污染的潜水和承压水不得混合开采；对揭露和穿透水层的勘探工程，必须按照有关规定严格做好分层止水和封孔工作，有效防止水资源污染，保证水体自身持续发展。

（3）提高水资源利用率，减少水资源浪费。作为大学生要了解，有效节水的关键在于利用“中水”，实现水资源重复利用。另外，利用经济杠杆调节水资源的有效利用。由于水管理不到位，很多地方有长流水现象发生，而有些地方会“捧碗祈天”，因此，必须安装有效的水计量装置，执行多用水多计费的原则，达到节约用水的目的。城市用水定额管理是国际上通行的办法，它是在科学核定用水量的前提下，坚持分类对待的原则，市民生活用水、工商企业用水、机关事业团体用水实行不同的水价，定额内平价，超额部分适当加价，以培养公民节约用水的习惯。在节约用水资源的同时应避免无效浪费。

（4）积极进行水资源保护行动。通过发放《保护水资源倡议书》和《致广大市民们的一封信》等多种方式，号召全社会共同爱护水环境，保护水资源。

（二）*土壤环境保护活动教育*

土壤是重要的自然资源，它是农业发展的物质基础。没有土壤就没有农业，也就可没有人们赖以生存的衣、食等基本原料。“民以食为天，农以土为本”道出了土壤对国民经济的重大作用。由于人口不断增加，人类对食物的需求量越来越大，土壤在人类生活中的作用也越来越大。作为新时代的大学生必须更深入地了解土壤，利用和保护土壤。减少和防治土壤污染已成为当前环境科学和土壤科学共同面临、亟待解决的重要任务。

（1）科学地进行污水灌溉，工业废水种类繁多，成分复杂，有些工厂排出的废水可能是无害的，但与其他工厂排出的废水混合后，就变成有毒的废水。因此在利用废水灌溉农田之前，应按照《农田灌溉水质标准》规定的标准进行净化处理，这样既利用了污水，又避免了污水对土壤的污染。

（2）合理使用农药，重视开发高效低毒低残留农药。合理使用农药，不仅可以减少对土壤的污染，而且还能经济有效地消灭病、虫、草害，发挥农药的积极效能。在生产中，不仅要控制化学农药的用量、使用范围、喷施次数和喷施时间，提高喷洒技术，而且还要改进农药剂型，严格限制剧毒、高残留农药的使用，重视低毒、低残留农药的开发与生产。

（3）合理施用化肥，增施有机肥。根据土壤的特性、气候状况和农作物生长发育特点，配方施肥，严格控制有毒化肥的使用范围和用量。增施有机肥，提高土壤有机质含量，可增强土壤胶体对重金属和农药的吸附能力，如褐腐酸能吸收和溶解三氯杂苯除草剂及某些农药，腐殖质能促进镉的沉淀等。同时，增加有机肥还可以改善土壤微生物的流动条件，加速生物降解过程。

续表

主要教学内容、逻辑结构
（4）施用化学改良剂，采取生物改良措施。在受重金属轻度污染的土壤中施用抑制剂，可将重金属转化成为难溶的化合物，减少农作物的吸收。常用的抑制剂有石灰、碱性磷酸盐、碳酸盐和硫化物等。例如，在受镉污染的酸性、微酸性土壤中施用石灰或碱性炉灰等，可以使活性镉转化为碳酸盐或氢氧化物等难溶物，改良效果显著。 （5）积极进行土壤环境保护行动。通过发放《土壤环境保护倡议书》、制作宣传片等方式号召全社会重视土壤环境保护，实现土地利用的可持续发展。 （三）大气污染综合防治活动教育 大气污染综合防治是指在一个特定区域内，把大气环境看作一个整体，统一规划能源结构、工业发展、城市建设布局等，综合运用各种防治污染的技术措施，充分利用环境的自净能力，以改善大气质量。 （1）减少污染物的排放。改革能源结构，采用无污染能源（如太阳能、风力、水力）和低污染能源（如天然气、沼气、酒精）。对燃料进行预处理（如燃料脱硫、煤的液化和气化），以减少燃烧时产生污染大气的物质。改进燃烧装置和燃烧技术（如改革炉灶、采用沸腾炉燃烧等）以提高燃烧效率和降低有害气体排放量。采用无污染或低污染的工业生产工艺（如不用和少用易引起污染的原料、采用闭路循环工艺等）。节约能源和开展资源综合利用。加强企业管理，减少事故性排放和逸散。及时清理和妥善处置工业、生活和建筑废渣，减少地面扬尘。 （2）发展植物净化。植物具有美化环境、调节气候、截留粉尘、吸收大气中有害气体等功能，可以在大范围内长时间地、连续地净化大气。尤其是大气中污染物影响范围广、浓度比较低的情况下，植物净化是行之有效的方法。在城市和工业区有计划地、有选择地扩大绿地面积是大气污染综合防治具有长效能和多功能的措施。 （3）利用环境的自净能力。大气环境的自净有物理（扩散、稀释）、化学作用（氧化、还原等）和生物作用。在排出的污染物总量恒定的情况下，污染物浓度在时间上和空间上的分布同气象条件有关，认识和掌握气象变化规律，充分利用大气自净能力，可以降低大气中污染物浓度，避免或减少大气污染。例如，以不同地区、不同高度的大气层的空气动力学和热力学的变化规律为依据，可以合理地确定不同地区的烟囱高度，使经烟囱排放的大气污染物能在大气中迅速地扩散稀释。 （4）实施课题研究，提高环保意识。在学校，大学生开展课题研究，进行探究性学习。在实施课题方案的过程中，提出问题，决定探究方向，组织探究，收集并整理资料，得出结论，采取社会行动。通过自己的研究，再次提高对环境保护的认识，自觉地参与到环保的行列中来。

四、环保类教育案例

【案例8-1】承担增殖放流生态修复责任。

【基本案情】2018年1月～2019年4月，被告人李某在明知江苏省扬州市江都区长江夹江流域属于禁渔期、电鱼为禁止使用的捕捞方法情况下，驾驶快艇，组成电捕工具在夹江水域非法捕捞水产品60余次，捕获野生鱼类900余斤并出售，获利9000元。经扬州市江都区渔政监督大队认定，李某使用的电捕工具属于规定禁止使用的捕捞方法。扬州市江都区长江夹江流域属于禁渔区。江都区人民检察院依法提起刑事附带民事公益诉讼。审理中，江都区检察院与李某就生态环境修复达成和解协议：李某公开赔礼道歉，自签订本协议之日起十日内增殖放流价值2.5万元的鱼苗（已履行）；自签订本协议之日起二年内再行增殖放流价值2.25万元的鱼苗。

江苏省如皋市人民法院一审认为，李某违反保护水产资源法规，在禁渔区内使用禁用的方法捕捞水产品，情节严重，已构成非法捕捞水产品罪。鉴于李某案发后自动投案，如实供述自己的罪行，构成自首；已退缴违法所得，且采取增殖放流修复生态环境，可从轻处罚。一审法院判决李某犯非法捕捞水产品罪，判处有期徒刑一年，没收违法所得9000元。

【典型意义】本案系非法捕捞水产品引发的刑事附带民事公益诉讼案件。本案中，案发地位于四大家鱼种质资源区的长江流域扬州段，是鱼类的重要洄游通道，也是鱼类育肥产卵和越冬的最佳场所。李某电鱼的行为对自然水域的水生生物产生极大杀伤力，严重威胁生态资源和水环境，故人民法院依法以非法捕捞罪判处其有期徒刑并没收违法所得。同时，李某仍需承担增殖放流的生态修复责任，确保长江流域生态环境得到及时有效修复。

【案例 8-2】叫停水电站建设项目护生态。

【基本案情】某公司开发建设云南红河戛洒江一级水电站。水电站淹没区大部分被划入生态保护红线范围，在该区域内，绿孔雀为重点保护物种。2017 年 7 月，生态环境部责令该公司就项目建设开展环境影响后评价，后评价工作完成前，不得蓄水发电。之后，该公司即停止对案涉水电站建设项目的施工。北京市朝阳区自然之友环境研究所以案涉水电站一旦蓄水将导致绿孔雀栖息地被淹没、绿孔雀存在灭绝可能，并危害生长在该区域陈氏苏铁、破坏当地珍贵的干热河谷季雨林生态系统为由，提起环境民事公益诉讼。

云南省昆明市中级人民法院一审认为，本案系预防性环境公益诉讼，自然之友环境研究所已举证证明案涉水电站的淹没区是绿孔雀频繁活动区域，构成其生物学上的栖息地，一旦淹没很可能会对绿孔雀的生存造成严重损害。同时，案涉水电站原环境影响报告书未涉及陈氏苏铁的保护，若继续建设将使该区域珍稀动植物的生存面临重大风险。故判决该公司立即停止案涉水电站项目建设，待其按生态环境部要求完成环境影响后评价及备案工作后，再由相关行政主管部门视具体情况依法作出决定。云南省高级人民法院二审维持一审判决。

【典型意义】本案系珍稀野生动植物保护预防性环境民事公益诉讼案件。预防性公益诉讼是环境资源审判落实预防为主原则的重要体现，突破了有损害才有救济的传统理念，将生态环境保护的阶段提升至事中甚至事前，有助于加大生态环境保护力度，避免生态环境遭受损害或者防止损害的进一步扩大。本案中，自然之友环境研究所已举证证明案涉水电站如果继续建设，势必导致该区域的生物多样性和遗传资源遭受直观预测且不可逆转的损害。人民法院依法判定某公司停止基于现有环境影响评价下的水电站建设项目，责令完善相关手续，为长江流域生物多样性保护提供有力司法保障。

【案例 8-3】依法支持行政机关保护水源。

【基本案情】经重庆市人民政府批复同意，重庆市铜梁区人民政府于 2015 年 10 月作出《关于涪江饮用水源保护区环境整治的通告》。被诉通告按照经批复的方案划定了饮用水水源保护区范围，规定在二级保护区内禁止从事泊船、采砂、放养家禽、网箱养殖等活动；在一级保护区内，禁止从事水产养殖等行为；对违反本通告的单位或个人，由环保、农业、水务等相关职能部门根据有关规定予以处理。欧某长期从事渔业养殖的水域被划入饮用水水源保护区，被禁止继续从事渔业养殖活动。欧某认为被诉通告侵犯其合法权利，故诉至法院请求撤销该通告。

重庆市第一中级人民法院一审认为，区政府作出被诉通告的行政目的是防止饮用水水源污染，确保广大人民群众生产、生活用水安全，且程序并无违法之处，故被诉通告合法。欧某虽曾依法获得从事渔业养殖的行政许可，但行政许可所依据的客观情况发生重大变化，为了公共利益需要，行政机关可依法变更或者撤回已经生效的行政许可，遂判决驳回欧某的诉讼请求。重庆市高级人民法院二审维持一审判决。

【典型意义】本案系饮用水水源地保护引发的行政诉讼。饮用水安全事关人民群众健康，国家为此建立饮用水水源保护区制度。《长江保护法》亦规定，长江流域省级人民政府组织划定饮用水水源保护区，加强饮用水水源保护，保障饮用水安全。本案中，虽然欧某曾获得从事渔业养殖的行政许可，但区政府基于饮用水水源地保护的实际需要作出被诉通告，进行饮用水水源保护区环境整治，符合环境公共利益。准予行政许可所依据的客观情况发生了重大变化，本案不属于行政权力擅自专断的违法情形。人民法院依法支持行政机关的整治举措，有力保障了饮用水水源地保护制度的功效实现。

第二节　大学生三下乡活动教育课程

一、实践任务设置

（1）学习实践任务背景资料，包括《关于进一步加强和改进大学生社会实践的意见》《辽宁职业学院学生手册》；

（2）积极参加二级分院、班级组织的辅导学习。

二、实践任务要求

（1）完成学期：第1学期；

（2）课程学时和学分：8学时、0.5学分；

（3）授课人员：辅导员；

（4）考核：学生提交活动报告或授课教师根据实际情况考核。

三、活动课程化教案

第二课堂活动课程化教案

学期	2019～2020年第一学期
课程、学时	大学生三下乡活动教育课程、8学时
授课班级	2019级高职所有专业
章节名称	小我融入大我，青春献给祖国
教学目的	（1）引领广大青年学生深入学习贯彻习近平新时代中国特色社会主义思想特别是习近平总书记关于青年工作的重要思想，扎根中国大地了解国情民情； （2）学生通过社会实践坚定理想信念、站稳人民立场、练就过硬本领、投身强国伟业
教学重点	（1）学生以志愿者的形式深入基层，传播先进文化和科技，体验基层民众生活，调研基层社会现状； （2）通过一系列实践活动提高大学生的社会实践能力和思想认识，同时更多地为基层群众服务
教学难点	（1）学生对三下乡活动的理解把握和认识程度； （2）学生在活动中切实有所收获，切实为基层群众奉献服务
教学方法	主要是案例教学法、讨论式教学法、比较式教学法及启发式教学法等
课程资源准备	教材、多媒体、PPT
参考资料	《关于进一步加强和改进大学生社会实践的意见》《辽宁职业学院学生手册》

续表

主要教学内容、逻辑结构
导入新课（5分钟） 大学生三下乡是指“文化、科技、卫生”下乡，是各高职院校在暑期开展的一项意在提高大学生综合素质的社会实践活动。文化下乡包括：图书、报刊下乡，送戏下乡，电影、电视下乡，开展群众性文化活动；科技下乡包括：科技人员下乡，科技信息下乡，开展科普活动；卫生下乡包括：医务人员下乡，扶持乡村卫生组织，培训农村卫生人员，参与和推动当地合作医疗事业发展。 （一）活动意义 （1）三下乡使大学生能够将自己在校所学的先进科学的生活观念在广大农村传播，大学生可以紧密结合他们所学专业技术知识，在农村开展多种形式的先进科技文化知识和生活观念的宣讲活动。大学生参与新农村建设的进程，为大学生了解中国国情开启了一扇窗口，密切了高等教育与新农村建设的关系，同时提高了大学生的社会实践能力和综合素质，为国家未来的发展培养了优秀人才。 （2）大学生是我国科学技术发展的后备军，应该发挥知识技能的优势，为农村建设服务，为农民群众服务。广大农村需要大学生去发挥聪明才智，大学生也需要到农村去，在服务农民群众的实践中接触社会，了解国情，增强社会责任感和历史使命感。通过三下乡，大学生可以改造世界观、价值观，把农村建设的需要和青年学生的成长很好地结合起来，走正确的成长成才道路。此外，三下乡活动架起了党和政府与农民群众之间的又一座桥梁，通过青年学生的下乡服务，体现出党和政府对农民群众生产生活的关心。 （二）活动流程 大学生以志愿者的形式深入农村，传播先进文化和科技，体验基层民众生活，调研基层社会现状。通过一系列实践活动，大学生的社会实践能力和思想认识得到提高，更多地为基层群众服务。 （1）确定主题。拟定实践主题对社会实践非常重要，它是整个实践活动的思想指导。好的实践主题必须联系实际，切忌空谈和夸张。 （2）拟定策划。确定实践主题后必须根据主题思想拟定详细的活动策划，策划以书面或电子文档形式拟定。活动策划的优劣直接关系整个活动成败，它规定了活动的具体内容和活动形式以及各种注意事项等。 （3）提出申请。学生向所在学校或学院提出书面申请，同时上交活动策划并领取三下乡实践表格。 （4）活动进行过程。 （5）撰写总结。实践结束后，学生需要就实践活动做出总结，撰写实践总结报告并上交。实践总结报告应包括实践者对整个实践活动的基本描述、实践心得以及实践评价。 （三）活动形式 大学生的三下乡社会实践活动涉及面广，内容丰富，形式多样。活动可以是单人形式，也可以是小组的形式，一般来说小组形式更加有利于实践活动的展开和取得成功。各大高职院校的暑期三下乡基本以支教和调查为主。 三下乡实践活动既促进了先进生产力的发展，又帮助和引导大学生按先进生产力发展要求成长成才；既传播了先进文化，又帮助和引导大学生接受先进文化的哺育；既服务了人民群众的根本利益，又服务了大学生的全面发展。大学生三下乡有利于了解民情体察农村生活的艰辛，从而培养了大学生对农民的感情。只有对农民和农村有了感情，大学生才能和农民的心贴得更近，才能真切感受到耕耘的艰辛和收获的喜悦，才能真正树立为“三农”服务的意识，才能更好地为社会主义新农村建设，才能真正实现社会和谐。 大学生三下乡有利于增长才干，磨炼品格和意志。通过三下乡所开展的活动，处在象牙塔中的大学生分析和处理事务的能力得到一定的提高，在活动中通过和其他人的交流，大学生可以认识更多的朋友，可以借鉴他们分析和处理问题的方法，从而使自己有所提高。

四、三下乡活动案例

【案例8-4】学生“三下乡”追梦小岗。40年前，安徽凤阳县小岗村的十几户农民在全国率先推行“大包干”，从而开启了波澜壮阔的改革开放的时代巨幕。40年来，小岗村走过了从捺下红手印大包干到土地确权颁证领到“红本本”，再到“农村资源变资产、资金变股金、农民变股东”的改革，一次次为改革探索蹚路，使得这个地处淮河岸边的小村庄，始终与家国命运同频共振。

11 日上午，在指导老师的带领下，实践队员们仔细研究讨论了小岗村改革开放 40 周年来的发展历程与发展现状，以及队员们通过访谈了解小岗村有哪些实质性的收获等。此外，老师还跟队员们讨论了的国贸院学生的就业前景，在改革开放的不断深化中如何适应社会需要，在经济改革时如何进行自我改革，队员们收获颇多。下午，社会实践小分队的队员详细安排了第二天的工作安排与分工，并准备好了访谈中所需的各项材料。1 月 12 日早晨，实践团队经过近一个小时的路程，抵达了中国农村改革“大包干”发源地安徽省凤阳县小岗村。在小岗村队员们开展了为期一天的名“改革开放四十年，看美丽乡村新变化”的村民访谈活动。

此次活动的形式主要是采用问卷调查和面对面交谈二者结合的方式。调查中共分发了 100 份问卷，收回 94 份有效问卷。此次活动的访谈对象比较广泛，有当地的农民、保安大叔、餐馆老板、个体经营户等。

队员们有幸采访到了当年“大包干”的十八位带头人之一的严立华老爷爷。爷爷具体生动地讲述了当年捺红手印时的场景。与爷爷的交谈让队员们对小岗村的历史有了更进一步的了解，更加了解到长辈们的不易和小岗村历史变迁的意义。整个访谈中，爷爷说过最多的一句话就是“没有改革开放就没有现在的小岗村，没有改革开放就没有今天的美好生活!”

队员们参观了大包干纪念馆。展馆分为溯源、抉择、贡献、巨变、展望、关爱六个部分。整个纪念馆以翔实的图片、文字、视频资料，丰富多彩的展示和表现手法，真实地再现了当年大包干从酝酿到发生发展的全过程。队员们再次了解了当年大包干的实际情况以及大包干对于农村改革的重要意义。

改革开放的 40 年中，小岗村先是率先实行“大包干”农村联产承包责任制的地方，为当时中国解决温饱问题指明了道路。后在近年来的新农村建设中，小岗村重振改革创新“大包干”精神，探索发展多种形式的土地经营模式，初步实现了从传统耕作向现代农业转变的重点突破，又探索出一条新的“现代农业—旅游产业—工农业协调发展”的改革致富之路。

此次走访中，队员们切身感受到了乡村生活的美好。如今的小岗，葡萄园、养殖场等土地集中经营已初具规模，基础设施初步完善，有不少农户也拥有了私家轿车。改革如春风化雨，滋润了小岗村的幸福生活。

【案例 8-5】享田园之美，助农业之兴。随着经济和生活水平的提高，人们的生活已从温饱型转向了休闲、娱乐、享受型。休闲农业作为新兴的旅游休闲形式，是农民向城市现代人提供的一种回归自然从而获得身心放松、精神愉悦的休闲旅游方式。它是目前既高效、快速又能持久、稳定发展，且利国利民的黄金产业。为深入了解休闲农业运营模式，探究产业结构，2021 年 1 月 26 日，曲阜师范大学管理学院“绿树村边合”实践团赴青岛和荔源草莓采摘园开展实地调研。

青岛是一座独具特色的海滨城市，空气湿润，温度适中，四季分明，具有种植草莓得天独厚的环境以及区位优势。通过实地走访，我们与工作人员进行了深入访谈，了解到青岛市针对休闲农场转型升级的新政策。全方位的服务体验、严格的职能划分、完备的监督体系与崭新的机制为顾客提供了高效率、高品质、高服务的全新体验。从工作人员的话语中我们也渐渐地发现了她的成就感与喜悦，隐隐的期待与渴求，想要看看那带来巨大收益的草莓园究竟是何种模样。

大棚外天寒地冻，大棚内却温暖如春。进入采摘园，首先是草莓清新自然的香气，而映入眼帘的是一片片绿油油的叶子及其映衬下红彤彤的草莓。仔细观察内部格局，我们发现大棚内土地规划十分合理，整齐且有序。不难想象游客在采摘草莓后的丰收景象。

理论需要与实践相结合，只有理论没有实际操作，只是纸上谈兵，是不可能立足于社会的。回想这次实践，真正感受到了休闲农业的广阔前景与发展动力。这不仅是对草莓采摘园的调研，更是对休闲农业的无限展望。当今时代背景下的乡村振兴不但可以从农民入手，还可以从新型休闲农业模式来推动。在实践中个人能力也得到了提高。

第九章　劳动教育

第一节　致敬最美劳动者

一、实践任务设置

（1）学习实践任务背景资料，包括《高等学校学生行为准则》《大中小学劳动教育指导纲要（试行）》《辽宁职业学院学生手册》；

（2）积极参加二级分院、班级组织的辅导学习；

（3）参加《学生手册》考试。

二、实践任务要求

（1）完成学期：第 1 学期；

（2）课程学时和学分：8 学时、0.5 学分；

（3）授课人员：辅导员；

（4）考核：学生参加《学生手册》考试或授课教师根据实际情况考核。

三、活动课程化教案

第二课堂活动课程化教案	
学期	2019～2020 年第一学期
课程、学时	行为规范课程、8 学时
授课班级	2019 级高职所有专业
章节名称	致敬最美劳动者
教学目的	引导学生尊重劳动、热爱劳动、传承新时代的劳模精神
教学重点	引导学生积极参加劳动锻炼，在劳动中成长
教学难点	如何引导学生积极传承劳模精神
教学方法	主要是案例教学法、讨论式教学法、比较式教学法及启发式教学法等
课程资源准备	教材、多媒体、PPT
参考资料	《辽宁职业学院学生手册》《大中小学劳动教育指导纲要（试行）》
主要教学内容、逻辑结构	

导入新课（5 分钟）

（一）五一国际劳动节的由来

十八世纪末，美国和欧洲的许多国家，逐步发展成垄断资本主义阶段。1884 年，美国和加拿大的八个国际性和全国性工人团体，在美国芝加哥举行集会，决定于 1886 年 5 月 1 日举行总罢工，迫使资本家实施八个小时工作制。这一天终于来到了，5 月 1 日，美国 2 万多个企业的 35 万工人停工上街，举行了声势浩大的示威游行，各种肤色、各种工种的工人一起进行总罢工。

续表

主要教学内容、逻辑结构
为纪念这次工人运动，1889 年 7 月 14 日，恩格斯组织召开的第二国际成立大会宣布将 5 月 1 日定为国际无产阶级的共同节日，即国际劳动节。这一决议得到世界各国工人的积极响应。1890 年 5 月 1 日，欧美各国的工人阶级率先走上街头，举行盛大的示威游行与集会，争取合法权益。 中国人民庆祝劳动节的活动起源于 1918 年。一些革命的知识分子在上海、苏州等地向群众散发介绍“五一劳动节”的传单。1920 年 5 月 1 日，北京、上海、广州等城市的工人群众走上街头举行了声势浩大的游行、集会。中华人民共和国成立后，我国于 1949 年 12 月将“五一”定为法定的劳动节。这便是“五一”劳动节的由来。劳动节的设立从很大的意义上来说是为了激励我们广大人民群众继续发扬劳动精神，在劳动中实现个人价值，在劳动中创造社会价值，在劳动中实现中华民族伟大复兴的中国梦。 （二）幸福都是奋斗出来的 幸福都是奋斗出来的，将蓝图变为现实，将改革进行到底，无不呼唤着奋斗的精神，无不需要一步一个脚印踏踏实实好好干工作。2020 年是全面建成小康社会的关键之年，是脱贫攻坚的决胜之年，更需要着激荡的创造伟力和昂扬的奋斗决心。极不平凡的 2019 年书写下难以磨灭的精彩回忆，超乎寻常的 2020 年也必将记录下中国亿万劳动人民抗击疫情、开拓美好未来的壮志雄心。 行百里者半九十。中华民族伟大复兴绝不是轻轻松松，敲锣打鼓就能实现的，必须付出更为艰巨、更为艰苦的努力。中华民族伟大复兴的中国梦需要一步一个脚印，一代接着一代去实现。 无数劳动者在自己的岗位上辛勤工作，践行着“模范”的精神，无不都是在奋斗之中创造属于自己的幸福。 1. 时传祥：新社会的握手 全国著名劳动模范，是一位“宁肯一人脏，换来万户净”的毫不利己、专门利人的掏粪工人。1959 年，时传祥出席了“全国群英会”，刘少奇主席热情地握住他粗糙的手，询问工作情况之后勉励他说：“我们都要好好地为人民服务。你当清洁工是人民的勤务员，我当主席也是人民的勤务员。这只是革命的分工不同，都是革命事业中不可缺少的一部分。”刘少奇得知他没有文化时，还特意送给他一支钢笔，鼓励他好好学文化。1966 年国庆观礼，时传祥作为北京市观礼团副团长受到毛主席接见，周总理在招待宴会上为其敬酒。1975 年 5 月 19 日时传祥病逝于北京，终年 60 岁。时传祥的一生是一个普通的劳动者，但他留给人类的精神启迪却是极不平凡的。 2. “铁人”王进喜 1923 年 10 月 8 日出生于甘肃省玉门县赤金堡一个贫苦农民家庭，6 岁讨饭，10 岁给地主放牛，15 岁到玉门油矿做苦工，直到玉门油矿解放。1950 年春，他成为新中国第一代钻井工人，工作时没有白天和黑夜之分，在油井旁边的土地上挖了一个大坑，称为“地窨子”，上面铺点草，实在累了才去躺一躺。安排王进喜住宿的人说：“看看王进喜，不吃饭、不睡觉，他可真是个‘铁人’呐。”于是，这“铁人”的称号，就这样被叫出来了。1960 年 4 月 29 日，在五一万人誓师大会上，王进喜披红戴花，骑着大马进了会场。参加石油会战的万名队员向“铁人”学习、向“铁人”致敬。正是在这次大会上，王进喜喊出了那句被流传至今的经典口号——“宁肯少活二十年，也要拿下大油田。”王进喜和 1205 队的先进事迹，迅速传遍了整个大庆油田，“铁人”这个称号也被传开了。他为我们留下了宝贵的精神财富——“铁人”精神。 3. 袁隆平：告别饥馑 中国用占世界 7% 的耕地，养活了占世界 22% 的人口。近 25 年来，世界主要农产品增长份额有 20% 以上来自中国。其中，最大的贡献来自被称为“东方魔稻”的杂交水稻。以袁隆平为代表的中国科学家所创造的这份科技成果，被视为中国继四大发明之后的第五大发明。 4. 吴孟超：中国肝胆外科奠基人 吴孟超是肝胆外科大师，有一双干净、修长的手。这双手的手掌并不大，掌心部分微微泛红。手指修长，每个指肚都饱满而匀称，透出健康的粉色，指甲契合着手指的边缘修剪得整整齐齐，没有分毫多余。这就是被时任副总理的朱镕基称为“国宝”的手！他用这双手完成了我国第一例肝脏外科手术，为新中国开创肝胆外科奠定了基础，使我国肝癌手术成功率从不到 50% 提高到 90% 以上，被誉为“中国肝胆外科之父”；他在国内首创常温下间歇肝门阻断切肝法和常温下无血切肝法，他完成了世界上第一例中肝叶切除手术，也切除了迄今为止世界上最大的肝海绵状血管瘤，更完成了世界上第一例在腹腔镜下直接摘除肝脏肿瘤的手术。他主导建立了世界上规模最大的肝胆疾病诊疗中心和科研基地，建立了世界上最大的肝癌病理标本库，培养了最多肝胆外科领域的优秀人才。 我们每一个人都只是一个工作在自己岗位上再平凡不过的劳动者，我们只要在自己的岗位上尽职尽责，兢兢业业，就一定能够散发出属于自己的光亮，奋斗出属于自己的幸福。青年人在择业工作时要立足本职岗位，扎扎实实干好工作，明确幸福都是奋斗出来的。

续表

主要教学内容、逻辑结构
（三）弘扬劳模精神 劳模精神，折射出一个时代的人文精神，反映出一个民族在某一个时代的人生价值和思想道德取向。劳模精神简洁而深刻地展示着一个时代的人之精神的演进与发展，体现着一个民族的时代的思想与情愫。 随着时代的变化与发展，每一时代的劳模群体呈现出多元的组合，以体现对不同劳动价值的肯定，当前社会对劳动价值总的评判趋势，正在从“出大力，流大汗”“苦干加巧干”，向知识型、技能型、复合型人才转变。然而这样的变化，与新中国从最开始的封闭自足的农业社会向工业化、现代化并逐步向世界开放的转变过程是完全相吻合的。每一个时代所推举出的劳模，都代表着该时代的生产力发展水平与当下人们的思想意识。 党的十九大报告指出中国特色社会主义进入新时代，新的时代意味着新的征程，需要新的使命与新的理论，必然地召唤着时代劳模肩负起新的时代重任。劳模是时代的楷模，是无数人民群众学习的榜样，是企业永不褪色的骄傲。在新时代的背景下弘扬劳模精神，就是要激发广大群众的劳动热情和创造活力，为劳动群众搭建展现聪明才智、实现自我价值、提高工作业绩的广阔舞台。可以在立功竞赛、技术攻关、创新创效等活动中积极发现苗子、培养先进、彰扬典范、选树劳模，让劳模先进群体不断发展壮大，逐渐汇聚成一股强大的感召力和影响力，引领广大劳动群众在新时代中国特色社会主义建设中充分发挥主力军作用的中坚力量。 中国特色社会主义是不断发展、不断前进的事业，犹如一部鸿篇巨作，需要一代又一代辛勤的劳动者奋笔书写。幸福不会从天而降，蓝图也不会自动成真。中华民族伟大复兴的中国梦，需要靠辛勤的劳动创造，靠奋斗精神引领。始终崇尚劳动，弘扬劳模精神、劳动精神，重视发挥工人阶级和广大劳动群众的主力军作用，追梦的脚步才格外坚实，圆梦的力量才更加澎湃。弘扬劳动精神，就是要脚踏实地，兢兢业业，追求卓越；就是要干一行爱一行，专一行精一行，立足平凡的工作岗位干出不平凡的业绩，用劳动成果展现自我价值，用实干精神为党和人民的事业贡献力量。 作为新时代的大学生，社会主义现代化建设的生力军，我们学劳模就是要学习他们爱岗敬业、为国为民的主人翁精神；学习他们争创一流，与时俱进的进取精神；学习他们艰苦奋斗，艰难创业的拼搏精神；学习他们勇于创新，不断改进的开拓精神；学习他们淡泊名利、默默耕耘的“老黄牛”精神；学习他们甘于奉献，乐于服务的忘我精神；学习他们紧密协作、相互关爱的团队精神。我们要努力将劳模精神贯穿于今后的学习与日常生活中，在今后的工作岗位上也应继续发扬新时代的劳模精神。

第二节　弘扬新时代工匠精神

一、实践任务设置

（1）学习实践任务背景资料，包括《高等学校学生行为准则》《大中小学劳动教育指导纲要（试行）》《辽宁职业学院学生手册》；

（2）积极参加二级分院、班级组织的辅导学习；

（3）参加《学生手册》考试。

二、实践任务要求

（1）完成学期：第 1 学期；

（2）课程学时和学分：8 学时、0.5 学分；

（3）授课人员：辅导员；

（4）考核：学生参加《学生手册》考试或授课教师根据实际情况考核。

三、活动课程化教案

第二课堂活动课程化教案	
学期	2019～2020 年第一学期
课程、学时	行为规范课程、8 学时
授课班级	2019 级高职所有专业
章节名称	弘扬新时代工匠精神
教学目的	引导学生在今后的工作岗位上传承工匠精神
教学重点	工匠精神的重要意义
教学难点	如何弘扬与传承新时代的工匠精神
教学方法	主要是案例教学法、讨论式教学法、比较式教学法及启发式教学法等
课程资源准备	教材、多媒体、PPT
参考资料	《辽宁职业学院学生手册》《大中小学劳动教育指导纲要（试行)》

主要教学内容、逻辑结构

导入新课（5 分钟）

2016 年“工匠精神”首次在政府工作报告中提出，那么到底什么样的工人才是大国工匠？什么样的精神才可以称得上是工匠精神呢？必须是高端科技吗？必须是独一无二吗？必须是奢华卓越吗？实际上这些都不是真正意义上的工匠与工匠精神，恰恰相反，大国工匠是那些在第一线辛勤工作的平凡工人，他们有钳工，有捞纸工，有研磨工等。他们都是再平凡不过的普通人而已，但他们每一个人都有着对职业技能、职业知识的完美追求，凭着对职业技术的忠实传承和苦心钻研，靠着几十年如一日的专注和坚守，在平凡的岗位上书写着自己不平凡的人生，这就是我们所说的工匠与工匠精神。今天就让我们一起走进大国工匠，传承工匠精神。

（一）大国工匠与工匠精神含义

工匠，从字面来看，就是我们所说的工人、匠人的意思，词典上的解释指的是有技艺专长的人，技艺精湛，匠心独具。

工匠精神是指在制作产品或在具体的工作中不断追求精益求精的态度与品质，是职业道德、职业能力、职业品质的集中体现，一定意义上说是从业者的一种高尚的职业价值取向和行为表现。

多年来，通过对德国、日本等工匠精神盛行国家的比较研究以及对我国从古至今工匠精神的收集归纳与整理，大国工匠精神可以概括为敬业、精益、专注、创新几个方面。

（1）敬业。敬业是从业者基于对职业的敬畏和热爱而产生的一种全身心投入的认认真真、尽职尽责的职业精神状态。中华民族历来有“敬业乐群”“忠于职守”的传统，敬业是中国人的传统美德，也是当今社会主义核心价值观的基本要求之一。早在春秋时期，孔子就主张人在一生中始终要“执事敬”“事思敬”“修己以敬”。“执事敬”是指行事要严肃认真不怠慢；“事思敬”是指临事要专心致志不懈怠；“修己以敬”是指加强自身修养保持恭敬谦逊的态度。由此可见，敬业是工匠精神重要表现之一。

（2）精益。精益就是精益求精，是从业者对每件产品、每道工序都凝神聚力、精益求精、追求极致的职业品质。所谓精益求精，是指已经做得很好了，还要求做得更好，“即使做一颗螺丝钉也要做到最好”。正如老子所说，“天下大事，必作于细”。能基业长青的企业，无不是精益求精才获得成功的。无论是企业还是从业者，只有时刻秉持着“精益”的精神，才会取得源源不断的成功，进而实现企业的生存价值与自己的人生价值。

（3）专注。专注就是内心笃定而着眼于细节的耐心、执着、坚持的精神，这是一切“大国工匠”所必须具备的精神特质。从无数的中外实践经验来看，工匠精神都意味着执着，即几十年如一日的不懈坚持与韧性。“术业有专攻”，从业者一旦选定某个行业，就一门心思扎根下去，心无旁骛，不放过产品的任何一个细节，不断积累产品优势，在各自领域成为“领头羊”。中国早就有“艺痴者技必良”的说法，如《庄子》中记载的游刃有余的“庖丁解牛”、《核舟记》中记载的奇巧人王叔远等，这都是对工匠精神的生动诠释。

（4）创新。虽然工匠精神强调执着、坚持、专注甚至是陶醉、痴迷，但这绝不等同于因循守旧、拘泥一格的“匠气”，新时代的工匠精神必然包括追求突破、追求革新的创新内蕴。这就意味着，工匠必须把“匠心”融入生产过程中的每一个环节，既要对职业有敬畏之心、对质量拿捏精准，又要富有追求突破、追求革新的创新活力。事实上，古往今来，热衷于创新和发明的工匠们一直都是世界科技进步的重要推动力量。新中国成立初期，我国涌现

续表

主要教学内容、逻辑结构
出一大批优秀的工匠，如倪志福、郝建秀等，他们为社会主义建设事业做出了突出贡献。改革开放以来，“汉字激光照排系统之父”王选、“中国第一、全球第二的充电电池制造商”王传福、从事高铁研制生产的铁路工人和从事特高压、智能电网研究运行的电力工人等都是工匠精神的优秀传承者，在他们身上无不体现着鲜明的创新精神与毅力，是他们让中国创新重新影响了世界，让中国的影响力骤然上升。 （二）工匠精神的当代价值 随着现代信息技术的不断发展，全世界进入了现代科技时代，“工匠”似乎正在慢慢远离我们而去。但是，实现中华民族伟大复兴的中国梦，在需要大批攻坚克难的科学技术专家的同时也需要千千万万扎根基层的能工巧匠。更为重要的是，工匠精神作为一种优秀的职业道德文化，它的传承和发展契合了时代发展的需要，具有重要的时代价值与广泛的社会意义。 （1）工匠精神是社会文明进步的重要尺度。实现中华民族伟大复兴的中国梦，物质财富要极大丰富，精神财富也要极大丰富。只有物质文明建设和精神文明建设都搞好，国家物质力量和精神力量都增强，全国各族人民物质生活和精神生活都改善，中国特色社会主义事业才能顺利向前推进。也就是说，物质文明与精神文明是推动社会文明进步的“两个轮子”，是实现中华民族伟大复兴中国梦的“一双翅膀”，二者缺一而不可。事实上，工匠精神的发育程度，同社会的物质文明、精神文明的进步程度都直接发生着关联。从精神文明来看，工匠精神作为一种职业精神，在本质上它是同社会主义核心价值观特别是同其中的“敬业”“诚信”要求高度契合的。从物质文明来看，工匠精神在物质文明的创造过程中可以发挥强大的精神动力及智力支持作用。工匠精神可以说是衡量我们当前社会进步程度的一把重要的尺子。 （2）工匠精神是中国制造前行的精神源泉。经过改革开放近40年的发展，我国早已成为世界第一制造业大国。尽管我们成了“世界工厂”，贴着“MADE IN CHINA”标签的产品在世界随处可见，大到汽车、电器制造，小到制笔、制鞋，国内许多产业的规模都居于世界前列，但这里面却依然缺少真正中国创造的东西，甚至一些外国人将中国产品等同于“山寨”产品，这可以说是严重地损害了中国企业和中国品牌的形象。在许多业内人士看来，我国制造业大而不强，产品质量整体不高，背后的重要根源之一就是缺乏具备“工匠精神”的高技能人才。为实现中国从全球制造大国到制造强国的跨越，2015年5月8日国务院正式印发《中国制造2025》，提出了中国政府实施制造强国战略第一个十年的行动纲领。中国要迎头赶上世界制造强国，成功实现中国制造2025战略目标，就必须在全社会大力弘扬以工匠精神为核心的职业精神。只有当敬业、精益、专注、创新的工匠精神融入生产、设计、经营的每一个环节，实现由“重量”到“重质”的突围，中国制造才能赢得未来。工匠精神有利于推动中国产品的质量升级，是推动中国制造业前行的重要的精神力量源泉。 （3）工匠精神是企业竞争发展的品牌资本。随着市场经济特别是知识经济的到来，现代经济越来越呈现为一种品牌经济。在现代市场经济视域下，作为知识资本形态的品牌形象也是一种可经营的企业资本，是一种潜在的、无形的、动态的、能够带来增值的价值，是传统的会计体系反映不了的无形资本。塑造良好的品牌形象，有效开发、经营品牌资本，是企业参与市场竞争、占领市场制高点的重要手段。事实上，工匠精神在企业品牌形象塑造和品牌资本创造过程中具有十分重要的作用。工匠精神是企业品牌内涵的重要体现，也是企业品牌知名度、美誉度以及顾客忠诚度培育的有效途径，更是企业品牌资本价值增值的重要来源。例如，中华老字号全聚德烤鸭能够驰名世界，也是得益于其“食不厌精、脍不厌细”的工匠精神。产品是企业核心竞争力的重要表现，一个企业若想获得长久的发展就需要依靠过硬的产品，而产品的关键就在于每个从业者的职业技能，工匠精神可以说是企业发展的最长久的品牌资本。 （4）工匠精神是员工个人成长的道德指引。尊重员工的价值、启迪员工的智慧、实现员工的发展，不仅是员工个人成长的强烈需求，同时也是现代企业的责任和使命。工匠精神作为一种职业精神，是企业员工提升个人精神追求、完善个人职业素养、实现个人成长进步的重要道德指引。美国旅馆业巨头康拉德·希尔顿年轻时有过在酒店打工的经历。最初，上司安排他打扫卫生，刷马桶是其中必要环节。希尔顿对这份工作不满意，对待工作很懈怠。有一天，一位年龄稍长的女同事见他刷的马桶很不干净，就亲自为他做示范，并告诉他，自己刷完的马桶，是有信心从里面舀水喝的。这件事对年轻的希尔顿触动很大。从此，他一改对工作的懈怠应付，逐渐树立起踏实认真、一丝不苟的职业精神。后来，希尔顿拥有了自己的酒店，并在行业内独树一帜。回顾他的成功之路，不难发现，他年轻时所遭遇到的“喝马桶水”的职业精神教育这一课，是他成长、成才、成功的重要精神财富。事实上，企业员工所具有的高尚职业操守和强烈工匠精神，同拥有较高专业知识技能一样，是其自身立足职场的重要条件和在未来职业生涯中脱颖而出的制胜法宝。 （三）工匠精神的培育途径 如今全社会已经形成了一个强烈共识，就是我国必须加强、加快“工匠精神”的培育。那么，其路径何在呢？

续表

主要教学内容、逻辑结构
（1）必须形成良好社会氛围。在全社会形成尊重工匠、崇尚工匠精神的良好社会氛围，是培育和弘扬工匠精神的必要条件。工匠在古代等级社会中一直处于社会下层，在职业“士农工商”的排名中，工匠往往不入统治者的“法眼”而被归为“三教九流”。唐宋以后，手工业者身份地位有所提高，但封建王朝依然奉行“重农抑商”的基本国策，将工商业视为末业，对工商业者进行压制。元代通过严格的“匠户”户籍制度对工匠进行种种限制和奴役，使工匠一直难以获得与普通劳动者平等的社会地位。特别是儒家主流思想向来强调“万般皆下品，唯有读书高”，倡导“君子不器”，轻视职业技能教育，认为匠人们营营役役都是些奇技淫巧，君子应该修齐治平，不为物役。而当代中国虽早已是世界工厂，但社会和企业依然缺乏对工匠和工匠精神的重视和尊重。反观欧美文化，古时的出色工匠，可以跟艺术家和作家齐名，地位是非常高的。在全社会形成尊重工匠、崇尚工匠精神的氛围，其实质是对劳动、知识和创造的尊重。这既是培育和弘扬工匠精神的必要条件，也是社会文明进步的重要表征。 （2）必须畅通职业培养机制。有资料表明，我国制造业生产一线技工特别是具有工匠精神的高级技能型人才的短缺，已经成为制约我国成为制造业强国的瓶颈。那么，如何畅通技能型人才职业培养机制呢？一要深化现代职业教育改革。也就是要以改革的思路，加快发展与技术进步和社会需求相适应、产教学同工匠精神深度融合的现代职业教育，培养数以亿计的工程师、高级技工和高素质职业人才。二要继承古代“师徒制”教育传统。古代流行的中国艺徒制度和西方行会的学徒制，采取的都是一种“心传身授”的默会教学方式，学徒都是在实践中不断磨炼技艺，体验并形成精雕细琢、精益求精、严谨专注的职业精神。特别是，“师徒制”中形成的“亲师合一”关系，注重“手把手”“一对一”的言传身教，有利于非物质传统技艺的传授和“工匠精神”的养成。三要实行国家工匠技能认证制度。也就是在加强现行职业教育法规执行力度的同时，借鉴德国职业教育举行国家考试制度，全面实行工匠职业从业资格考试制度和工匠技能等级认证制度，不断提高职业资格水准和职业荣誉感。 （3）必须融入企业文化建设。企业文化是指企业在长期的生产经营管理实践中形成的具有本企业特色并为全企业所认同和遵循的价值理念、共同信念、经营思想、道德准则与行为规范的总和。显然，以工匠精神为核心的工匠文化是企业文化建设必不可少的组成部分。正如《周易》所言：“观乎人文以化成天下”。文化价值来自“人化”的过程，同时又必须回归于“化人”的过程。无疑，工匠精神中蕴涵的巨大力量，也需要通过融入企业文化建设而得到发扬光大，并使之在滋养员工精神、推动企业发展中得到验证和释放。 （4）必须建立激励保障制度。建立科学有效的激励保障制度是工匠精神得以延传和发扬不可或缺的重要措施。其一，要建立传统工匠技艺知识产权保护制度。针对传统工匠“传内不传外、传儿不传女、传大不传小”现象，通过运用法律、制度等形式加强与工匠相关的知识产权、技术专利的保护工作，最大限度地保护传统工匠的合法权益不受侵害。其二，要建立濒临失传的传统工匠技艺抢救制度。要建立专项基金，抢救性保护那些濒临失传断代的民间传统技艺、工艺，抢救挖掘那些濒于失传的独门绝技，请大师名匠著书立说或为他们撰写人物志和传记，发扬光大传统技艺和工匠精神。其三，要建立优秀民间传统技艺表彰奖励制度。可借鉴当今建筑界“鲁班奖”、工艺美术界“金奖”“银奖”形式，对技艺界的精品、优品实行专项奖励制度，以此树立标杆鼓励赶超。同时，对于那些德艺双馨的工匠大师、技师要授予荣誉称号，并不断提高他们的薪酬待遇。其四，要建立名品优品特品甄别追究制度。为增加工匠的责任心和荣誉感，可借鉴古代社会“物勒工名”的办法，利用条形码、二维码等现代网络技术手段，对工匠、技师的每一件作品、产品实行甄别认证，既保障他们的著作权，让他们“扬名立万”，又对他们实行终身责任追究，以此强化工匠精神的建设。 要弘扬工匠精神，精心打磨每一个零部件，生产优质的产品。只有打造更多的精品、优质产品，塑造更多的“中国品牌”，中国经济发展才能进入质量效益时代，中国制造业才能在做大做强中跻身世界前列。中华民族伟大复兴的中国梦，需要培养更多的职业技能人才作为支撑制造强国根基，只有让更多的大国工匠脱颖而出，中国才可能实现“创造强国”的梦想。

四、新时代工匠精神案例

【案例 9-1】顾秋亮——蛟龙号载人潜水器首席装配钳工技师。顾秋亮在钳工安装及科研试验工作方面已经工作了四十多年，先后参加和主持过数十项机械加工和大型工程项目的安装调试工作。2009～2012 年，顾秋亮作为蛟龙号海上试验技术保障骨干，全程参与了蛟龙号载人潜水器 1000 米、3000 米、5000 米和 7000 米四个阶段的海上试验。参加海上试验时，顾秋亮已是五十多岁，但他克服了严重的晕船反应和海上艰苦的工作生活条件等诸多困难，安排好家中生病的妻子，义无反顾地投入到每年近100天的海试中。他带领装配保障组不仅完成了蛟龙号的日常维护保养，还和科技人员一道攻关，解决了海上试验中遇到的技术难题，如压载铁的安装、水下灯光的调整、布放回收接口的设置等，并将自己的技术和心得体会毫无保留地传授给国家深海基地的技术人员，为海试的顺利进行和蛟龙号投入正规化的业务运行立下了汗马功劳。

【案例9-2】管延安——中国“深海钳工”第一人。18岁管延安就开始跟着师傅学习钳工。“干一行，爱一行，钻一行”是他对自己的要求；有空的时候就看书学习，是他最大的工余爱好。二十多年的勤学苦练和对工作的专注，心灵手巧的他不但精通錾、削、钻、铰、攻、套、铆、磨、矫正、弯形等各门钳工工艺，而且对电器安装调试、设备维修也是得心应手。他先后参与了世界三大救生艇企业之一——青岛北海船厂、国内最大集装箱中转港——前湾港等大型工程建设，先后荣获港珠澳大桥岛隧工程“劳务之星”和“明星员工”称号。

第三节　在劳动奋斗中渲染青春的底色

一、实践任务设置

（1）学习实践任务背景资料，包括《高等学校学生行为准则》《大中小学劳动教育指导纲要（试行）》《辽宁职业学院学生手册》；

（2）积极参加二级分院、班级组织的辅导学习；

（3）参加《学生手册》考试。

二、实践任务要求

（1）完成学期：第1学期；

（2）课程学时和学分：8学时、0.5学分；

（3）授课人员：辅导员；

（4）考核：学生参加《学生手册》考试或授课教师根据实际情况考核。

三、活动课程化教案

第二课堂活动课程化教案	
学期	2019～2020年第一学期
课程、学时	行为规范课程、8学时
授课班级	2019级高职所有专业
章节名称	在劳动奋斗中渲染青春的底色
教学目的	（1）引导学生树立正确的劳动观念； （2）引导学生在劳动奋斗中茁壮成长，自觉做担当民族复兴大任的时代新人
教学重点	明确劳动不分高低贵贱，劳动是实现人生价值的重要途径
教学难点	引导学生在劳动中实现自己的人生价值
教学方法	主要是案例教学法、讨论式教学法、比较式教学法及启发式教学法等
课程资源准备	教材、多媒体、PPT
参考资料	《辽宁职业学院学生手册》《大中小学劳动教育指导纲要（试行）》

续表

主要教学内容、逻辑结构
导入新课（5 分钟） （一）劳动是实现人生价值的重要途径 劳动“高大上”，干起来“苦脏累”？劳动模范不仅仅是书本里袁隆平、屠呦呦的形象，科研和学术等领域的顶尖高手、推动国家进步的人，做自己喜欢的事，在其他方面为国家争光，也能被称为劳动模范。 中国劳动关系学院教授乔东将“劳动精神”诠释为，每一位劳动者为创造美好生活而在劳动过程秉持的劳动态度、劳动理念及其展现出的劳动精神风貌。劳模精神是在平凡岗位上做出不平凡业绩所坚持坚守坚定的基本信念、价值追求、人生境界及其展现出的整体精神风貌。 在我们党团结带领人民进行革命、建设、改革各个历史时期，以劳动模范为代表的广大劳动者辛勤耕耘、砥砺奋进，共同奏响了劳动最光荣、劳动最崇高、劳动最伟大、劳动最美丽的时代强音。 从“兵工事业开拓者”的吴运铎、“边区工人一面旗帜”的赵占魁，到“宁肯一人脏、换来万人净”的时传祥；从“高炉卫士”孟泰、“两弹元勋”邓稼先，到“中国航空发动机之父”吴大观……一大批劳动模范和先进工作者，干一行、爱一行，专一行、精一行，带动群众锐意进取、积极投身建立新中国和社会主义现代化建设，为国家和人民建立了杰出功勋。 （二）在劳动奋斗中渲染青春的底色 “伟大的事业呼唤着我们，庄严的使命激励着我们。”我们正处在催人奋进的新时代，劳动者，既是建设国家、实现中国梦的中坚力量，又是一个个真实、朴实且平凡的追梦者。习近平在多个场合礼赞劳动创造，讴歌劳动精神，号召工人阶级和广大劳动群众承担庄严使命，投身伟大事业 广大青年是祖国的未来，青年的发展直接关系到祖国未来的发展方向。奋斗本身就是一种幸福。只有奋斗的人生才称得上幸福的人生。广大青年也只有在奋斗中才能够成就自己无悔的青春。 马克思指出，劳动是幸福的源泉，也是实现幸福的基本途径，幸福是主观性与客观性、物质生活与精神生活、享受与劳动、个人幸福与社会幸福的统一。 “青年一代有理想、有本领、有担当，国家就有前途，民族就有希望。中国梦是历史的、现实的，也是未来的；是我们这一代的，更是青年一代的。中华民族伟大复兴的中国梦终将在一代代青年的接力奋斗中变为现实。” 作为新时代青年，要尊重劳动、热爱劳动、辛勤劳动、幸福劳动，在劳动奋斗中渲染青春的底色，自觉做担当民族复兴大任的时代新人。

第十章　双 创 教 育

第一节　创新实践教育课程

一、实践任务设置

（1）完成创新教育理论学习；
（2）参与创新教育实训项目。

二、实践任务要求

（1）完成学期：第 1 学期；
（2）课程学时和学分：8 学时、1 学分；
（3）授课人员：辅导员；
（4）考核：撰写一篇可行的创新实践方案。

三、活动课程化教案

第二课堂活动课程化教案	
学期	2019～2020 年第一学期
课程、学时	认识创新、8 学时
授课班级	2019 级高职所有专业
章节名称	创新实践教育
教学目的	使学生了解创新的含义和类型，掌握创新的内目的涵，并且有针对性地根据创新概念进行扩展性训练
教学重点	创新的概念
教学难点	开展创新的过程
教学方法	主要是案例教学法、讨论式教学法、比较式教学法及启发式教学法等
课程资源准备	PPT 课件；短视频；若干 A4 纸和胶带（分组实训用）
主要教学内容、逻辑结构	

（一）导入课程

对创新方面的知识初步了解，让学生自由讨论。通过讨论，本节课就具体学习创新意识的内容和培养创新意识。

（二）案例导入

创新是历史进步的动力、时代发展的关键。习近平总书记在党的十八届五中全会上提出的创新、协调、绿色、开放、共享五大发展理念，把创新提到首要位置，对创新发展在国家经济社会发展中的重要地位和作用作了崭新概括，提出了“创新是引领发展的第一动力”的重大论断，强调“让创新贯穿党和国家一起工作”。在此背景下，认识创新概念，唤醒每个学生的创新意识至关重要。通过本任务的学习，了解创新的含义和类型，明确创新的内涵。

美国电动车及能源公司是一家生产和销售电动汽车以及零件的公司，总部设在美国加州的硅谷地带。美国电动车

续表

主要教学内容、逻辑结构
及能源公司作为一家成立于2003年的新能源汽车公司，可谓是挑战传统能源汽车的业界新秀。该公司致力于用最具创新力的技术，加速可持续交通的发展，是世界上第一个采用锂离子电池的电动车公司。短短10余年间，它打破能源汽车的神话，创造出新能源汽车的时代。它主要在如下几方面进行了创新： （1）理念创新。环保理念逐渐深植于现代人们的观念之中，美国电动车及能源公司的理念创新正是基于环境保护。电动汽车相比传统燃油汽车有如下优点：1）无须加油，家中即可充电，电动马达也能提供和燃油一样充沛的动力和灵活的机动性。2）不会带来空气污染，其污染主要来源于生产过程和发电过程，排污量大大降低。3）电动马达体积小，能够增加电动汽车的空间。 （2）技术创新。美国电动车及能源公司对电池技术的创新引起市场对提升锂电池能量密度材料的关注。石墨烯复合材料用作锂离子电池负极大幅度提高负极材料的电容量和大倍率的充放电性能。该技术已经吸引了国内外一些研究机构开展研究工作，部分企业甚至已经开始了推进石墨烯负极材料产业化的进程。 （3）商业模式创新。美国电动车及能源公司通过开放专利以及与其他汽车厂商合作，大力推动了纯电动汽车在全球的发展。美国电动车及能源公司开源所有专利的目的就在于让更多的人或企业，在一个较低门槛上，就可以站在巨人的肩膀上，投入到世界电动汽车发展和普及的浪潮之中。从开放专利表面上看是让竞争对手占了便宜，然而此举却无形中提高了美国电动车及能源公司技术的普适性，使得它在未来标准制定中抢占了有利的地位。 （4）文化创新。美国电动车及能源公司的文化创新主要表现在六个方面：唯快为尊、为人所不能、持续创新、溯本清源、业主思维、破釜沉舟。 （三）认识创新 1. 创新概念 创新是人类特有的认识能力和实践能力，是人类主观能动性的高级表现，是推动民族进步和社会发展的不竭动力。一个民族要想走在时代前列，就一刻也不能没有创新思维，一刻也不能停止各种创新。 创新是人类对实践范畴的扩展性发现、创造的结果，创新在人类历史上首先表现为个人行为，在近代实验科学发展起来后，创新在不同领域就不断成为一种集体性行为。但个人的独立实践对于前沿科学的发现及创新依然起到引领作用。创新的社会化形成整体的社会生产力进步。 2. 创新分类 根据不同的分类方法，创新可以分为不同的类型，下面主要从创新领域和创新模式的不同进行分类。 按照创新所属领域分，创新可分为理论创新、制度创新、科技创新、经济创新和文化创新五个方面。 （1）理论创新。理论创新是指人们在社会实践活动中，对出现的新情况、新问题做新的理性分析和理性解答，对认识对象或实践对象的本质、规律和发展变化的趋势做新的揭示和预见，对人类历史经验和现实经验做新的理性升华。 （2）制度创新。制度创新是指在人们现有的生产和生活环境条件下，通过创设新的、更能有效激励人们行为的制度、规范体系来实现社会的持续发展和变革创新。所有创新活动都有赖于制度创新的积淀和持续激励，通过制度创新得以固化，并以制度化的方式持续发挥着自己的作用，这就是制度创新的积极意义。 （3）科技创新。科技创新是原创性科学研究和技术创新的总称，是指创造和应用新知识、新技术和新工艺，采用新的生产方式和经营管理模式，开发新产品，提高产品质量，提供新服务的过程。科技创新可以被分为三种类型；知识创新、技术创新和现代科技引领的管理创新。 （4）经济创新。经济学意义上的创新概念，目前大多数经济学家都同意和接受奥地利籍经济学家熊彼特的定义。经济创新指的是新产品的开发、新市场的开拓、新生产要素的发现、新生产方式的引进和新企业组织形式的实施。在现代经济条件下，创新就是新的组合，如新技术与新产品的组合、新技术与新生产过程的组合、新技术与新生产原料的组合、新技术与新市场开发的组合、新技术与新生产过程的组合、新技术与新生产原料的组合、新技术与新市场开发的组合以及新技术（或新的生产力）和新产业组织的组合等。总之，创新在经济学上的意义就是新的组合，而这个组合的最初起因可能是知识的创新和技术的创新，通过对经济生活中的某一活动相组合，就带来一场经济生活领域的革命。 （5）文化创新。文化创新就是在继承前人文化遗产精华的基础上，结合新的实践和时代的要求，结合人民群众精神文化生活的需要，所进行的文化上的超越和创造。文化在交流的过程中传播，在继承的基础上发展，都包含着文化创新的意义。文化发展的实质就在于文化创新。推动社会实践的发展，促进人的全面发展，是文化创业的根本目的，也是检验文化创新的标准所在。 3. 创新与创意的区别 创意是一种通过创新思维意识，进一步挖掘和激活资源组合方式进而提升资源价值的方法。可以说，创意是传统

续表

主要教学内容、逻辑结构
的叛逆；是打破常规的哲学；是大智大勇的同义；是导引递进升华的圣圈；是一种智能拓展；是一种文化底蕴；是一种闪光的震撼；是破旧立新的创造与毁灭的循环；是思想库、智囊团的能量释放；是深度情感与理性的思考与实践；是投资未来、创造未来的过程。简言之，创意就是具有新颖性和创造性的想法。 创意是创新的特定形态，意识的新发展是人对于自我的创新。实践才是创新的根本所在。创新的无限性在于物质世界的无限性。 简言之，创新是改变旧事物，创造新事物的方法或手段，偏重技术性，如技术创新。而创意则是具有新颖性和创造性的想法，偏重思想性，如广告创意。

四、创新教育案例

【案例 10-1】从大学时代的创新思维到世界 500 强——联邦快递创业之路。联邦快递（Federal Express）公司成立于 1973 年，全球总部设在美国的田纳西州孟菲斯，另在中国香港、加拿大安大略、多伦多和比利时布鲁塞尔设有区域总部。

目前，联邦快递在全球拥有 148000 名员工，拥有大约 1200 个服务中心，超过 7800 个授权寄件中心，435000 个投递地点，45000 辆货运车，662 架货机，服务机场覆盖全球 365 座大小机场，服务范围遍及全世界 210 多个国家，日平均处理的货件量多达 330 万份。

联邦快递以其无可比拟的航空路线权以及强固的信息技术基础设施，在小件包裹速递、普通递送、非整车运输、集成化调运系统等领域占据了大量的市场份额，成为全球快递运输业泰斗，并跃入世界 500 强企业。

联邦快递公司的创立者、总裁弗雷德·史密斯的父亲是位企业家，创立了一家经营得很好的巴士公司。20 世纪 60 年代，弗雷德在耶鲁大学读书，他撰写过一篇论文，提出一个超越传统上通过轮船和定期的客运航班运送包裹，建立一个纯粹的货运航班，用以从事全国范围内的包裹邮递的设想。这是一个开创性的创业设想。

弗雷德在论文中提出，在小件包裹运输上采纳“轴心概念”理念，并利用寂静的夜晚通过飞机运送包裹和邮件。可是老师并未认可这个创新理念，这篇论文只得了个 C。

毕业后弗雷德曾在越战中当过飞行员。回国后他在可行性研究基础上，把从父亲那里继承的 1000 万美元和自己筹措的 7200 万美元作为资本金，建立了联邦快递公司。

实践证明，弗雷德的“轴心概念”的确能为小件包裹运输提供独一无二、有效的、辐射状配送系统。

弗雷德的出奇之处不仅在于小件包裹运输采纳“轴心概念”的营销模式创新，更在于他能够把人们忽略的时间运用起来，把本来是低谷的时段变成一种生意的高峰期。

田纳西州的孟菲斯之所以被选择作为公司的运输中央轴心所在地，首先是孟菲斯为联邦快递公司提供了一个不拥挤、快速畅通的机场，它坐落在美国中部地区；其次是孟菲斯气候条件优越，机场很少关闭。正是由于摆脱了气候对于飞行的限制，联邦的快递竞争潜力才得以充分发挥。每到夜晚，就有 330 万包裹从世界各地的 210 多个国家和地区起运，飞往田纳西州的孟菲斯。

成功的选址也许对其安全记录有着重大贡献，在过去的 30 多年里，联邦快递从来没有发生过空中事故。联邦快递的飞机每天晚上将世界各地的包裹运往孟菲斯，然后再运往联邦快递没有直接国际航班的各大城市。虽然这个“中央轴心”的位置只能容纳少量飞机，但它能够为之服务的航空网点要比传统的 A 城到 B 城的航空系统多得多。

另外，这种轴心安排使得联邦快递每天晚上飞机航次与包裹一致，并且可以应航线容量的要求而随时改道飞行，这就节省了一笔巨大的费用。此外，联邦快递相信，“中央轴心”系统也有助于减少运输上的误导或延误，因为从起点开始，包裹在整个运输过程都有一个总体控制的配送系统。

弗雷德专门用于包裹邮递的货运航班，为全国以及后来为全世界客户提供了方便快捷、准时、可靠的服务，创新的营销模式为其提供了低成本、高效、安全和全天候的物流系统，因而联邦快递迅速发展，从创业到成长为世界 500 强企业只用了短短 20 多年时间。

【案例 10-2】“美特斯邦威”和“谭木匠”商业模式的选择与创新。“美特斯邦威”和“谭木匠”是我国近年来选择了独特商业模式而获得快速发展的创业企业。

“美特斯邦威”1995 年创办。当时，创业者周成建仅仅是温州妙果寺服装市场一位普通的个体户。但是，周成建具有远见卓识，认识到休闲服饰在未来有长足的发展空间，便果断地退出了仍然火爆的妙果寺服装市场，投入 50 万元资金，自创了洋味十足的“美特斯邦威”品牌，其产品迎合年轻消费者的需求，走时尚路线，“不走寻常路”逐步发展，迅速成为国内颇具影响和特色的休闲服饰企业，年销售额达 30 亿元。

“谭木匠”集团由董事长谭传华创办，创业之初主要生产民间传统的木制梳子，创立品牌“谭木匠”。该公司在经营中赋予产品十足的中国传统文化韵味，其产品用料精细、做工考究、古朴典雅，市场份额逐步扩大。“谭木匠”商标被国家工商行政总局认定为驰名商标。

这两家企业经营的产品虽然大相径庭，但创业之初都是缺乏资金、缺少技术实力，更没有什么官方背景和垄断资源，是同期千百万创业企业中的普通一员。10 多年过去了，许多创业企业消失了，更多企业默默无闻、停滞不前，但这两家企业却逐步发展壮大，成为各自行业中的佼佼者。独特商业模式的选择与实施是成功的关键。

美特斯邦威自创品牌后，有限的资金成为企业发展最大瓶颈，如果仍然沿用传统的经营方式，为满足市场需求就要购买大量的机器设备扩大生产，而如果把有限的资金用于建立工厂，自己建立终端销售渠道，既无法实现大规模生产和销售，又影响了其他工作的顺利进行，同时品牌的创建也就化为泡影，美特斯邦威现在也就只能是温州一家普普通通的服装企业。周成建“不走寻常路”的理念使其开始了自己独特的虚拟经营模式，企业倾注所有资源，全力打造和强化企业的核心竞争力。

美特斯邦威抓住服装企业经营中的关键环节，精心营造品牌，先后重金聘请郭富城、周杰伦作为企业品牌形象代言人；同时聘请具有国际水准的顶级设计师根据市场状况，设计各种款式的迎合市场需求的休闲服饰，提升了设计水平。企业还与广东、江苏、浙江等地的 100 多家服装加工企业建立长期合作关系，这些强大产能为美特斯邦威定牌生产。这样，生产环节就委托其他企业外包出去了。同时，美特斯邦威采取特许连锁方式，通过“共担风险，实现双赢”在全国各个区域招募加盟商，建立美特斯邦威专卖店，截至 2021 年全国已有 1000 多家美特斯邦威专卖店。这样，企业把销售环节也外包出去了。

谭木匠用一把木梳打天下，把一件不起眼的小产品赋予浓郁的文化品位，企业做得个性十足。1997 年，企业发展遇到资金瓶颈，银行认为生产木梳的企业没啥出息，没把这家小企业纳入贷款范围之内。谭木匠公司面对困难，及时策划，在《重庆商报》上刊登“企业招聘银行”的广告，向社会诉求企业发展所遇的资金困难和未来发展前景，使得银行竞相和企业接触并向谭木匠公司主动提供贷款。这一举措是一次成功的企业公关活动，解决了企业发展的资金瓶颈。企业通过全力打造“谭木匠”品牌，塑造了高品质的具有中国传统文化内涵的木梳产品形象，产品在市场上具有较高的美誉度。在此基础上，企业通过虚拟经营的方式利用外部资源，在全国招募和遴选经销商，逐步在全国建立了 500 多家特许加盟店，建立了覆盖全国的销售渠道。虽然谭木匠的年销售收入仅亿元左右，但是却进入了一个几乎没有同类竞争的领域，成了该行业的“隐形冠军”。

国外理论界在 20 世纪末提出的虚拟经营的企业发展理论，被美特斯邦威和谭木匠很好地运用于企业实践。通过虚拟经营，企业整合和充分利用了外部资源，从而把有限的资金用在企业发展的关键环节，有效培育和打造了企业的核心竞争力。

第二节　创业教育课程

一、实践任务设置

（1）完成创业教育理论学习；

（2）参与创业教育实训项目。

二、实践任务要求

（1）完成学期：第 1 学期；

（2）课程学时和学分：8 学时、1 学分；

（3）授课人员：辅导员；

（4）考核：撰写一篇可行的创业实践方案。

三、活动课程化教案

第二课堂活动课程化教案

学期	2019～2020 年第一学期
课程、学时	识别创业机会、8 学时
授课班级	2019 级高职所有专业
章节名称	创业教育
教学目的	使学生理解创业机会的概念；辨析创业机会的类型；掌握识别创业机会的方法
教学重点	理解创业机会的概念、辨析创业机会的类型
教学难点	识别创业机会的方法
教学方法	主要是案例教学法、讨论式教学法、比较式教学法及启发式教学法等
课程资源准备	教材、多媒体、PPT

续表

主要教学内容、逻辑结构
（一）导入课程 上节课学习了创新方面的内容，通过这些内容的学习，同学们能够对数控模型、智慧生活系统 3D 设计与打印、工艺美术等创新成果进行合理的保护，在大学生法制教育中增强知识产权法律意识，重视大学生对创新成果法律保护意识的培养。大学生应认识到创新成果保护的重要性，明白创新与保护的利害关系。本节课让我们带着自己的创新小成果，起来获取打开创业之门的第一把金钥匙——识别创业机会。 （二）案例导入 李伟伟创业故事解析： 学生全文阅读李伟伟创业故事。 引导学生回答，这个故事告诉我们什么道理？ 引导学生回答，找到 1 ~ 2 个我们身边的创业机会。 （三）了解创业机会 机会来源：外部激励一举例，内部激励一举例。 1. 创业机会的含义 创业机会是一种有利于企业经营成功的因素，具有偶然性。例如，中国国力提升，老百姓经济条件变好，催生大量消费商机。蒙牛的牛根生看到了乳业市场的商机。好利来的罗红看到了蛋糕市场的商机。 2. 创业机会的类型 （1）现有市场机会和潜在市场机会。 （2）行业市场机会与边缘市场机会。 （3）目前市场机会与未来市场机会。 （4）全面市场机会与局部市场机会。 通过娃哈哈的营养口服液的成功等案例，引导学生分析它们属于捕捉了哪一种类型的创业机会而成功的。 （四）识别创业机会 （1）着眼于问题发现机会。 （2）利用变化把握机会。 （3）在市场夹缝中把握机会。 （4）跟踪技术创新把握机会。 （5）捕捉政策变化把握机会。 （6）弥补对手缺陷发现机会。

四、创业教育案例

【案例 10-3】李嘉诚的商业帝国。李嘉诚幼年时候，全家人为了逃避战火来到香港，先后做过茶楼服务生、五金厂推销员、塑胶行业推销员。

1950 年，22 岁的李嘉诚用作推销员积蓄的 5 万港元，创立了长江塑胶厂，随着塑胶业的发展日新月异，在他的努力经营下，塑胶厂得到了稳健的发展。机会总是属于有准备的人的，坚持学习的李嘉诚，居安思危，思考着塑胶厂的未来，将目光放向全球，一次他从《塑胶》英语杂志上看到欧美市场已经出现塑胶原料制成塑胶花的消息，嗅觉敏锐的他立刻意识到机会的到来。他推想，欧美家庭都喜爱在室内户外装饰花卉，但是快节奏的生活使人们无暇种植娇贵的植物花卉，而塑胶花正好弥补这个缺陷。李嘉诚对机会做出判断——塑胶花的面市，必将会引起塑胶市场的一场革命。善于捕捉机会的李嘉诚迅速出动。

1957 年，李嘉诚前往意大利学习制造塑胶花的技术，他以购货商、推销员的身份有时甚至出苦力打短工，一点点地收集技术资料。不久，他完全掌握了制作塑胶花的各项步骤和技术要领。返回香港地区后，李嘉诚开始生产当时在香港地区尚属“冷门”的塑胶花，并大肆进行广告宣传。机会总是青睐第一个吃螃蟹的人。李嘉诚的塑胶花产品很快打入了中国香港地区和东南亚市场。同年底，欧美市场对塑胶花的需求也越来越大，订单成倍地增长。世界塑胶花市场的这种旺势一直持续到 1964 年，在前后 7 年时间里，李嘉诚获得了数千万港元的利润。长江公司成为世界上最大的塑胶花生产基地，李嘉诚也以“塑胶花大王”的美誉而名声大噪。

机会是具有时效的，并非永久存在。李嘉诚长远地看到，欧美人天性崇尚自然，塑胶花革命势必不会持久。当塑胶花生产炙手可热的时候，他就预料到这种局面维持不了几年，他相信物极必反的道理。于是，他急流勇退，及早收手。当一个机会窗口关闭的时候，总会有另一个机会窗口被打开。李嘉诚不知不觉地将生产重点转移到了已逐渐被人们冷落了的塑胶玩具上面，并很快跻身国际市场。一两年后，当所有塑胶花厂商为产品严重滞销而苦不堪言的时候，曾经是世界最大塑胶花生产基地的长江公司，却正在国际玩具市场中大显身手。

后来，李嘉诚又进军房地产、贸易、商业、能源、电信传媒等诸多领域，建立了一个商业帝国。

根据所描述事实，思考李嘉诚取得成功的因素。

提示：（1）艰苦奋斗的精神。

（2）敏锐地捕捉商机的能力。

（3）不断学习的态度。

【案例 10-4】刘佳征：退伍不褪色不忘初心建功新时代。从一名大学生，到一名光荣的中国人民解放军战士，到一名乡村特色产业的创业者，再到一名人社局的普通工作人员，虽然身份、工作岗位在变换，但对于刘佳征来说，有一种情怀没有变，那就是“军装在身，我是人民子弟兵，脱下军装，退伍不褪色，不忘初心，永不负韶华！”

穿上军装，青春无悔

刘佳征，辽宁省铁岭市西丰县凉泉镇的农村小伙儿，2014 年考入辽宁职业学院。“作为一名农村的学生，能考入大学不仅圆了自己的梦，也圆了父母的梦，我一定要学点真东西回去！”他对自己要求非常严格，上课认真听讲，从不迟到、早退，学习成绩优异。心地善良的他，班级宿舍里清扫的活儿他都默默地承包下来，无论同学谁有困难，他都会伸手帮一把，他是老师眼中的好学生，是同学眼中的好知己。

“青春只有一次，参军荣耀一生”“一起走进军营，一起穿上军装，一起保卫国家安宁！”2015 年 5 月份的一天，当地征兵办公室来到辽宁职业学院开展征兵宣传，在所有人面前刘佳征没有什么表示，但心里却坚定了一个念头“好男儿就应该去当兵，就应该为祖国洒热血！”晚上他偷偷地给父亲母亲打个电话，谈起了自己想要当兵的想法。“真的没有想到，当初还以为父母会反对，他们真的很支持我，并告诉我你参军了全家都跟着光荣！”得到了父母的支持，第二天，刘佳征跑到学校说明了自己的想法，学校的老师和校领导也非常支持，就这样刘佳征第一时间进行了征兵报名登记。

经过体检、政审等多个环节，刘佳征响应祖国召唤，献身国防，成了一名光荣的中国人民解放军战士。“军装在身，我就要服从命令，我是人民子弟兵，就要听从祖国安排！”刘佳征入伍后，对自己要求更加严格，他经常提醒自己：“我现在是一名解放军战士，就要听党指挥，服务人民。”刘佳征这么想的，也是这做的，他刻苦训练、服从命令、团结战友，部队的生活让刘佳征各方面都有了提高。

两年的部队生涯很快就结束了，“我还想继续留在部队，这里是我的家，我在这里学会了如何成为一名合格的解放军战士，我学会了如何做人！”但因为还需要完成学业，刘佳征选择了退伍，虽然不舍，但两年的军营时光让他成熟了，新的“战场”上，他依然是一名军人。

回乡创业，不负韶华

2017 年，刘佳征退伍后继续回到校园学习，同时也在寻找机会实现他的创业梦。2017 春天回家探亲期间他得知德贤村有个养鸡场对外出租，经过多方考察，刘佳征认为凉泉镇山青水净，发展生态养殖有着得天独厚的自然条件，现在大家崇尚绿色健康，发展散养笨鸡有着广阔的市场前景。在父母和亲友的支持下，刘佳征用自己的退伍金加上银行贷款承包了这个养鸡场和 200 亩山沟，开启了创业征程。他靠着勤劳的双手、睿智的头脑、敢打敢拼的精神，回家乡开办了沈全绿色生态养鸡场，仅一年多的时间里，就把 7500 只散养的绿色“溜达鸡”卖到了全国各地，圆了自己的创业梦。

“在部队里我得到了锻炼，让我懂得了更多，也是在部队期间我知道了国家鼓励我们创业、创新，我从那时起就有了自己的创业梦！”小平头，清瘦的脸颊，一身迷彩服，满满的青春书生气，又有着军人特有的干练和执着，刘佳征整日在鸡舍里忙碌着。

几年里，刘佳征对鸡场进行了扩建，把鸡舍建在山坡旁边，这样更有利于散放养殖，同时安装了 20 余台监控装置。他每年都一次性从吉林省购进 8000 余只公鸡，包括三黄鸡、麻鸡等品种，同时还购进了 1000 余只蛋鸡。在养殖方式上，他坚持以散放养殖为主，在饲料选择上全部以纯绿色的玉米、谷物为主。遇到技术难题，他就上网查资料，请技术人员指导。

在销售上，刘佳征把眼光放在了网络上，他把饲养过程制作成图片、视频发到网上，通过微信在同学群、战友群转发，收到很好的效果。同时，他还在淘宝、天猫等网络平台承招了 13 家代理商和 6 家微商。由于他采用的是野生放养、生态养殖的方式，这些“溜达鸡”天然健康、营养丰富，市场行情一路看好，东三省、北京、浙江、广东等地的订单不断，一个大连的客户一次就订购了 40 只。2017 年仅两个月时间，7500 只公鸡全部售出，每只净赚 30 元左右。客户都纷纷给予好评，许多客户留言：“这鸡肉的味道真不错，都说小鸡炖蘑菇是东北的名菜，你那有没有野生蘑菇呀？”刘佳征心思一动，又打起了经销蘑菇的主意，他收购了 1000 余斤晒干的野生榛蘑、松蘑，同小鸡一同搭配着销售，也都销售一空。

刘佳征创业的故事很快被媒体了解，新华社手机客户端一篇《西丰县一退伍军人在校大学生把“溜达鸡”卖到了全国各地》的报道几天内浏览量就突破了 60 万，辽宁电视台《黑土地》栏目也对此进行了报道。2019 年刘佳征又承包了 80 余亩稻地和二百余亩旱地，种植绿色水稻与黏玉米，打算发展绿色健康产业。有人问他绿色产业成本高、见效慢，你为什么要坚持发展绿色产业，刘佳征说，习主席说过绿水青山就是金山银山，不管做什么事情都要对得起党、对得起国家、对得起人民，要严格的落实习主席提出的三严三实，不忘初心跟党走。

在说到今后的发展时，刘佳征展现了青年人特有的执着劲儿，“我呢很幸运，刚创业就有了点成绩，但这还很不够，下一步我想扩大绿色养殖规模，建立一个创业基地，要让更多的小伙伴儿参与进来”！

眼下，正是决战决胜脱贫攻坚的关键时期，西丰县很多乡镇都把脱贫产业放在了家禽养殖上，每年为贫户统一购进鸡雏、鹅雏，鼓励大家利用庭院发展养殖业。刘佳征就主动到各乡镇沟通协调，上门服务，希望利用自己几年来创业的经验，为全县脱贫攻坚做点贡献。

“真的不是为挣钱，就是想出点力。”刘佳征略显直白的表述，还有着军人特的真诚与豪爽。

面对疫情，责任担当

从辽宁职业学院毕业后，刘佳征又通过招聘考试，考入了西丰县人社局。工作上的他依然保持着军人本色，困难面前，从不退缩。2019 年的春节，注定是一个不平凡的春节，新型冠状肺炎无情蔓延，疫情无情，人间有爱，人人有担当。防疫工作开展后，刘佳征主动向单位请战，成为抗击疫情先锋队的一员，参与到小区疫情卡点值守工作中。无论风雪、无论早晚，他与同志们一起，尽职尽责，没有丝毫的懈怠，为进出小区的车辆、人员有登记，做好记录。同时，他还向小区居民宣传防疫知识，“尽量少出门，出门要戴口罩，在家里要勤通风，多洗手”。有时，居民不理解，在言语上说得很难听，但刘佳征非常有耐心，做居民的思想工作，让大家了解目前的疫情防控情况，希望大家从自身做起，待在家里就是最大的贡献。居民有什么困难，刘佳征也会主动帮助，倒垃圾、搀扶行动不便的老人，件件小事都彰显着这个“90 后”小伙的细心和爱心。遇到外来人员，他仔细了解情况，进行劝说。

“在疫情来临以后，每当想到医护人员没日没夜的工作，党员先锋队的志愿者们 24 小时坚守在县内各小区以及乡镇村屯的检测点上，吃不上一口热乎饭，睡不上一个安稳觉，心里有说不出的难受。”这个“90 后”的小伙一直想为这些可敬又可爱的“战士”们做点什么。“没有口罩，没有消毒液，但自家养殖场里有鸡蛋呀！”想到这里二话不说，自己驾车去养殖场取来 2500 余枚鸡蛋，又联系到西丰县第一医院、振兴镇政府和平岗镇政府，亲自把鸡蛋送了过去。

一份爱心，彰显了一位退伍军人的家国情怀。他的事先后被《今日头条》、学习强国平台、西丰电视台等媒体进行了宣传报道，周围的群众和同志们都向他竖起了大拇指，对于大家的称赞，刘佳征却说：“跟战斗在一线的医疗工作者比起来，我的这点小事儿不算什么，我是一名退役军人，退伍不褪色，党和社会什么时候需要我，我义不容辞。”

“是部队培养了我，是祖国培养了我，虽然我现在军装已不在身，但我心里的那份念头儿不会变，虽已退伍，但我会只争朝夕，不负韶华，争做新时代的好青年，坚定信念跟党走，初心永不变。”

参考文献

[1] 安美忱，张卫国．高校第二课堂教育探析［J］．教育探索，2016（5）：91－93.

[2] 曾剑雄，宋丹，刘晏如．大学生第二课堂：现实困境与消解途径［J］．高等理科教育，2019（3）：81－88.

[3] 柴若冰，张楠楠，任艳青．高校实践教学模式在创新型人才培养中应用研究［J］．河北大学成人教育学院学报，2019（2）：117－120.

[4] 陈大勇，罗敏，刘清才．基于创新能力培养的研究生第二课堂体系建设［J］．学位与研究生教育，2017（4）：38－43.

[5] 陈东．高校思想政治理论课第二课堂的实施路径［J］．闽江学院学报，2018（4）：98－102.

[6] 陈欢．大数据时代高校第二课堂教学模式创新研究［J］．教育现代化，2018（1）：51－53.

[7] 陈妮娜．高校应用型创新人才培养模式中的第二课堂育人平台构建［J］．教育现代化，2017（29）：14－16，22.

[8] 董超．新时代大学生思想政治教育工作的路径探究［J］．文化创新比较研究，2018（23）：10－11.

[9] 方硕瑾．高校第二课堂与大学生创新能力培养研究［J］．内蒙古财经大学学报，2017（4）：139－141.

[10] 冯国涛，刘晓虎，向星烨，等．第二课堂强化社会主义核心价值观的教育成效——以四川大学轻化工程专业学生为例［J］．皮革科学与工程，2017（3）：70－74.

[11] 傅君英．新时代大学生理想信念教育研究［M］．西安：西安电子科技大学出版社，2019.

[12] 高竞男．高校思想政治理论课第二课堂实践教学模式研究［J］．吉林化工学院学报，2017（4）：46－49.

[13] 郝东超．基于大学生特点的第二课堂实践育人路径［J］．西部素质教育，2019（21）：175－176.

[14] 胡博闻，李守明．高校第二课堂建设存在的问题与对策［J］．沈阳大学学报（社会科学版），2018（6）：758－761.

[15] 胡艳平．高校第二课堂研究——以呼伦贝尔学院思想政治教育专业为例［J］．锦州医科大学学报（社会科学版），2019（5）：77－81.

[16] 花艳，吴晓培，张绣宇．优秀传统文化融入大学生思想政治教育的路径研究［J］．化工高等教育，2019（6）：98－103.

[17] 黄海鹏，律明．高校“第二课堂成绩单”制度探析——基于吉林省某高校“第二课堂成绩单”系统数据分析［J］．长春理工大学学报（社会科学版），2019（6）：26－29，44.

[18] 黄维静．转型背景下地方高校教育实践基地建设研究［J］．吉林工程技术师范学院学报，2018（3）：40－42.

[19] 姜军．育人为本，有效拓展学校第二课堂［J］．教书育人，2018（32）：35－36.

[20] 姜亮．新时代高职院校第一课堂与第二课堂互动融合育人的思考［J］．武汉船舶职业技术学院学报，2018（4）：12－16.

[21] 李京丽．基于大学生创新能力培养的第二课堂建设［J］．大众科技，2017（5）：124－126.

[22] 李丽，周广，臧欣昱．创新高校第二课堂育人体系的实践探索［J］．思想政治教育研究，2019（4）：112－116.

[23] 李良敏，穆学君．第二课堂“理实一体”的社会主义核心价值观培养体系构建与创新机理——以辽宁省交通高等专科学校为例［J］．职业技术教育，2017（2）：74－76.

[24] 林日怡，叶淑贤．高职院校“第二课堂成绩单”制度探索与思考——以广东行政职业学院为例［J］．才智，2019（35）：88－89.

[25] 刘东亮．基于应用型人才培养的高校第二课堂辅助体系研究——以山西大学商务学院为例［J］．

高教学刊，2016（1）：153，156.
[26] 刘奇．应用技术型本科高校的第二课堂改革［J］．教育与职业，2016（5）：41–43.
[27] 刘斯文．高校第二课堂“以本为本”的教育价值审思［J］．黑龙江高教研究，2020（2）：27–31.
[28] 刘武成，周东滨．试论高校第二课堂在大学生思想成长中的重要作用［J］．赤峰学院学报（汉文哲学社会科学版），2019（9）：123–125.
[29] 刘艺博，郝雪晶，于伟东．高校第二课堂项目化课程体系评价机制研究［J］．决策探索（下），2019（4）：55–56.
[30] 马闽．在第二课堂活动中实施应用型人才培养的有效途径［J］．教育教学论坛，2016（38）：206–208.
[31] 马晓琳．细分就业岗位视阈下大学生就业力提升路径研究——基于第二课堂培养体系［J］．中国青年研究，2016（3）：96–101.
[32] 孟广普．共青团育人模式构建及实践——基于“第二课堂成绩单”制度［J］．现代交际，2020（6）：136–137.
[33] 穆帆，何帅，吴德钰，等．高校第一课堂与第二课堂协同育人现状及优化建议［J］．科教文汇（中旬刊），2019（1）：10–11.
[34] 潘玮琳．高校共青团“第二课堂成绩单”制度实施探索——以安徽农业大学为例［J］．萍乡学院学报，2018（2）：99–103.
[35] 潘云智，陈省平，宁曦，等．第一课堂与第二课堂协同育人模式探讨［J］．科教导刊（上旬刊），2017（4）：102–103.
[36] 邵丽华，王鹂．以“第二课堂成绩单”制度为依托服务学生发展——以北京科技大学为例［J］．科教导刊（中旬刊），2019（11）：177–178.
[37] 沈忠华．高校第二课堂学分制管理存在的问题及对策研究［J］．教育科学，2018（6）：32–37.
[38] 石亚玲．大学生理想信念教育研究［M］．北京：光明日报出版社，2020.
[39] 宋红胜．论第二课堂对加强大学生文化自信的培育［J］．产业与科技论坛，2018（11）：167–168.
[40] 宋洪峰，余晶莹．全面发展视域下高校第二课堂素质育人新解［M］．北京：光明日报出版社，2019.
[41] 孙聪．地方高校第二课堂实践育人体系的构建［J］．西部素质教育，2016（21）：19–20.
[42] 万千，周国桥．“第二课堂成绩单”制度下高校团支部建设质量提升路径探究［J］．学校党建与思想教育，2020（20）：75–77.
[43] 王超．新时代大学生文化自信教育存在的问题与对策［J］．西部素质教育，2017（21）：66–67.
[44] 王国辉，陈明，周志强．高等学校第二课堂素质拓展学分化研究［M］．沈阳：辽宁大学出版社，2006.
[45] 王海建．“00后”大学生的群体特点与思想政治教育策略［J］．思想理论教育，2018（10）：90–94.
[46] 王虹，张志凌．高职院校思想政治理论课专题式教学与实践教学有机结合之探索［J］．牡丹江大学学报，2019（9）：98–101.
[47] 王静，黄治东．“双创”背景下大学生第二课堂建设研究［J］．中国成人教育，2017（14）：77–79.
[48] 王莉．浅析高校共青团改革背景下的第二课堂成绩单建设［J］．人才资源开发，2016（24）：41.
[49] 王婷．高校思想政治教育与新时代人才培养路径探析［J］．环渤海经济瞭望，2019（4）：130.
[50] 王重贤．新时代高校思想政治教育工作发展轨迹探究［J］．鄂州大学学报，2019（5）：67–70.
[51] 韦地．新形势下有效推进我国高校德育建设的若干思考［J］．兰州教育学院学报，2017（6）：

67 - 68.

[52] 吴疆鄂，唐明毅，聂清斌．高校共青团“第二课堂成绩单”运行机制探究［J］．学校党建与思想教育，2019（10）：91 - 93.

[53] 谢相勋．高校第二课堂活动研究［M］．成都：四川大学出版社，2012.

[54] 谢雨池．互联网 + 模式下的大学生暑期社会实践活动与“第二课堂”教学改革的思考［J］．吉林化工学院学报，2018（4）：88 - 90.

[55] 徐凤奎．核心价值观引领下的高校辅导员工作价值提升［J］．新课程研究（中旬刊），2015（1）：96 - 98.

[56] 徐倩倩，施璐敏．高校第一课堂与第二课堂共同育人机制研究［J］．淮南职业技术学院学报，2017（3）：123 - 124.

[57] 阎志斌．高校第二课堂活动课程化发展概述［J］．柳州职业技术学院学报，2017（4）：69 - 72.

[58] 于伟东，彭雨石．高校第二课堂项目化课程体系运行机制研究［J］．智库时代，2019（39）：82 - 83.

[59] 张保花，张三宝，王亮．基于文化自信提升的高等院校人才培养创新探讨［J］．现代商贸工业，2019（19）：74 - 76.

[60] 张楠楠，柴若冰，张倩．创业教育：高校创新型人才培养生态系统构建［J］．绥化学院学报，2019（11）：116 - 118.

[61] 张自力，李俊．第二课堂成绩单制度下高职院校学生创新能力培养途径研究［J］．广东职业技术教育与研究，2019（1）：37 - 40.

[62] 郑施，乔熙．高校辅导员思想引领工作现状及对策研究［J］．管理观察，2018（32）：139 - 140.

[63] 朱国军，陈文娟．高校第二课堂成绩单建设的探索与实践［M］．苏州：苏州大学出版社，2020.

[64] 朱静然．“广谱式”创新创业教育发展的重要途径：嵌入专业教育［J］．中国成人教育，2017（6）：111 - 114.

[65] 朱烜伯．浅谈共青团第二课堂与高校第一课堂教育结合［J］．戏剧之家，2018（26）：180.